白话《蒙古秘史》

Mongolian Secret History

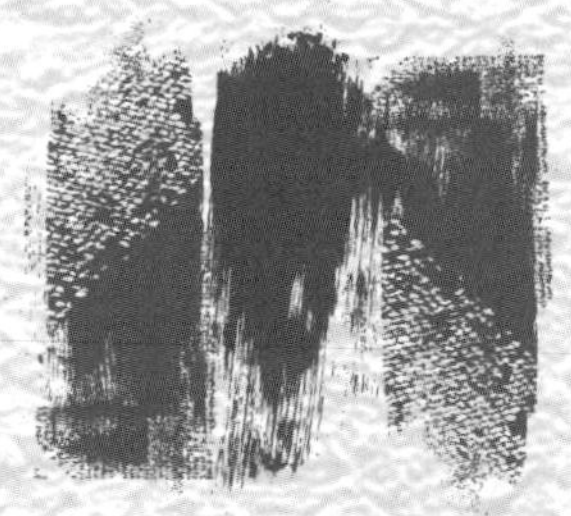

白红光／著

目录

第一章 铁木真的祖先起源与少年时期

第一节、很早以前,成吉思汗的祖先，由上天之运而降生的宝日特·其诺（1）与妻子高娃·马日阿勒（2）一同穿越腾吉斯海（3），来到敖嫩河（4）的源头，宝日罕·哈拉敦（5）山附近居住，他们生下了叫巴特查干（6）后代。

注 1、宝日特·其诺蒙古语意为：苍狼。他是成吉思汗第二十二世始祖的名字。

注 2、高娃·马日阿勒，蒙古语：美丽的白色之鹿之意。

注 3、应为今中国内蒙古自治区呼伦贝尔市境内的达赉湖，又称：达赉诺尔。蒙古语意为：大海一样的湖。亦称：呼伦湖。而腾吉斯海一词，有附和成吉思汗一词的含义。我们从蒙古部的族源地大鲜卑山（今中、俄境内大兴安岭山脉）室韦部族所世代居住的地理位置看，向西迁徙至蒙古高原的肯特山敖嫩河一带，途经的大湖泊就是今面积仍在2300多平方公里面积的达赉湖（蒙古语：达赉诺尔，意为：大海一样的湖泊）。至今，其湖畔旧地，依旧保留着“扎赉诺尔（达赉诺尔的同音词）”一地名。所以，成吉思汗的后代汗王，如：蒙哥汗写信给西方君王时，对西方自称“大海汗”。

注 4、今蒙古国境内河流，今仍称敖嫩河。

注 5、蒙古语意为：有佛之山。

注 6、蒙古语意为：非常洁白的人。如果认为宝日特・其诺一代有传说成分，则成吉思汗家族的远祖应该从这个有名字的祖先算起。他是第二十一世祖。应该也是始祖。

第二节、巴特查干的后代是塔姆查（1），塔姆查的后代叫浩里・查日智者（2），浩里・查日智者后代为乌吉木・布拉勒（3），乌吉木・布拉勒的后代即萨拉・哈查乌（4），萨拉・哈查乌的后代取名伊贺努德（5），伊贺努德的后代名叫辛索其（6），辛索其的后代叫哈日楚（7）。

注 1、塔姆查是成吉思汗的第二十世祖。

注 2、浩里・查日是第十九世祖。

注 3、乌吉木・布拉勒是第十八世祖。

注 4、萨拉・哈查乌是第十七世祖。

注 5、蒙古语意为：大眼睛的人。是成吉思汗的第十六世祖。

注 6、辛索其是第十五世祖。

注 7、哈日楚是第十四世祖。

第三节、哈日楚之子叫包日吉格代（1），他被称为智者（2）。包日吉格代的妻子叫蒙古勒沁・高娃（3）。他们生育的后代是陶日高勒沁巴颜（4），陶日高勒沁的妻子是包日格沁・高娃，他们有一个叫包日勒岱・苏雅勒毕的年青仆人。还有两匹青色役马（5）。陶日高勒真

伯颜的后代有都瓦·索浩日(意为独眼)（6），道布智者兄弟二人。

注 1、蒙古语意为：有蓝色眼睛之人。他是第十三世祖。

注 2、蒙古语称智者为莫尔根。

注 3、蒙古语意为：美丽姣好的蒙古女人。高娃一词多用于女性姓名中。

注 4、蒙古语意为：穿绸缎的富有者。巴颜，是蒙古语：富有者之意。他是第十二世祖。说明成吉思汗家族的第十二世祖开始，已经有了一定的经济基础。

注 5、在游牧民族家庭中，基本上一家人就可以牧放很大的畜群。如果，有了仆人，就意味着有一定的经济实力。

注 6、蒙古语意为：独眼人。他和道布是第十一世祖。

第四节、都瓦·索浩日的额头中间有一只眼睛，能看见三个移居点距离的地方。

第五节、有一天，都瓦·索浩日同弟弟道布智者，一同登上宝日罕·哈拉敦山顶，他从山顶上向远处望去，看见一群百姓向通赫勒格小溪（1）方迁移过来。

注 1、蒙古语意为：清彻的小溪。在今蒙古国乌兰巴托市东北不远处。

第六节、 都瓦·索浩日说道："那群迁移百姓中，有一辆车，车棚前坐着一个美丽的姑娘，如果尚未成为

别人的妻子，应该给道布智者弟弟你，求为妻子。”说完，叫弟弟前来探看。

第七节、道布智者等到那群迁移的百姓到来时，看到那个姑娘真是个十分漂亮出众的姑娘。而且，尚未嫁人，她的名字叫阿伦・高娃。（1）

注 1、蒙古语意为：纯洁漂亮的姑娘。

第八节、这个姑娘，是二十姓土默特部落的首领浩日勒代智者的女儿。她母亲的名字叫，巴尔古津・高娃，生她于二十姓土默特部（亦称：二十姓布里亚特部落）故乡一个叫阿日格水的地方。她的母亲巴尔古津・高娃是住在很遥远地方，巴尔古津盆地的巴尔虎部落（1）的首领巴尔虎代智者的姑娘。跟随来的那部分百姓，是属于浩日勒代智者的。

注 1、他们的联姻关系是二十姓布里亚特部族或称二十姓土默特部族的浩日勒代，娶了巴尔虎部族的女人巴尔古津・高娃，生下了女儿阿伦・高娃。巴尔古津盆地位于今俄罗斯赤塔州与蒙古国北部边境地区。是蒙古民族祖源地之一。

第九节、浩日勒代智者由于在二十姓土默特部猎取银鼠、黑貂的猎场被他人掠夺，而与原部落的人们关系交

恶，离开了那里。自成为浩日勒代氏族部落。听说宝日罕·哈拉敦山附近有猎场，想与占据在宝日罕·哈拉敦山附近，并立起神位的乌梁海人（1）辛其巴颜交好，迁移而来。可是，就在迁移途中，土默特氏族的首领浩日勒代智者的姑娘，生于阿日格水的阿伦·高娃（2）被求婚嫁给了道布智者。

注 1、乌梁海部族居住于宝日罕·哈拉敦山附近。

注 2、这里说明了蒙古部落与土默特部或布里亚特部，第十一世祖道布之间的姻亲关系。

第十节、 阿伦·高娃来到道布家，生下了名字叫布古讷太，勃勒古努太两个后代。

第十一节、哥哥都瓦·索浩日有四个后代，他死后，四个后代，不视道布智者为叔叔，四散迁徙而去，成为了杜尔伯特氏族部落。（1）

注 1、蒙古语意为：四个人组成的氏族。该部落至今散布在中国、蒙古、俄罗斯境内。属于蒙古部族古老的部落之一。他们是成吉思汗十一世祖的旁系部落。

第十二节、此后的一天，道布智者来到陶格朝克山上狩猎，在森林中遇到一个乌梁海人，他猎杀了一头三

岁的鹿，并正在火上烧烤鹿腿。（1）

注 1、这里说明乌梁海部族源地也是在肯特山附近，并属于狩猎的森林之百姓。

第十三节、“同伴，请把烧烤的鹿肉给我吧”道布智者说到。那个人把内脏和皮张自己留下，把其余的全部给了道布智者。

第十四节、道布智者将那些鹿肉驮走时，在路上遇见了一个领着孩子的穷人。

第十五节、“你是什么人？”道布智者问他道。那个人说道：“我叫马力格，是巴雅德部落（1）的人，现在走的很累了。请把那猎物的肉给我，我把这个孩子送给你”。

第十六节、道布智者同意了，将鹿腿给了那个人，把那个孩子领回家当了仆人。（2）

注 1、巴雅德部落也是古老的蒙古部落之一。

注 2、这段描述非常重要，这个孩子就是道布智者死后，留在阿伦·高娃夫人身边的年轻仆人，巴雅德部的马力格的孩子。

第十七节、不久，道布智者死去了。他死后，他的妻子阿伦·高娃守寡在家。之后又生了的布哈·哈塔吉（1），布哈图·萨勒吉（2），包敦查日·蒙哈格（3）三个儿子。

注 1、蒙古语意为：公牛似得人。他成为哈塔斤部落的始祖。属于成吉思汗第十代世祖的旁支血亲氏族之一。

注 2、蒙古语有矮子的意思。他成为萨勒斤部族的始祖。也属于成吉思汗第十代世祖的旁支血亲氏族之一。

注 3、蒙古语有愚笨之人的意思。他是成吉思汗第十世祖。

第十八节、道布智者在世时出生的别勒古努太、布古讷太两个人，在背后议论母亲阿伦·高娃道："我们的母亲,没有族裔中的男人和丈夫，却又生下三个后代，家里只有一个巴牙德马力格氏族的仆人（1），这三个孩子也许是他孩子吧"他们想去向母亲询问，却被母亲知觉了。

注 1、这个仆人应该就是道布在山上用鹿肉换回来的巴雅德部孩子。所以，这是历史之谜。或许包尔吉格氏族与巴雅德氏族存在着某种交集。也就是说，从第七世祖包敦查日开始，血统中就已经是巴雅德氏族的血统。

第十九节、在那年春季的一天，阿伦·高娃煮上羊肉干，将布古讷太，勃勒古努太、布哈•哈塔吉、布哈图•萨拉吉，包敦查日 • 蒙哈格五个孩子召集起来吃肉。吃饭前，她让他们围坐在一起，每个人发给一枝箭杆，叫他们折断，他们轻易地折断后扔掉了，她又将五根捆在一起的箭杆交给他们，又让他们折断，五个人轮流折来折去，谁没能折断。

第二十节、对此,阿伦 • 高娃母亲说到：“勃勒古努太、布古讷太你们俩人议论这三个孩子怎么出生的,是谁的儿子，有这个想法是正确的。”

第二十一节、“但是，你们并不知道这个事情的原由。每当夜里我入睡时,就会有一个白黄色的神人由屋顶钻进来，抚模我的腹部，同时，他身上的光芒化入我的腹中，然后,那个人出去时，就像日月光环罩着的黄狗似的从屋顶飘摇而去。你们说多么荒诞。

所以，我想从这种情景看来，应该是上天送给我的儿子。你们把他们等同于普通人怎么行，只有当他们成为大汗时,普通的人们才会明白的。”（1）

注 1、这个传说显然是在掩饰前面所说的事实。所以，这个说辞与远古时期的神话传说有异曲同工之处，可实际上却更接近于现实。游牧民族的婚姻，古代除了允许多妻制外，对于婚外情也是持开放态度的。这与其生产生活方式所决定的相关习俗是相符的。

第二十二节、同时，阿伦高娃对 5 个孩子教诲到："你们五个不是都生于我的腹中吗？你们如果各自分散的话，就会像单个儿箭杆容易被折断一样，会被人们征服。如果团结在一起就会象五支箭杆捆在一起一样，谁也难以战胜。"不久，母亲阿伦・高娃便去世了。（1）

注 1、这就是蒙古人著名的"阿伦・高娃母亲折箭教子"的故事。也充分体现了游牧民族在动荡的年代需要团结一致的重要性。

第二十三节、母亲去世后之后，兄弟五人要将家中的牲畜分掉。勃勒古努太（1），布古讷太（2），布哈・哈塔吉（3）、布哈图・萨勒吉（4），四个人把东西分掉后。他们认为弟弟包敦查日既笨又贫穷，没有把他算在亲族份内，所以，没分给他什么东西。

注 1、勃勒古努台成为勃勒古努氏族部落的始祖。是成吉思汗十世祖的旁系氏族。

注 2、布古讷太成为布古努氏族部落的始祖。是成吉思汗十世祖的旁系氏族。

注 3、布哈・哈塔吉成为哈塔斤氏族部落始祖。是成吉思汗十世祖的旁系氏族。

注 4、布哈图・萨拉吉成为萨勒吉氏族部落的始祖。也称：山只昆等。是成吉思汗十世祖的旁系氏族。

第二十四节、包敦查日想，既然不算我是氏族一员，还住在这里干什么。于是，自己骑上脊背上生疮，秃尾巴浅灰色的骟马，抱着“若死就死去，能生活就活下去吧”的想法，向敖嫩河方向走去，来到一个叫巴拉津岛的地方，搭了间茅草屋住下了。

第二十五节、在这里，他看到了苍鹰捕捉鸟雀吃的情形，于是他用背上生疮，秃尾巴马的马尾做成套子，捉住了那只苍鹰。

第二十六节、当时，包敦查日没有吃的食物时，就偷偷射杀被狼撵入山谷中的猎物，或者去捡被狼吃剩下的猎物吃，并将残肉喂养苍鹰。就这样他自己度过了一年。

第二十七节、春天到了，在野鸭飞来的季节，他将苍鹰放出去，用它捕捉了许多大雁，野鸭，由于吃不完：

复盖树枝上的是，
肢解了的（禽）腿。
复盖树墩上的是，
两三只要腐烂的鸟雀。
（覆盖树上满枝头，
尽是飞禽佳肴肉。

覆盖地面树墩上，
三两只鸟将腐烂。）

第二十八节、不久，从茂密森林的大山山梁上，有一群百姓从远处迁徙而来，他们移居在通赫勒格小溪旁边。包敦查日放鹰时，每天去那些百姓那里，向他们讨马奶酒喝，晚上回到自己的茅草屋睡觉。

第二十九节、那些百姓向包敦查日讨要他的鹰，他没有给他们。他们也不寻问包敦查日是什么人，他也不问他们是什么地方来的百姓。

第三十节、忽然，有一天，布哈·哈塔吉哥哥想起了笨弟弟包敦查日，想到他是走向敖嫩河方向，便向那里追寻而来。来到通赫勒格河边（1）遇到了居住在这里的这些百姓，他向他们寻问：有没有看见，一个骑着一匹什么样颜色马的，长相是那个样一个人？

注 1、该河流是蒙古国三大河流之一的敖嫩河的支流。后来曾经成为铁木真驻牧地之一。可见，自成吉思汗十世祖包敦查日时，蒙古部族就已经迁徙至肯特山居住。

第三十一节、那些百姓说道："每天，总有一个人来我们这里喝完马奶酒后就走，那个人骑的马就像你形容的马一样。

他养有一只猎鹰。他晚上住在哪儿我们也不知道。但是，从西北面方向刮起大风时，他的猎鹰捕捉的野鸭，大雁等猎物的羽毛，就会象雪花一样飘过来，想来，他的家不会太远。现在，是他该来的时候了，稍等片刻吧。”

第三十二节、不一会儿，一个人向通赫勒格河边走来，待他走过来一看，果然是包敦查日，布哈·哈塔吉同他相认后，便领他向敖嫩河方向走去。

第三十三节、包敦查日走在哥哥布哈·哈塔吉身后，一边走，一边说道：“哥哥啊，哥哥，人的身体要有头脑，衣服要有领子才好”但是，哥哥没有回应他的话。

第三十四节、包敦查日将此话说第二遍后，哥哥仍没有回答，当他说第三遍时，哥哥说道：“你为什么反复说这句话？”

第三十五节、包敦查日说：“刚才在通赫勒格小溪边居住的百姓们，是无主之人，在他们看来什么大小，好坏，头与脚全都是一样的，这样单纯的百姓，我们应该来统领他们。”

第三十六节、哥哥说道："如果那样的话，回家同兄弟们商量一下后，再来统管那些百姓吧。"

第三十七节、他们回家后，同兄弟们商量后，决定一起出发去他们那里。为此，让包敦查日先出发，去探查一下。

第三十八节、包敦查日在前头行进，途中抓到一个怀孕的妇女，他问她道："你是什么人？"那妇人道："我是乌梁海部落阿丹汗的札日其乌德人（仆人）"。

注 1、扎日其乌德，蒙古语意为：仆人、佣人。

第三十九节、在那里，兄弟五人攻击抢掠了那些百姓后，将牲畜夺来，并把百姓做为自己的属下和仆从。

第四十节、那个被抓的孕妇来到包敦查日家，生下了一个孩子。因为是异姓后代，起名叫札吉拉代，他后来成为札答兰部族的姓氏。(1)

那个扎吉拉代的儿子名字叫图古岱，图古岱儿子是布日·布勒其如，布日·布勒其如的儿子是哈日·哈丹，哈日·哈丹的儿子就是札木合。他们成为札答兰氏族。(2)。

注 1、札吉拉代属于乌梁海部族血统，是札答兰部的始祖，与成吉思汗第九世祖哈必其是同辈。图古岱是第二代、布日·布勒其如是第三代、哈日·哈丹是第四代，扎木合是第五代。

注 2、蒙古语：札达兰是异姓外人的意思。这个部族就是与成吉思汗结拜成为“安答”的扎木合的部落。看来，他们虽然没有血亲关系，但是，祖先曾经一定生活在一起，因此，有着历史部族渊源关系。

第四十一节、那妇人又为包敦查日生下一个儿子。因为是抓来的妇人生的儿子，便给他取名为巴日代。他成为巴林氏族的姓氏。巴日代的儿子是朱特格勒·布和，朱特格勒·布和娶了很多妻子，生了许多后代，他们成为马南·巴林氏族。（1）

注 1、这里的关系说明，巴林氏族的人巴日代，是成吉思汗第十世祖的旁支血亲。他的后代组成了巴林部族。

第四十二节、勃勒古努太成为勃勒古努德氏族，布古讷太成为布古努德氏族，布哈·哈塔吉成为哈塔斤氏族，布哈图·萨拉吉，成为萨拉吉德氏族，包敦查日成为包日吉格氏族（1），即成吉思汗的祖先氏族。

注 1、包敦查日是成吉思汗的第十世祖。而真正的包尔吉格氏族是从这一代才真正确立的。亦称，勃尔只斤氏，也即成吉思汗黄金家族的氏族。

第四十三节、包敦查日正妻生下的儿子是巴里木·希拉图和哈必其勇士（1），他们成为一支著名氏族。随哈必其勇士的母亲陪嫁来的女子，被包敦查日纳为侧妻（妾），也生下一个后代，取名叫扎乌日岱。包敦查日活着的时候，赋予了札乌日岱参加氏族祭祀仪式的权利。

注 1、哈毕其是成吉思汗的第九世祖。

第四十四节、包敦查日逝世之后，其他族人将那个札乌日岱，以为什么家里总是有阿丹汗的乌梁海人，而他应该属于是其他氏族的后代为借口，将他分离出去赶走了。他的后代成为哲乌热德姓氏。（1）

注 1、这个氏族仍旧属于乌梁海部哲乌热德氏族。与包尔吉格（勃尔只斤氏）氏族有血缘关系。

第四十五节、哈毕其勇士的儿子是莫恩·图敦（1）。莫恩·图敦的后代有哈其·呼鲁格（2），哈钦，哈其乌，哈楚拉，哈日勒岱，哈赤温，那钦勇士等七个后代。

注 1、莫恩·图敦是成吉思汗的第八世祖。

注 2、哈其·呼鲁格是成吉思汗的第七世祖。

第四十六节、哈其·呼鲁格的儿子海都（1），是那木伦母亲所生的。

哈钦的儿子名字叫诺依格岱，因他有官老爷的行为举止而成为诺依洪氏族（2）。

哈其乌的儿子名叫巴如拉岱，因身材高大，而且因贪吃，后来被称为巴如拉斯氏族（3）。

哈楚拉的后代也因贪吃，也成为巴如拉氏族。他们有大巴如拉和小巴如拉的绰号。后来，也有了额日德木（4）·巴如拉，陶代（5）·巴如拉，特日古腾（6）·巴如拉氏族。

哈日勒岱的后代因分不清粮食的种类，而成为布达德姓氏（7）。

哈赤温的儿子名字叫阿达日黑岱，因兄弟间有麻烦（争吵）而成为阿达日黑（8）氏族。

那钦勇士的后代乌如岱，芒古岱两支，成为乌如德（9），芒古德（10）两个氏族。那钦勇士的正妻生的儿子有希珠代，道高勒代两个人。

注 1、海都是成吉思汗第六世祖。其后裔成为扎赉日部。这个部族对成吉思汗创建帝国有重要的帮助。

注 2、诺依洪部，蒙古语：诺依洪有像诺颜（长官、老爷）的意思。成吉思汗第七世祖旁系血亲部落。

注 3、巴如拉斯部，蒙古语：巴如拉有贪吃的意思。成吉思汗第七世祖系部落。

注 4、蒙古语意为：机灵聪明之意。巴如拉斯部族。

注 5、蒙古语有明白、聪明的意思。巴如拉斯部族。

注 6、蒙古语有首领、领导人之意。巴如拉斯部族。

注 7、布达德氏族，蒙古语为粮食的意思。成吉思汗第七世祖旁系血亲部落。

注 8、阿达日黑氏族。含有固执、倔强的意思。成吉思汗第五世祖系部落。

注 9、乌如德部始祖。成吉思汗第七世祖旁系血亲部落。

注 10、芒古德部始祖。成吉思汗第七世祖旁血亲系部落。

第四十七节、 海都的三个儿子为伯辛浩日·道格辛（1），其日海·莲花，查乌金·沃日特盖。

伯辛浩日·道格辛的儿子为屯必乃（2）贤者。

其日海·莲花的两个儿子是曾昆·毕力格和俺巴该（3）。他们后来成为俺巴该所属的泰赤乌氏族，其日海·莲花娶嫂为妻后又生下一个名叫勃苏代（4）的后代，成为勃苏德的氏族。

查乌金·沃日特盖有六个儿子，分别是敖日那日（5），洪赫坦（6），阿如拉德（7），苏尼德（8），哈布图日哈斯（9），贺尼吉思（10），他们均成为以上六个氏族。

注 1、伯辛浩日·道格辛是成吉思汗的第五世祖。

注 2、屯必乃是成吉思汗的第四世祖。

注 3、曾昆·毕力格、俺巴该是成吉思汗五世祖的旁系亲属，也是泰赤乌部

的始祖。

注 4、勃苏代是勃苏德部的始祖，也是成吉思汗五世祖的旁系亲属部落。

注 5、敖日那日是敖日那日部始祖。是成吉思汗五世祖的旁系亲属部落。

注 6、洪赫坦是洪赫坦部的始祖。是成吉思汗五世祖的旁系亲属部落。

注 7、阿如拉德是阿如拉德部的始祖。是成吉思汗五世祖的旁系亲属部落。

注 8、苏尼德是苏尼特部的始祖。是成吉思汗五世祖的旁系亲属部落。

注 9、哈布图·哈斯是哈布图哈斯部的始祖。是成吉思汗五世祖的旁系亲属部落。

注 10、赫尼吉斯是赫尼吉斯部的始祖。是成吉思汗五世祖的旁系亲属部落。

第四十八节、屯必乃贤者的儿子是哈布勒汗（1），斯木色楚勒二支。斯木色楚勒的儿子是布勒特楚勇士。

哈布勒汗有七个后代。他们的名字是：敖很因·巴日哈格（2），巴日坦勇士（3），呼图格图·蒙赫尔，呼图拉汗，呼兰，哈丹，还有继业者幼子陶岱。

注 1、哈布勒汗是成吉思汗的曾祖父，是第三世祖。

注 2、这个名字蒙古语有：像个姑娘似的人。说明长得很漂亮。他很年轻就死于金朝女真人手里。

注 3、巴日坦勇士是成吉思汗的爷爷，即第二世祖。他的儿子就是铁木真的父亲也速该勇士，成吉思汗的父亲。

第四十九节、 敖很因·巴日哈的儿子叫呼图格

图·朱日黑。

呼图格图·朱日黑的儿子有萨查·博黑，泰楚两支，他们后来成为朱日黑（1）氏族。

注 1、朱日黑部，又称：主儿勤部。蒙古语意为：勇敢坚强，有决心之意。

第五十节、 巴日坦勇士的后代是蒙给图·乞颜，涅昆（太子），也速该勇士，继业者幼子达里代·敖特其根四支。

呼图格图·蒙赫尔的后代为布里·布赫（1），在敖嫩河边树林欢宴时，是他把（成吉思汗的弟弟）勃勒古太的肩砍伤的。

注 1、布赫，蒙古语意为：摔跤手之意。

第五十一节、 呼图拉汗的后代有昭其，黑日马乌，阿拉坦三个支系部族。

呼兰勇士的儿子为伊贺策仁一支（后投奔王汗），后来，（伊贺策仁的奴隶）巴岱，贺希力格两人（成吉思汗时期）成为达尔罕部的王爷。

哈丹，陶岱两个人无后代而逝。

第五十二节、 后来，哈布勒汗掌管了大蒙古国。他虽然有七个儿子，他却表示要让僧昆·毕力格（智者）

的后代俺巴该继承全蒙古的汗位。

第五十三节、 在连接呼伦湖（达赉湖）和贝尔湖的乌尔逊河（1）边，居住着艾日古德和贝尔古德姓氏族的塔塔尔部落（2）。俺巴该将女儿嫁给他们，并亲自将女儿送过去，却被这些塔塔尔人背信弃义地把他抓了起来。塔塔尔人把俺巴该押送到了中原女真人金朝政权的皇帝（3）处。

后来，一个勃苏德姓氏的叫巴拉哈其的人做信使，将以下俺巴该说的话传达回来。俺巴该说："你回去对哈布勒汗七个后代之中的呼图拉和我十个后代之中的哈丹太子说，我即将要当上蒙古的汗，掌管国家之时，因为轻信他人的话，亲自去送女儿成婚，成了上天对我的惩罚。我被塔塔尔部落抓住了，你们就是把五个手指的指甲耗光，十个手指都折断，你们也要向他们报害我的仇。"

注 1、乌尔逊河在今中国内蒙古自治区呼伦贝尔市新巴尔虎右旗境内，是连接呼伦湖和贝尔湖的河流。

注 2、这两个古塔塔尔部族的领地应该就在今呼伦贝尔草原新巴尔虎右旗贝尔湖与呼伦湖之间。

注 3、当时，蒙古人称在中国北方建立王朝的女直人政权金朝皇帝为阿拉坦汗。意为金朝的汗王。

第五十四节、 也是在那时候，一天，也速该勇士在猎捕鸟禽的途中，遇见了在敖勒呼诺特（1）部落娶亲返回的莫尔格德部（2）叫伊贺·其勒都的人，他看到他的妻子是一个十分漂亮的夫人。于是，也速该勇士返回家，叫上哥哥涅昆太子，弟弟达里代，去追赶伊贺·其勒都他们的娶亲队伍。

注 1、敖勒呼诺特部落：蒙古最古老的部落之一。

注 2、莫尔格德部落：又译作“篾尔克惕”，也是最古老的部落。

第五十五节、 伊贺·其勒都看见他们前来，心里十分害怕，鞭打着所骑的淡黄色快马向山梁上逃去，也速该他们也紧随随其后，沿小路追上去。

伊贺·其勒都飞快地逃着，绕过一个山崖跑回来，来到娶亲的车前时，妻子月伦夫人对他说到：“你知道了那三个人的情况吗？他们的脸色令人生疑，他们要伤害你的生命。如果你能健康平安地活下去，你再找一个妻子并不难。每间屋子里都有好姑娘，每个车子上都会有妻子（你会找到象我这样容颜的姑娘），如果想念我，再娶的夫人要以我的名字命名。

现在请揩干嘴唇，亲吻一下我的味道，就离开吧！”说完脱下身穿的汗衫送给他，伊贺·其勒都从马背上弯下腰刚刚接过汗衫，就看他们三个人，已经从那个山崖绕过追来，伊贺·其勒都慌忙鞭打着淡黄快马向敖嫩河方向逃走。

五十六节、 他们三个人在后边追了近七座山岭后返回来，抢夺了月伦夫人。也速该勇士牵着拉车的牛，哥哥涅昆太子在前头领路、弟弟继祖业者幼弟（2）达里代伴随在车旁，赶着骆驼往回走。这时月伦夫人说到：

我的丈夫其勒都啊，
清凉微风拂面来，
吹得乌发四飘散。
夫君离我远方去，
旷野之中孤身行，
饥饿难耐该如何？

“现在的我，似两束头发向前后飘垂着，这种情况，这可让我怎么逃？”

说完，放声大哭，使敖嫩河波涛翻涌，山中密林摇曳晃动。

看她这样悲伤，继业者幼弟达里代在傍边说到：

拥你在怀好丈夫，
穿山越岭已远行。
痛哭思念好夫君，
渡河涉水走它方。
尔虽泣泪心悲伤，
夫君远遁难相望。
他既弃你难回头，

心慌意乱不择路。
涉水渡过三条河，
打马跨越三溪流。
行走如飞无踪迹，
无伴少友不闻泣。

月伦夫人就是这样，来到也速该勇士家里。这就是速该勇士娶月伦夫人的经过。

注 1、继业者：按着游牧民族的传统习俗，每家的幼子，将继承家庭的祖业，也叫，守护灶火者。蒙古语叫敖特其根。有时这个称呼往往被误称为名字。

第五十七节、 俺巴该被抓后，因托嘱将蒙古的汗位让给了哈丹、呼图拉两个人，大蒙古国，泰赤乌部的人们在敖嫩河畔，一个叫浩日·哈纳格河谷的地方聚会商议，他们推举了呼图拉为蒙古国大汗。并以蒙古民族欢乐隆重的礼节仪式，为呼图拉汗加封。在浩日哈纳格枝叶茂密的森林下，人们欢乐祝福，把山边的草地都踩秃了，山谷的凹凸处都踩踏平了。

第五十八节、 呼图拉当上汗之后，同哈丹太师（1）一同出兵向塔塔尔人复仇。他们虽然同塔塔尔的浩腾·巴拉格，札力·布哈两个战斗了十三回合，并没有能很好的报了俺巴该的仇。

注 1、太师一职是蒙古人借用中国官职名词形成的。据蒙古史料介绍，俺巴该是成吉思汗七世祖哈布勒汗的弟弟。哈布勒汗逝世前，没有将汗位传给自己的儿子，而是传给弟弟俺巴该。他设置了这个职位。主要是执掌国家军事事务的最高官员。后来，这个官职出现在许多蒙古部落中。后世也演化为名义职务或名称。例如：被译为“台吉”一词，有时指太师，有时又指太子。

第五十九节、 在当时的战斗中，也速该勇士擒获了塔塔尔部的一个首领铁木真·乌格，浩里·布哈等人。当他凯旋回来时，怀孕的月伦夫人，在敖嫩河一个叫德伦·宝力道格（1）的地方生下了成吉思汗，成吉思汗出生时，右手握着骰子般大的血块出生的。因他是在其父战斗中，擒获塔塔尔人的勇士铁木真·乌格（2）回来时出生的，便取名为铁木真。

注 1、德伦·宝力道格位于今蒙古国肯特山附近。

注 2、铁木真·乌格是也速该勇士在战斗中擒获敌人俘虏的名字。蒙古语有“铁一样的人”的意思。而用这种形式命名自己的孩子，或许是当时游牧民族的一种习俗。

第六十节、 也速该勇士的月伦夫人生了铁木真，哈萨尔，哈赤温，铁木哥四个儿子，还生了一个名字叫铁木伦的女儿。也速该勇士的另外一个妻子索其格勒生

了勃格特尔，勃勒古太两个儿子。铁木真九岁时，昭其·哈萨尔七岁，哈赤温·阿勒其五岁，继业者幼子铁木哥·敖特其根，三岁，女儿特木伦还在襁褓之中。

第六十一节、也速该勇士在铁木真九岁时，带着铁木真去月伦夫人的故乡，敖勒呼诺依德氏族百姓的亲家们中，去为其求婚。在路上一个叫策格策日山和其呼日古山之间的地方，遇见了弘吉剌部（1）的德策臣（2）。

注 1、弘吉剌部，又称弘吉列、翁吉剌、雍吉烈等。古代属于东部地区部族，其驻牧地在呼伦贝尔草原的根河、得耳布尔、额尔古纳河流域。成吉思汗的大妃后勃尔贴就是这个部落的首领德贤者的女儿。1237年，成吉思汗的第三子窝阔台汗正式颁布旨意：弘吉剌氏族，生女，世以为后，生男，世尚公主。

注 2、蒙古语：策臣一词，意为贤明之人，贤者。

第六十二节、 德贤者说道："也速该亲家，你要去住何处？"

也速该勇士说到："我要去亲家敖勒呼诺依德氏百姓的姑娘处，为我的儿子求亲而行。"德贤者说："你这个儿子是个眼放光芒，脸闪异彩的人"。

第六十三节、 "也速该亲家，今夜我做了个梦。

梦见一只白色海青鸟抓着太阳和月亮两个星辰，飞过来落到我的手上。日、月我们可以用眼看得到，但是奇怪的是海青鸟却抓着日、月落在我手上，我正在说不知应验了什么吉兆呢！也速该勇士你带着孩子来到这里，这大约解了我的梦。我正在疑惑为什么做这样的梦！原来梦是得到了这样应验，因为你们来到了我的部落。”

第六十四节、 我们弘吉拉部，很长时间没有参与为抢掠土地和人口与人争斗了，

（我们）不去侵犯异国的人，
只是让我们漂亮的姑娘们，
坐上华丽的双轮大棚车，
驱赶（驾驭）着黑公驼前进，
向已当上大汗，
您们的王宫中进发。
去同您们并肩而坐呵！
（我们）不与其他部落去争斗，
把美丽娇艳的姑娘们。
载上吉祥座位的大车里，
驱赶驾驭着青白驼起程，
去陪伴高高在上的主人们。
（我们不去侵它国，
将吾美姬准备好，
坐上美丽的辇车，

躯赶雄壮黑公驼，
快步奔跑趋向前，
成为威风大汗您，
王妃宝座位上人。
同您并肩坐皇宫，
不与他人来争斗，
年轻貌美好姑娘，
坐上宝座华盖车，
驾驭健壮之青驼，
占据高位做伴侣。）

我们弘吉拉部，因为很久以来，有相貌娇好的夫人，美丽漂亮的姑娘。所以，从来就以有面貌娇好，美貌出众的姑娘而骄傲。

第六十五节、 象样的男子汉（孩子）要占有土地，美丽的姑娘们要保持美貌，也速该亲家呵！请到我家去，我家里有年幼的姑娘，请你看一看"说完，贤者德策臣领着也速该来到家里。

第六十六节、也速该亲家看到其姑娘，果然脸放光彩，眼若星火，他十分中意。她的名字叫勃儿帖，比铁木真长一岁，今年刚好十岁（1）。

在贤者德策臣家住下后，第二天，也速该向他求亲时，贤者德策臣说道："虽然女子多次被求而嫁，受到尊重，少求而嫁被轻视。但为了姑娘的幸福和不至于衰老在生她的家中，而把姑娘许给你吧！按照规矩，你既然已经把孩子送来了，就留在我家里吧。”（2）

也速该勇士说：”我把孩子留下，我的孩子怕狗，请尊敬的亲家不要让他被狗吓着。“说完把牵来的马留下做礼物，留下铁木真，也速该勇士返回去了。

注 1、成吉思汗出生于 1162 年 5 月 31 日。则勃尔贴夫人生于 1161 年。

注 2、求亲成功后，将求亲者的儿子留在女方家里一段时间，是蒙古族传统婚姻习俗之一。

第六十七节、也速该勇士返回途中，行走在策格策日金黄色的原野上，遇上了塔塔尔部的人在举行聚会欢宴活动，他因为路途中饥渴，而走向举行欢宴的人群。塔塔尔人们认出了也速该，说：“尊敬的也速该来了”请他入坐在宴席上。他们想起过去想互之间的仇恨（1），私下商议着在饮食中下了毒送给他食用。

也速该从那里往回返时的路上，因毒发而感到身体不适，挣扎着在三天里赶回到了家里。

注 1、大蒙古国的成吉思汗的七世祖哈布勒汗的内弟得了重病，请来塔塔尔部的萨满施法治病。结果，病没治好死去了。蒙古人认为是他害死的，就将塔塔尔人的萨满杀死。引起两个部落之间的战争。包括后来俺巴该汗被抓，送至女真人金朝处死、巴日坦勇士的长子敖很巴日哈

格的死等事件，都与这个世仇有关。

第六十八节、也速该勇士挣扎着回到家中后，问道："我腹内里很难受，谁在我的身边啊！"当时，回答的只有洪赫坦氏族人，其日哈老人的儿子蒙力格（1）在身边。

他把蒙力格叫到身边说道："孩子蒙力格你听着，我的孩子们都年幼，我已经把铁木真留在亲家那儿，返回的路上中了塔塔尔人的毒手，腹内很难受。你要懂得照顾看护好即将成为孤儿的弟弟们，要尽快把铁木真接回来，一切托付给你了，亲爱的蒙力格。"说完便去世了。

注 1、蒙力格，洪赫坦部人。后来，在克烈部首领王汗的儿子曾衮，想以举行婚姻聘礼的形式，诱骗成吉思汗前去，然后抓捕杀害他时。是蒙力克老爹提醒成吉思汗他们有阴谋，使成吉思汗及时终止行程，返回部落，才没有遭到他们的暗害。

第二章 成吉思汗青年时期的经历

第六十九节、蒙力格遵照也速该勇士的遗训，来到贤者德策臣那里说："因也速该兄弟十分想念铁木真，派我来叫他回去。"

贤者德策臣答道："亲家想孩子，应该叫他回去，但是过一段时间要叫他返回来。"听完这句话，蒙力格老爹，带着铁木真返回家乡。途中，铁木真知道也速该勇士升天后，铁木真跌倒在地，痛哭失声，十分悲伤。洪赫坦部的其日哈·蒙力格清醒地对他劝说到：

你为什么要象鳟鱼一样悲伤？
难道忘了说过要象战士一样坚强吗！
你为什么要象水中的鱼一样流泪悲伤？
难要没说过要建立强大的政权吗！
（为何鳟鱼样悲伤？
怎忘战士般坚强。
为何鱼儿般流泪，
不曾发誓建强权？）

听到这此话，铁木真止住了眼泪。

第七十节、那年春天，俺巴该汗的王妃敖日拜、索哈太两夫人在祖墓（氏族墓葬之地）举行祭祀仪式时，由于月伦夫人去晚了，使她没有能够及时参加祭祀宴

会。

对此，月伦夫人对敖日拜，索哈太二人说：“因为也速该勇士刚死去，因为孩子们尚年幼，你们为此而使我迟于祭祀祖墓的祭祀祭酒位（1）？你们不给予我目之所及的祭物，祭祀位子。有了移动变化也不告知我，究竟是为什么？”

注 1：蒙古族自古以来的传统习俗之一。即有祭祀祖先的权利的人，才会有被承认的氏族成员的名份。否则就会被视为外部族的人。这在《蒙古秘史》中有很多例证，如：十世祖宝敦查日乌梁海部落的带孕妻子所生的儿子扎吉剌代，就被视为外族人。所以，这里的俺巴该汗的王妃阻挠月伦夫人参加祭祀仪式，就是想将失去丈夫的她和孩子们，逐出部族。后来，还是发生了这样的事。

第七十一节、对此，敖日拜，索哈太二夫人回答道：

“没有预留给你的道理，
遇上了你就吃吧。
没有送上给你的理由。
碰上你就喝吧。
（预先留位无道理，
遇上可以随意餐。
没有送上之原由，
赶上你应自己吃。）

也速该勇士死后，月伦夫人就被这样的话所讥讽。

注 1、参加部族的祭祖活动是游牧民族最重要的活动之一。在祭祖活动中的位置座位及宴席排位，是表示人物在部族中的地位身份的象征。作为大蒙古国哈布勒汗的后裔，也速该的妻子，受到这样的欺辱，是显而易见的歧视和慢待。

第七十二节、后来，他们泰赤乌部的人这样说道："把没有财产的妇女和孩子弃在故乡搬走吧！不要带他们走"。

第二天，泰赤乌人的首领塔日古代·黑日格图勒和陶代·格日特他们就开始带着部落，向敖嫩河方向迁徙。当洪赫坦部的其日哈老人，前去劝说，不要抛下月伦夫人及孩子们的人们时，陶代·格日特说到：

宽阔的河水干涸了，
白玉般的石头裂开了。（1）
（宽阔河水已干涸，
白玉石头已开裂。）

于是，他们不顾其日哈老人的阻拦劝说，开始向别处迁移，并说："你就想这样阻拦我们吗？"于是，用矛刺伤他的腰背，将他赶开。

注 1、这句话的寓意是，也速该死后，哈布勒汗的后裔衰落了，已经没有继续继承汗位的希望。

第七十三节、其日哈老人受伤后回到家里痛苦地躺着，铁木真去看望他时。洪赫坦部的其日哈老人对铁木真说："是因为阻拦你亲爱尊敬的父亲聚拢的部落百姓们离散时，被刺伤的。"听他这样说，铁木真伤心地哭着走出去。

后来，月伦夫人亲自举旗策马劝说，带回一部分抛下她们的百姓，但是返回的百姓也不稳定，不久，又追随泰赤乌人的后边迁移走了。

第七十四节、就这样，泰赤乌氏族的兄弟，把孤寡的月伦夫人和幼小的孩子们丢在家乡离去了。

充满智慧的月伦母亲，
把缝补过的衣服卷起来，
把短上衣襟扎起来，
沿着敖嫩河边向上行。
为捡拾稠李野果而奔走，
为哺养幼小心爱的孩子，
勉强渡过着每个日夜。
生来有能力的夫人母亲，
握着橡木做的剑，
攀登陡峭的山峰，
挖掘红蒿野菜的根茎，
艰难地度过每个日夜，

养育了杰出的后代。
（王妃似出生的夫人母亲）
握着榆木做的剑，
翻越哈拉敦的山梁，
挖拾着满山生长的野葱，
用爱哺养着汗的后代，
使他们称心如意地成长。
（生就聪慧贤月伦，
身穿缝补之衣裙，
扎紧上衣之襟摆，
敖嫩河岸上下行。
拣拾稠李与野果，
养育幼小之儿女，
勉强艰难度时光。
生来贤能的夫人，
手握橡树木剑奔，
攀登陡峭山峰上，
挖掘红蒿野菜根，
贫困辛劳度日夜，
抚育杰出之后代。
生似王妃的夫人，
手握榆木之利剑，
翻越哈拉敦山梁，
挖拾满山野韭葱，

慈爱养育汗王儿，
使其暖饱无忧愁。

第七十五节、

长得美丽的月伦母亲，
握着钩铲而奔波，
沿着河边上下行，
为挖掘野韭野葱忙，
哺育成长了神圣的后代。
恪守原则的夫人母亲呵，
把用植物根茎喂大的后代，
都培育成了国家的大臣。
吃了漂亮夫人母亲采集的，
野葱野韭生长起来的后代，
都成长为神圣的王公。
母亲夫人喂养大的后代们，
都成为坚强的大臣，
使高贵的氏族变得完美，
居住在母亲河敖嫩河边。
把垂钓的鱼钩投入水中，
捕捉水里的小鱼儿，
用来赡养夫人母亲，
恪守原则夫人哺育的儿女，
成长为政权的统治者们。
荡开长满苔藻的河水，

捕捞鱼虾，
喂养着吉祥的母亲。
（生就美丽俏母亲，
手持钩铲四处奔，
涉水渡河忙不停，
拾拣野葱与野韭，
神圣儿女培养成。
恪守原则之夫人，
植物根茎喂养大，
培育国家栋梁臣。
生就美丽的母亲，
野葱野韭哺育成，
神圣王公与大臣。
母亲夫人喂养儿，
成长坚强之忠臣，
高贵氏族传美誉，
居与敖嫩母亲河。
垂钓之钩抛水中，
钓起鱼儿裹腹饥。
赡养母亲好夫人。
夫人哺育之儿女，
成长政权统治者。
荡开河水苔藓藻，
捕渔捞虾养母亲。）

第七十六节、一天，铁木真，哈萨尔，勃格特尔，勃勒古太四个人一同坐在河边钓鱼，一条鱼咬了钩，勃格特尔，勃勒古太把鱼从铁木真，哈萨尔手中夺走。

铁木真，哈萨尔两人跑回家里对母亲说道："一条淡白色的鱼钓上来后，被勃格特尔，勃勒古太兄弟俩抢去了！"

母亲对他们说："你们都是同一个父亲的孩子，为什么那样争吵？你们知道吗？现在我们除了影子无同伴，除了尾巴无鞭子（1）。这样我们怎么能向泰赤乌人报仇，过去阿伦夫人是怎样告诫五个孩子的？你们不要那样吵闹。"

注 1、这句话时非常著名的蒙古族谚语。表示人们孤独衰微时，没有人来做朋友，没有任何能力去驱使别人做什么事，一切都要靠自己努力。

第七十七节、但是，对此铁木真，哈萨尔并不理会，说："昨天射杀的猎物被他们抢去了，今天又来抢夺鱼儿，如此，怎么能同他们共同生活！"说完摔下屋门跑出去了。

当时，勃格特尔（1）正坐在山岗上看护牧放的九匹黄骟马，铁木真从后面，哈萨尔从前面偷偷地靠上去，准备用箭射他的时候，被他发现后，对他们说道："泰赤乌人等待着兄弟间的残杀，从而使我们难以复仇，你们为什么要将我视为眼中钉，肉中刺（2）？现在，除了影子无同伴，除了尾巴无鞭子，你们为什么要这样做？不要毁灭祖业，不要残害勃格特尔“说完，他端坐在那儿。铁木真，哈萨尔俩从前后用箭射杀了他之后，跑掉了。

注 1、勃格特尔是成吉思汗的同父异母长兄。这个事件，学者们有各种说辞，一种是认为勃格特尔是长子，与其弟勃勒古台在一起会对铁木真兄弟形成威胁。也有学者认为是当时贫困的经济状况所造成。如此等等。

注 2、原文是比喻为：从口中吐出的呕吐物。类似于汉语中的“眼中钉，肉中刺”的意思。

第七十八节、铁木真，哈萨尔回到家里时，母亲从他们的脸色，猜到了发生的事情后说到：

你这个自食其果的孩子，
当你出生于我火热的胸腹时，
手握着黑色的血块，
像含着肋骨的黑狗，
像冲向岩石的猎鹰，
像难以忍耐脾性狂妄的狮子，
像吞食活物的可怕的蟒蛇，
像攻击自己影子的猛禽，
像吃下同类的狗鱼，
像啃咬驼羔峰袋的雄驼，

像雨天侵害攻击猎物的群狼，
像残忍驱赶吃食幼雏的鸳鸯，
像庇护巢穴反扑的凶残豺狼，
像扑捉食物凶猛的老虎，
你这个鲁莽的家伙。
除了影子没同伴，
除了尾巴没鞭子。
（吞尽口中的涎水，
自噬脐带的孩儿。
生于火热之胸腹，
似口含肋骨黑犬。
如冲向崖石猎鹰，
像暴躁狂妄雄狮。
似吞噬生物蟒蛇，
如俯冲影子猛禽。
像咽下同类狗鱼，
似撕咬幼子雄驼。
如攻击猎物群狼，
像自食雏鸟恶禽。
似护巢反扑豺狼，
如扑向猎物猛虎。
你是个鲁莽之人。
影子之外无伴当，
鬃尾之外无鞭子。）

我们要等待着向泰赤乌人的复仇的机会，你们这样做，怎么还能向他们报仇？你们为什么要做这样的事情？

月伦夫人引用过去古代的语言，依祖先的训语为戒词，狠狠地训斥了孩子们的错误。

第七十九节、正在这时，泰赤乌部落的塔日古代·黑日勒图格，率军前来进犯。他们认为“幼小羔羊的嫩毛已脱落，年轻首领的身体已长大”(1)。

为了躲避他们的追杀攻击，月伦夫人带领孩子们一起逃进了森林。当时，勃勒古太折断树枝，捆扎栅栏，哈萨尔准备弓箭迎战，月伦夫人把哈赤温，铁木哥，特木伦三个孩子藏在山谷里的时候，森林外面传来泰赤乌人的喊话：“如果把铁木真交出来，就与其他人没关系”。

听到这样的喊话，铁木真悄悄向森林深处跑去。结果，被泰赤乌人发现，追了过去。铁木真钻进了高山中茂密的林子里，泰赤乌人马无法进去，便驻扎在山下守侯。

注 1、他这样的话语中，包含月伦的孩子们已长大，将来部落会恢复元气，形成威胁，所以有要斩草除根的意思。

第八十节、铁木真藏了三天三夜，又饥又渴，心里

想：这下可以回去了。当他刚要跨上马时，马鞍却滚落在地下，他仔细一看，马鞍的攀胸肚带脱落了，他想："肚带断了情有可原，为什么攀胸也开了呢？也许是上天在告诫我"于是，他又在森林中待了三天三夜。

当他再次要走出去森林时，路上有一块像房屋般大小的白石头挡住了他的去路。"难道这又是上天在告诫我吗？"他想到这里，于是又返回去待了三天三夜。

总共待了九天九夜之后，无水无食物，他想："像这样无声无息地死去，不如闯出去寻个生路"于是，他绕开拦路的大石头，砍下挡住出路的树木，策马出去，却被等在山下的泰乌赤人逮个正着。

八十一节、塔日古代·黑日图格抓到铁木真后，把他带回部落，没有杀害他，而是判罚他带枷在每一个居住点儿的人家里，轮换过着流浪地刑罚生活。（1）

在那个夏季第一个月十六日夜月圆之时，泰赤乌部的人们在敖嫩河边欢聚宴会，至太阳落山才归来。在宴庆时，他们派了一名瘦小的孩子看护他，铁木真趁宴会欢庆的人们分散开的时候，他用手中的枷在那个看护头上猛力一击，将他打倒后，逃入敖嫩河边的柳树丛里，又怕躲在树丛中被人发现，便潜入河边水中，只将脸露出水面。

注 1、古代游牧民族没有监狱之类囚禁犯人的场所。所以，被抓捕的人，以带着枷锁轮流在部落人家中监管，吃住劳作，失去自由为主，接受刑罚。

第八十二节、“抓住的犯人逃跑了”看护的人醒过来后，大声呼喊，散去的人们立刻集合起来，在像白昼一样的月夜里，沿敖嫩河边的树丛中搜索。

苏勒都斯氏族的索日洪·沙日，走到河边恰巧看见了躲在水中的铁木真，便说到：“水中无痕迹，空中无踪影。因此，你躲藏得很正确。正因为你有这样的智慧，而且目光如火，面颊发光，泰赤乌人才这样残害你，你这样躲着吧，我不会告发你”说完便走开了。

在遇到一些其他搜寻的人时，索日洪·沙日说道：“要沿着人走过的踪迹去追，再在附近找一找。”众人应到“是”。

于是，就都沿着有人走过的踪迹搜寻去了。索日洪·沙日再次来到铁木真躲落的地方，对他说：“泰赤乌人咬牙切齿地寻找你，你再坚持躲一会儿”说完离开了。

第八十三节、泰赤乌人因为没搜寻到逃跑的铁木真，又转回来时，索日洪·沙日又对他们说道：“泰赤乌的孩子们，大白天我们都会把人丢失，现在是夜里怎么能找到呢？全体人员再沿有人走过的踪迹找一回后散去，约定明天再集中找，那个带着手枷的人是不会逃远的”众人答应着散去了。

索日洪•沙日再次来到铁木真藏身处说：“现在第一次搜寻已经结束了，明天要继续找，你赶快离开这里，去找你的母亲和弟弟们吧，如果遇到人，不要说我看到你了。”说完自己走开了。

第八十四节、听了他的这个这个嘱咐，铁木真心想：前几天在轮住各家的时候，当轮住到索日洪•沙日家时，他的孩子其木拜，楚伦二人很可怜我，晚上睡觉时偷偷解开我的枷铐。现在索日洪•沙日看到我又没告发，看来他们是在有意保护我。于是他便沿敖嫩河向他家方向走去。

第八十五节、索日洪•沙日家因为从黑夜到黎明烟气腾腾地捣制酸奶（1），所以，有可以找到从屋里冒烟的标记，根据这个标记，他悄无声息地找到后，走进他们家里。

看到进来的铁木真，索日洪•沙日吓了一跳，说道：“我让你朝母亲和弟弟们的方向走，你怎么到这里来了？”

这时，他的孩子其木拜，楚伦俩人对父亲说到：“百灵鸟遭到雀鹰的攻击而受到伤害时，我们都要保护它，现在受到伤害的人来到我们这里，怎么能说那样的话呢？”

他们责怪了父亲的错误行为后，把铁木真的枷铐砸开，扔进火里烧掉，把铁木真藏在屋后边的棚车里，并嘱咐妹妹哈丹（2）“不要对外人说”，还让她悄悄照料他。

注 1、当时的蒙古部落已经有贫富分化现象。有些牧户沦为部落酋长们的家庭奴仆。他们负责为部落首领们制作一些所需用品或进行劳务。索日洪·沙日家应该是为部落首领们捣制乳酪。

注 2、哈丹后来成为成吉思汗的妃子之一。

第八十六节、第三天，泰赤乌人觉得既然没有找到铁木真，就认为“他还藏在我们中间，要搜查其他所有的住户”。

于是，他们在搜查完附近的全部人家后，来到索日洪·沙日的家搜查。将他家里的车，甚至铺下都搜了一遍，来到后边棚车旁休息时，拉出放在车里的羊毛，几乎快碰到铁木真的脚。索日洪·沙日急忙说到：“这么热的天，活人怎么能藏在羊毛中间呢？”搜查的人觉得有道理，跳下车走了。

第八十七节、那些搜查人员走后，索日洪·沙日对铁木真说：“你差点使我的家族化为灰烬，你现在可以向你母亲和弟弟方向走了。”

他让他骑上一匹白唇黑鬃黄骒马，煮了一只肥羔

羊，给了他一皮囊酸奶，一张弓两枝箭，使他骑着无鞍马，也无火种地走了。（1）

注 1、因为如果给他火种，怕他点火被泰赤乌人发现，或耽误路途上的时间。如果马备了鞍子，被其他人发现就会寻迹追赶抓住他，并追查帮助他的人而连累他们。箭枝少防止在路上与人发生冲突。这些都是索日洪・沙日保护铁木真的措施。

第八十八节、铁木真从泰赤乌人那里逃出来，到了以前藏过身的地方，顺着草倒伏的方向（1），沿敖嫩河走去。来到了由西边流过来的黑木日嘎小溪边，沿该河方向寻找着家里的人们，在河岸布德尔之崖一个叫浩日楚辉宝力道格的地方与母亲，弟弟们团聚了。

注 1、游牧民族古代辨识方向的一种方法，即根据什么季节刮什么方向的风，并根据草倒伏的方向，来判断基本方位。

第八十九节、他们全体团聚后，一起迁徙来到了宝日罕・哈拉敦山南部，选择了一个向呼日勒赫地方流去的僧古日河（僧和日河）边，驻扎在叫哈日・朱日黑（1）的呼和诺尔（2）的地方居住，以猎杀旱獭，田鼠为生。

注 1、蒙古语意为：黑色的心脏之意。

注 2、蒙古语意为：兰色之湖。

第九十节、有一天，他们牧放在驻地附近的八匹黄骟马，眼睁睁地被一群强盗抢去了。

铁木真他们因为没有骑乘的马，看着马被强盗抢走，无法追赶。因为，唯一的骑乘短尾黄骠马，被勃勒古太骑着去猎取旱獭去了。

直到太阳快下山时，他才牵着驮满旱獭猎物的短尾黄骠马走回来。

听说黄骟马都被强盗抢去了，勃勒古太说："我去找"！

哈萨尔说："你不行，我去吧"！

铁木真对他们说："你们都不行，还是我去吧！"

于是，他骑上黄骠马，沿着被抢走马匹留下的痕迹追了下去。

追了三天后，一天清晨，他来到一个草原上牧放的马群跟前时，看见一位身手敏捷的少年在挤马奶。他走过去与他见面后，向他询问黄骟马的下落。

那个少年回答道："今天早上太阳还没升起的时候，有人将八匹黄骟马从这里赶了过去，我告诉你，他们的方向和踪迹"。

他让铁木真放开他的短尾黄骠马，叫他骑上一匹健壮的灰公马，自己骑了一匹淡红色快马，没有回家，直接放下奶桶，向草原深处追了下去。

他边走边对铁木真说："我的朋友，你走的十分盲目

且毫无目标，男子汉的盲目（困难）都是一样的。我愿成为你的朋友。我的父亲是那呼伯颜（1），我是他唯一的孩子，我的名字叫博尔术。”

这样两人沿黄骟马的踪迹追了三天三夜。

一天中午，当太阳照在山岗在时分，他们来到一群部落百姓的驻牧地，看到自己被抢去的八匹黄骟马，正在驻牧地附近吃草。

铁木真说到：“朋友，你等在这里，我的黄骟马在那儿，我去把它们赶过来”。

博尔术说：“我是你的朋友，同伴，怎么能等在这里。”

于是，二人一同冲了过去，把自己丢失的马匹赶了过来。

注 1、博尔术的父亲叫那呼。巴颜是富人或牧主的身份称呼。说明搏尔术出身于富裕的游牧家庭。

第九十一节、驻牧地的人们发现后，许多人骑马从后面追了过来。人群中，有一位骑白马穿红衣服的人手执套马杆率先冲了过来。

博尔术说：“朋友，你把弓箭给我，我来射他。”

铁木真说：“你为了我而遇见了灾祸，还是我来射吧！”

他转身张弓搭箭向那个追来得人射去，那个骑白马的人见有弓箭射来，急忙用套马杆抵挡，这样他便渐渐落后了，后边的人虽然陆续追来了，但因为太阳快落山了，天色暗下来，而渐渐无法追赶了。

第九十二节、铁木真，博尔术二人连夜赶着马，走了三天三夜，临近到博尔术的家时。铁木真对博尔术说到："如果没有遇见你，我怎么能够将这些马夺回来呢？你想要几匹？"

博尔术说："我是因为看到你是一个好朋友而同你一起去的，没有想得到利益，我是那呼伯颜的独生子，我父亲积攒的财富足够我用的。"

第九十三节、两人一同来到那呼伯颜的家。正在为丢失孩子而伤心流泪那呼伯颜，看到孩子回来了，一边哭，一边责备道："孩子，你出了什么事快说！"

博尔术对父亲说道："看到这位好朋友，因丢失了马匹而无目的盲目地追赶，就同他一道去追赶了，现在不是回来了吗。"

说完他走出去，骑上马，把临走时放在野外的奶桶拿了回来。随后，他们杀了肥羔羊招待铁木真，还送给了他一副鞍具。

那呼伯颜对他们两个说道："两个年轻人，从今后你们要成为好朋友，什么时候也不要相互抛弃"

在那里，铁木真告别了他们，又走了三天三夜，才

又回到了僧古日河边的家。

看到他安全地回来时，月伦母亲和哈萨尔弟弟们才放下了正在为他担忧着的心。（1）

注 1、这一段的描述，说明铁木真的家庭，在他青年时期还是非常贫困的。只有区区八、九匹马，少数的牲畜这样的家庭，只能维持基本的生活。

第九十四节、从前，铁木真对勃尔贴夫人，只是九岁时见过一面后，再也没见过面。现在铁木真、勃勒古太两人为去找勃尔贴夫人而向克尔伦河方向走去。

贤者德策臣的弘吉拉部落，驻牧于策格策日山和其呼日古山之间（1）。

德策臣看到铁木真到来，高兴地说道："啊，孩子，泰赤乌人怎样残害你的事我知道后，心中始终担心着，放心不下。现在终于见到你了"。

他将女儿勃尔贴交给了铁木真。铁木真与勃尔贴一同返回时，德策臣为他们送行，并将他们送到克尔伦河一个叫乌拉格的地方后返了回去。

德策臣的夫人曹坦，则将姑娘勃尔贴他们一直送到呼日勒赫山中的僧古日河畔。

注 1、这两座山在今呼伦贝尔草原境内。说明弘吉剌部自古以来就是呼伦贝尔草原的游牧民族部族之一。

第九十五节、在往回送返回部落的曹坦夫人时，铁木真想起，要同博尔术结交为朋友。便派弟弟勃勒古太去请他一同来。

勃勒古太一到博尔术那里，博尔术没同父亲打招呼，便马上骑上黄骠马，带上自己的粗布大衣，同勃勒古太一块儿来到了铁木真身边。这就是博尔术同铁木真结交的过程。

第九十六节、铁木真他们从僧古日河迁徙到克尔伦河的源头（1），在一个叫布日吉的地方附近驻扎下来后，铁木真、哈萨尔，勃勒古太兄弟三个人，带着勃尔帖的母亲曹坦，送给铁木真的黑貂皮大衣，前往克烈部。去拜见父亲也速该旧时的"安答"（2）王汗。他们想：对待父亲的"安答"，应该像自己的父亲一样。

铁木真他们来到位于图拉河（3）畔黑森林中的克烈部首领王汗的部落后，对王汗说道："我尊敬父亲的安答，在我们看来，因为，你同我父亲一样，我们将我家里的黑貂皮大衣，作为礼物拿来送给你！"

于是，他将黑貂皮大衣送上前。王汗收下礼物后，马上大喜，回答道：

"为回报你貂皮大衣的情义，
将你分裂的土地完整地送给你！
为了报答貂皮大衣的情义，

将散离的人民聚合起来送给你！
卵囊要完整于臀下（4），
元气要存在于胸臆（5）。
（黑貂大衣情意重，
回赠完整之领土！
报答重礼之情义，
聚拢百姓还给你！
危卵保存于体下，
志气回荡在胸膛。）

注 1、蒙古国的肯特山宝日罕·哈拉敦山是克尔伦河、图拉河、敖嫩河的三河之源。也是成吉思汗建立霸业的地方。

注 2、蒙古语意为：结拜的关系。可以是结拜兄弟，也可以是结拜父子。

注 3、图拉河是蒙古国境内的主要河流之一。发源于乌拉尔山脉东坡，流经俄罗斯西伯利亚平原后，进入蒙古高原。

注 4、这句话的意思是要保存实力，不要意气用事。

注 5、这句话的意思是要把胸怀的大志，保留在心里。

第九十七节、从王汗那里返回到布日吉的驻牧地附近的部落时，由宝日罕罕·哈拉敦山，乌梁海部落来到的，背着鼓风箱（炼铁工具）的扎日楚代老人（1），领着一个叫哲勒莫的孩子来到他们部落。

他对铁木真说道："在众水之首的敖嫩河的德伦·宝力道格，你铁木真出生时，我送给了你貂皮的摇篮，并将这个孩子送给了你，但是，因为他那时侯还年幼，就将他带回了家。现在，让我的孩子哲勒莫，为你备马鞍，看好门而送给你。”

注 1、自公元四、五世纪以来，蒙古部族就有专门冶铁的部落。例如：铁勒部就是尼伦国的锻造兵器的属下部族。后来成为成吉思汗四大杰出将领的哲勒莫，就是出身于铁匠家族。

第九十八节、就在他们大家平安生活在克尔伦河源头的布日吉附近时，在一个雾气缭绕的早晨，月伦母亲的佣人花格琴，突然起身对月伦夫人说：“母亲，母亲快起来，大地发出了崩裂样的震动声音，可以听到远处传来马蹄的奔踏声，也许是可怕的泰赤乌人来了，您赶快起来吧！”

第九十九节、听到她的话，月伦夫人马上吩咐到“赶快去叫醒孩子们”！然后，她自己很快起身，让铁木真他们赶快起来后去抓马备鞍。随后，铁木真、月伦夫人、哈萨尔、哈赤温、铁木哥、勃勒古太、博尔术、哲勒莫他们每人骑上一匹马，月伦夫人把特木伦抱坐在胸前，让另一匹马驮上东西，他们赶快策马跑走了，勃尔贴夫人出来后，因为缺少马匹只好留在了后边。

第一百节、铁木真兄弟们逃向宝日罕·哈拉敦山方向后，佣人花格琴想把勃尔贴夫人藏起来，就让她坐进一辆装满东西的棚车，套上一头花牛，向河边的丘陵方向赶去。

这时，从晨雾中隐约走来了一队士兵，他们截住她们后，向她们问道："你是什么人？"

花格琴机警地回答道："我是铁木真的属下百姓，为主人看护羊群。现在准备回家去。"

那些士兵问她，说道："铁木真在家里吗？他的家在哪儿？"她回答道："他的家就在附近，铁木真是否在家我不知道，我是从后边的屋子那边过来的。"

第一百零一节、那些士兵问完后，向她指向的驻地方向急驰而去。花格琴急忙鞭打拉车的花牛想赶快走开，可是，车轴却偏偏在这个时候折断了。

就在她们想赶快弃车，向森林中逃去时，在她们后边这些士兵，押着勃勒古太的母亲，两脚带着脚绊走了过来。

他们追上她们后，指着车子问？"这车里有什么？"

花格琴回答到："是羊毛。"

那些士兵的头领命令道："弟兄们下去看一看！"

士兵们下马将棚车的帘子打开，看见勃尔帖夫人坐在里边，他们把她从车里拽出来，押着花格琴她们俩，沿着铁木真他们逃走时，被马踏倒的草迹，向宝日罕·哈拉敦山方向追去。

第一百零二节、他们沿着这些踪迹追击铁木真他们，到宝日罕·哈拉敦山之后，沿着山的周围三面，搜寻了很长时间，也没有找到他们的踪迹。这个山的南北都是沼泽地的淤泥，山上都是高大的森林和连吃饱的蛇都通不过的灌木丛，因此，他们没有找到铁木真。

原来，这些前来侵犯铁木真他们的士兵们，是来自三姓莫日格德部的人，即乌堆·莫日格德部的首领陶克陶阿，乌瓦斯（乌哈）·莫日格德部的首领代日·乌孙，哈达·莫日格德部的哈太·达日玛拉。他们三个部落联合起来带着三百名士兵，来报也速该勇士从他们部落的伊贺·其勒都手中抢走月伦夫人之仇的。

现在，他们一齐议论道："我们来报抢月伦夫人之仇，现在抢到了他们的女人，也算报了氏族的父辈之仇了。"说完，他们带着抢虏来得人返回家去了。（1）

注 1、这一节主要介绍了三姓莫尔克德部的人，为什么前来袭击铁木真他们，及怎样把勃尔贴夫人抢走的过程。这是游牧民族血亲复仇的典型实例。按理说，铁木真的父亲抢夺莫尔克德部伊贺·其勒都娶亲回来的月伦夫人已经是几十年前的事情，可是，他们依然将其作为复仇的理由。

第一百零三节、他们把抢去的勃尔贴夫人，给了其

勒都的弟弟其勒格日照顾。

藏在山上的铁木真，对勃勒古太，博日术、哲勒莫三人说：“那三姓莫日克愓部的人返回家没有？是否潜伏在山里？跟踪三天后再回来报告给我。”

铁木真则自己留在宝日罕哈拉敦山上，捶着胸膛向苍天祈祷道：

借助有像鼬鼠一样听力，
机敏的花格琴的力量，
依靠像有银鼠一样视觉，
诚实的花格琴及时发觉的恩惠；
（成功地躲避了一场危险的战争）
完整的身躯得以藏匿。
走在昏暗崎岖的道路，
追寻麋鹿歪斜的脚印。
使我在柳条丛中躲避着，
宝日罕·哈拉敦山，
保全了我的生命。
当邪恶的战争来犯时，
就像（小鸟）逃避鹰的追杀，
沿着麋鹿奔跑的踪迹，
寻找岩石峡谷中的缝隙，
我逃进哈拉敦山上之后，
以树皮茅草为屋，
庇护着我热爱着的生命。

有着茂密森林的宝日罕山，
安抚照顾我象虱子一样微小生命。
保全留下我象念珠般大小的身躯。
请求仇杀战争的宽恕，
成为孤独我们庇护者，
高高在上的宝日罕・哈拉敦山，
我们要每天清晨为您祝福！
每天都要祭祀供奉您 ，
子子孙孙永远祭祀您 ，
世世代代永远崇拜您，
日日夜夜祭祀您。
（聪明机敏花格琴，
及时发现敌酋来，
真诚可靠花格琴，
借其所见免灾祸，
逃脱危险之战争。
藏匿完整之身躯，
崎岖峻险之山路，
追寻麋鹿之踪迹，
柳条丛中隐此身，
宝日罕・哈拉敦山，
庇护保佑我生命。
邪恶战争到来时，
似鹰捕猎小鸟雀，

沿着麋鹿之踪迹，
寻找山隘岩石隙。
逃进哈拉敦之山，
树皮茅草搭成屋，
保护热爱之生命。
茂密森林的圣山，
护我渺小的生命。
将我念珠般身躯，
祈福保佑留全身。
可恶仇杀战争中，
得以仁慈之宽恕。
成为孤独的我们，
高贵慈祥庇护者。
要将如此神圣山，
每日清晨来祝福，
世代子孙都崇拜。）

他虔诚地祈祷完，将腰带挂在脖子上，把帽子抓在手里，用右手按在胸前，向太阳升起的方向起誓，向宝日汗哈拉山敦九跪拜而祈祷，挥洒祭品。（1）

注 1、这个祭祀方式成为蒙古民族标准的礼仪方式。只是将腰带改换成白、蓝色的哈达。

第三章 消天莫日格德部及铁木真被封予成吉思汗称号

第一百零四节、从那次事件以后不久，铁木真，哈萨尔，勃勒古太三人一起出发，来到了驻扎在图拉河畔的哈日苏盖特（1）处的克烈部，王汗陶日伊勒（2）处。铁木真对他述说道："没想到，三姓莫日克惕部落袭击了我们，将我们的妻子都抢了去，汗王父亲您能否将妻子，孩子夺回来还给我们？为此，我们前来。

王汗陶日伊勒回答道：我去年不是对你们说了吗？你们把我当父亲一样送给我貂皮大衣时，我曾这样说过：

"对你们送貂皮大衣的回报是；
把离散的国家聚集起来还给你。
黑貂皮大衣的回报是，
把分离的人民聚合起来送给你。
把臆气留在胸中，把肾留在躯干中。
（我们的兄弟情谊在）
现在到了该兑现那此话的时候了，
为报答你的貂皮大衣，
向全部莫日克德人进攻，
把你的勃儿贴夫人夺回来还给你。

为报答你的黑貂皮大衣的情义，
共同打击所有莫日克德人，
使你的勃儿贴夫人速归来。

请你向扎木合弟弟带口信，“请扎木合弟弟在一个叫浩日呼那格·珠布日的地方等我。我从这里带2万人的军队成为右翼，从这里出发，扎木合弟弟带2万人的军队成为左翼出发，我们的会合情况由扎木合确定”

注1、蒙古语意为：黑色的森林之地。

注2、王汗是克烈部首领陶日伊勒与铁木真一起协助女真人金朝，剿灭塔塔尔部后，被金朝授予的称号“王”。所以，他就以蒙古语和汉语的混合词“王汗”称号，著称于世。

第一百零五节、铁木真、哈萨尔，勃勒古太三个人离开陶日伊勒汗，回到自己家里，铁木真马上派哈萨尔，勃勒古太两人到扎木合处。

并对他说道：

仇人莫日格德部来了，
伤痛了我的心，
夺空了我的怀，
做为亲族庇护者的您，
能为我报仇吗？
心肝在哀伤悲痛，
作为亲近的氏族人的您

请为我报这个仇！
（仇人莫日格德部，
深深伤痛我的心，
使我怀中空荡荡。
作为庇护依赖者，
嫡亲氏族的你们。
我之心肝在伤痛，
作为亲族的你们，
要为我们报此仇。）

同时，他向扎木合转达了克烈部陶日伊勒汗的话：“念过去我与其父汗也速该的情谊，现在我率 2 万军队为右翼从这里出发。请扎木合弟率 2 万军队做为左翼出发，会合之事扎木合弟自行议定。”

听了这番话，扎木合对他们说道：“

亲爱的安答铁木真，
竟有这么多的灾难。
我听到你受到的伤害，
我的心在痛，
并想到了仁慈。（宽恕）
肝脏如果破裂，
就会伤及其它。
要追讨这个血债。
痛击那些莫日克德部落，
将勃尔贴夫人归还给你。

把哈达·莫日克德部（1），
全部彻底消灭掉，
将勃尔贴夫人送还回来。
天罗地网传来的信息，
可以当做战争的战鼓声，
愚蠢的逃跑者-陶格陶阿（2），
呆呆地坐在布日原野上，
两支锐利的箭头，
已经向他张开移动。
战争即将开始。
愚蠢的逃跑者-代日·乌孙，
现在正躲在波涛汹涌的鄂尔浑河，
色楞格河上的塔勒浑小岛。
当蓬蒿草吹动的时候
就以为是敌人到来，
逃向茂密黑森林。
讨厌的逃跑者哈太·达日玛拉（4）
在哈日津草原上，
可是哪里也找不到他。
在美丽的黑勒高江畔，
长着茂密的乌拉草，
据说用草可以结筏，
想到有如此的方便处，
便可结草为筏，

横渡过宽阔的黑勒高之江，
向不成气候的莫尔克德人进攻。
即刻把坏蛋陶克陶阿的家门击碎，
得到他有拥的财产，
抢到他怀里的女人们，
断掉他们成长的后代，
报仇恨去怨气。
用锋利的刀砍断毁坏其神像，（5）
使其失去光泽废弃掉。
将他那完整的家园，
彻底毁坏消灭掉。
（亲爱安达铁木真，
遭受如此之灾难，
闻听受难心伤悲，
怜悯之情油然生。
如果肝脏已破裂，
就会伤害及其它。
如此血债要追讨，
将此敌人之部落，
狠狠痛击不留情，
夺回夫人勃尔贴。
将哈达·莫日克德部，
全部彻底消灭掉，
尊贵夫人得回还。

天罗地网之消息，
敲响征战之鼓声。
愚笨之人逃跑者，
布日草原呆头坐，
双枝利箭已上弦，
大战在即不可避。
代日·乌孙虽逃跑，
居于两条河之岛，
色楞格与额尔浑，
塔勒浑岛暂栖身，
草木皆兵闻风逃。
只有讨厌的哈太，
哈日津草原难找寻，
不知躲藏在何方？
美好黑勒高江上，
长满茂密乌拉草，
可以结筏渡江河。
想到如此方便处，
以草结筏过大江，
攻打可恶之敌人。
将敌酋陶格陶阿，
巢穴门楣击毁之，
抢掠所有财和物，
获取灿烂之珍宝，

夺取怀中之娇妻，
斩断子孙后代根，
报此深仇与大恨。
利仞砍断神位柱，
成为废物来扔掉。
将其广大的国家，
洗劫一空消灭掉。）

注 1、哈达・莫尔克德部，是三姓莫尔克德部落之一。

注 2、莫尔克德部是十世纪驻牧于蒙古高原北部，巴尔古津盆地的强部落之一，也是当时侵犯对抗铁木真部最多的部落之一。而陶格陶阿则是该部落的大首领。该部落又以姓氏分为三个部落。乌堆・莫尔克德氏族部落、乌瓦斯・莫尔克德氏族部落、哈达・莫尔克德氏族部落。

注 3、陶格陶阿，是乌堆・莫尔克德部的首领。

注 4、代日・乌孙是乌瓦斯・莫尔克德三姓部落之一，乌瓦斯氏族部落的首领。他后来归顺于成吉思汗，并把女儿忽兰嫁给成吉思汗做王妃。是成吉思汗四大王妃之一。

注 5、哈泰・达日玛拉也是三姓莫日克德部落首领之一，哈达氏族部落的首领。

注 6、古代蒙古族每个部落都有立祖先牌位或祭祖敖包作为部落神圣标志的习俗。除了用作祭拜祖先外，还有保佑部族繁荣昌盛，人畜平安的意义。并向其他部族表示自己领地范围。如果，这些神圣之物被毁坏，就表示部族被消灭或遭破坏。

第一百零六节、扎木合又对铁木真安达，陶日伊勒汗兄弟二人说道，现在我要：

祭起指向远方的战旗，
擂起用黑公牛皮蒙面，
发出震天地声音的战鼓，
握着坚硬锐利的钢矛，
穿上全身防护的铠甲，
扣上利箭上弦，
骑上黑鬃黄战马，
率领众多将士们，
向莫日克德酋长们进攻，
向厮杀的战场埸出发了。
祭起漂亮美丽的战旗，
擂动牛皮蒙面的战鼓，
披挂上牢固坚实的铠甲，
握着尖锐锋利的军刀，
扣上神勇准确的箭，
骑着骠悍高大的骏马，
率领众多勇敢的军队，
同不知死活的莫日克德人，
出发去做殊死的撕杀博斗。
（祭起高耸的战旗，
擂起公牛皮蒙面，
声震天地的战鼓，

手握锐利的钢矛，
穿起坚固之盔甲，
佩带硬弓和利箭，
跨上黑鬃黄骠马，
率领众多猛将士，
攻击莫日克德部，
冲向厮杀的战场。
祭起漂亮的战旗，
敲响牛皮蒙面鼓，
披挂坚实之铠甲，
举起锋利的军刀，
扣上神勇尖簇箭，
骑上骠悍快骏马，
统帅万千众猛士，
讨伐将死之敌人，
撕杀搏斗显英豪。）

请陶日伊勒汗兄长首先出发，在路过宝日罕·哈拉敦山南时，与铁木真安答相见接应后，再到敖嫩河的源头叫宝陶汗·布日吉的地方。

我从这里带一万人的军队出发，途中到达敖嫩河居住的铁木真安达所属的百姓人民中，再聚拢一万名军队。总共合计集结起 2 万军队，一起到宝陶汗·宝日吉会合。（1）

注 1、扎木合的驻牧地在蒙古高原东部的呼伦贝尔大草原额尔古纳河流域一带。蒙古人习惯将蒙古高原面向南方方向左手位的领地，称做左翼，也称左手或东部。而克烈部的王汗陶日伊勒的驻牧地在蒙古高原阿尔泰山脉西部地区，按此方位习惯，被称为右翼，也称右手或西部。这是千百年来，北方游牧民族形成的方位使用方法，所以在研究或读蒙古历史时，这个方位概念是非常重要的。

第一百零七节、铁木真从返回来的哈萨尔，勃勒古太二人那里听到这些话语后，将此话传述给了陶日伊勒汗。

陶日伊勒汗听完扎木哈回复的话，亲自率领 2 万名士兵从驻地出发，由宝日罕・哈拉敦山缘南边，沿克尔伦河岸边向布日吉方向行进。铁木真听到这个消息，便从布日吉沿岸动身，向宝日罕・哈拉敦山南面的通赫勒格小溪方向移动，来到了塔娜（1）小溪处驻扎。

陶日伊勒汗率 1 万名士兵，陶日伊勒汗的弟弟扎哈・汗布率 1 万名士兵，驻扎在黑木日嘎小溪一个叫阿伊勒・哈日嘎纳（2）的地方与铁木真的全部军队会合在一起。

注 1、塔娜，蒙古语意为：珍珠。

注 2、阿伊勒，又称：艾勒。蒙古语意为：居住点。或类似于汉语的村屯。哈日戛纳，蒙古语意为：野山桃树。即有野山桃树的村子。

第一百零八节、铁木真，陶日伊勒汗，扎哈·汗布三人会合后启程，来到敖嫩河源头宝陶汗·布日吉地方时，扎木合早已经来到这里，等待他们三天了。

扎木合看到铁木真，陶日勒汗，扎哈·汗布三人及所率领军队后，将自己的 2 万军队列队整齐。铁木真他们三人也将所率军队列队整齐后，使之相互熟悉认识。

扎木合对他们说到："我们相互不是用'遇上雨天也不可耽误约定，碰上雪天也不能拖延聚会'的蒙古谚语相约时，大家不都答应"是"了吗？而"是"的誓言，难道就是将不遵守时间从这个原则中抛出去了吗？

对他的责问，陶日勒伊汗说道："比约定的时间晚了三天的这件事，请扎木合弟弟您将责难惩罚记下！"他们将晚到了三天的事情，就以这样的话语商议带过了。

第一百零九节、大家共同从宝陶汗·布日吉出发，来到黑勒高江（1）边，以草木结筏渡过江后，到达了一个叫布日·赫日（2）的地方。在陶格陶阿的驻地上方隐蔽驻扎下来后，毁坏了他们部落供奉的神像，抢掠俘获了其妇女孩子，将他们的守护神击断，将全部百姓的围猎場抢掠一空。

那时候，陶格特阿正要在睡觉之前包扎伤口。就在这时，在黑勒高江边居住的渔民和捕貂人、猎人们连夜向陶格特阿·博赫传来，"发生了战争"的口信消息。

听到这个消息，陶格特阿·博赫和乌瓦斯·莫日克

德部的代日·乌孙两人一起，带着少数同伴向色楞格河（3）下游的巴日古津盆地方向逃去。

注 1、黑勒高江，在莫尔克德部落的驻地。

注 2、蒙古语意为：意为公驼之野。

注 3、色楞格河是蒙古国北部河流之一。

第一百一十节、这时，莫日格德部的百姓开始四散逃难，我们的军队向色楞格方向追击逃难的人群。

铁木真在逃难的人群中边寻找，边呼喊着“勃尔贴”找寻自己的妻子时，混在逃难人群中的勃尔贴夫人，听到了铁木真的呼唤声，她连忙从车上跳下来，与花格琴妇人一起跑过来，抓住了铁木真的马缰绳。

铁木真在夜里的月光下定睛一看，认出了是勃尔贴夫人，二个人抱头相拥。

这一夜，铁木真派人向陶日伊勒汗和扎木合两个人说到：“因为，我要找的人已经找到了。今夜就停止进攻，在这里驻扎下来吧。”

所以，那一夜，四处逃难的莫日克德部的人，夜里逃到那里，就在哪里住下了。勃尔贴夫人逃离莫日克德部人手掌，回到铁木真身边的经过就是这样。

第一百一十一节、从前，莫日克德部乌堆氏族的酋长陶格陶阿·博黑，乌瓦斯氏族酋长代日·乌孙，哈达氏族酋长哈太·达日玛拉，三个人联合在一起，带了三百人的军队，去攻击铁木真他们的营地，要报陶格特阿·博黑的弟弟伊赫·其勒都的妻子月伦被也速该勇士抢去的仇。

于是，他们在某一天的早晨，出发去袭击铁木真他们的驻牧营地。就在那时，铁木真逃入宝日罕·哈拉敦山后，他们在山里搜寻了三遍也没有找到铁木真。但是抓到了勃尔贴夫人，并把她交给了其勒都的弟弟其勒格日照料。自那以后，勃尔贴夫人就住在其勒格日家里。现在，其勒格日逃走后，悔恨地说道：

黑色丑恶的乌鸦啊，
只有吞食树皮草根的命运，
要想吃黑天鹅的肉啊，
就会发生被侵犯的争斗。
无言而对的其勒格日，
我却盲目地异想天开。
冒犯了尊贵的夫人哟，
将全体莫尔克德人民，
拖入到危险和苦难中，
失去了庇护和遮挡。
在黑夜里四处逃难，
在岩石缝隙中困顿，
失去可贵的生命啊，
丢掉了黑头发的头颅，

可恶可怖的猫头鹰啊，
只有捕食田鼠的命运。
却妄想吃鸿雁的肉啊！
磨快了尖尖的嘴巴，
贫穷的其勒格日我，
将圣洁美丽的夫人啊，
分发领到我这里，
使莫尔克德人们啊！
受到无谓的伤害。
冷漠怪僻的其勒格日，
我那骷髅般的头颅啊，
到了无处躲藏的地步。
粪土一样的生命哟！
到了无人保佑的境地，
钻进黑暗的地缝中？
还是进入岩石的缝隙里？
我到底应该去何方！
（丑恶不祥黑乌鸦，
吞食残羹之命运，
妄想去吃天鹅肉，
招来灾祸惹上身。
其勒格日无言对，
异想天开作恶梦，
冒犯尊贵的夫人，

带来苦难累人民。
四处离散无庇护，
黑夜之中遭厄运。
山谷石洞去藏身，
荒野草丛躲利刃，
宝贵生命尽丧失，
黑头无辜落下地。
可恶可怖猫头鹰，
捕食田鼠应满足，
突发妄想吃鸿雁，
蠢蠢欲动磨尖嘴。
赤贫如洗堪悲哀，
圣洁夫人领给我，
难以照料与伺奉，
惹下天大之灾祸。
所有部落遭洗劫，
无情刀箭落家园。
我将此头何处抛？
卑贱生命谁保佑？
钻入黑暗之地缝？
还是藏匿在岩隙？
至此方知悔恨迟，
何处使我得安身。）

第一百一十二节、哈泰·达日玛拉被抓捕后，被带上枷铐送到宝日罕·哈拉敦山。

勃勒古太听说他的母亲在那一个部落，便要去找到自己的母亲。当他从屋子的西门进去时，他母亲身穿破烂褴褛的衣衫，从屋子的东门跑出去，对屋外的人们说道：

我亲爱的孩子们，
即将成为汗王的时候。
我却在这里被可恶庶民所统辖，
我有何颜面去见汗王孩子们？
（亲爱尊贵孩子们，
即将成业登汗位。
老身被俘在异族，
有何颜面归故里？）

说完便逃向密林深处。人们急忙从后边追赶也没有找到。因此，以后勃勒古太王爷，一见到莫日克德部氏族的人，说会喝斥到："还我母亲来。"

对在宝日罕·哈拉敦山侵犯铁木真等人的三百名莫日格德部人们：

将其子孙所有后代，
砍杀得烟飞灰灭。
余下的妇女和儿童，
让他们成为看门的仆人。
部分漂亮美丽的，

纳为家里的内侍。
（灭绝儿孙及后代，
使其烟飞如灰灭。
所余妇孺孩童们，
沦为守门之仆人。
部分面目姣好者，
纳入内侍来驱使。）

第一百一十三节、铁木真对陶日伊勒汗和扎木合两人崇敬地赞扬到：

亲爱父汗陶日伊勒，
尊敬的安答扎木合们，
依靠团结友谊的力量，
借助全能苍天的仁慈，
在大地母亲的保佑下，
使世仇莫日克德人的，
心肝被击碎，
至高无上的权力被毁灭，
拥有的家室被掠空，
获取来各种战利品。
（亲爱父汗与安达，
团结友谊帮助我。
借助苍天之仁慈，
大地母亲保佑下，

世仇夙敌被攻打，
狂傲权利被破坏，
家室财物掠夺空，
获取所有战利品。）

于是，他们带着俘获莫日克德部的百姓们返回了。

第一百一十四节、乌堆氏族莫日克德部百姓们四散逃走后，在他们家乡留下了一个带貂皮帽子，脚穿鹿皮鞋和身穿貂胸皮衣服，眼放光芒，脸有朝气的名字叫呼楚的五岁小男孩（1）。我们的士兵们把他带回来，做为礼物献给了月伦夫人。

注 1、呼楚是莫尔克德部丢下的孩子，后来成为月伦夫人的养子。长大后成为成吉思汗的得力将领。

第一百一十五节、铁木真、陶日勒汗、扎木合三人会合在一起：

毁坏了众多莫日克德人，
那些房檐突出的屋子，
获得了许多美丽的妇人，
离开了鄂尔浑，色楞格，
两处茂密的森林、草原，
胜利凯旋返回。

（毁坏众多敌人屋，
俘获许多美妇人。
离开森林和草原，
高唱胜利凯歌还。）

由塔勒浑岛（1）北边出发，铁木真，扎木哈二人向浩日呼那格·珠布日（2）方向走去。

陶日勒汗则由宝日罕·哈拉敦的山梁，路过乌赫日特（3）丛林，穿过嘎础日特（4）关隘，乌里亚特（5）隘口等地，一边狩猎，一边行军，回到了图拉河畔的哈日苏盖（黑森林）的驻地。

注 1、塔勒浑岛，意为有鸿雁的原野之岛。

注 2、浩日呼那格·珠布日，地名。

注 3、乌赫日特，蒙古语意为：有牛群的地方。

注 4、又叫嘎础日太。蒙古语为有树枝的地方。

注 5、乌里亚特即今乌里亚斯太。

第一百一十六节、从那里铁木真，札木合二人，一同来到浩日·呼那格平原驻扎下来。这时，他们一同谈论回忆起，过去结拜为安答时的情景，内心更加珍惜过去的友情。

第一次结为安答时，铁木真十一岁，那时候，札木合将一只雄狍子的骨骰子（1）送给铁木真，铁木真把一个铁铸的骰子送给札木合。两人在敖嫩河的冰上，玩掷骰子时结为安答。

自那以后，在一个春天里，他们俩人用木弓射箭玩时，札木合将一张用两只二岁犊牛角粘在一起，做成的带响声的箭（2）送给了铁木真，铁木真将杜梨木做的箭（杆）簇送给札木合。并且，二人再次结为安答。这就是两人两次结为安答的经过。

注 1、用羊踝骨骨头做成的玩具。

注 2、即鸣镝箭支，可以作为作战时传递信号使用，也可作为攻击敌人目标的导引箭支使用。蒙古族裔的祖先匈奴时期就已经熟练掌握了制作鸣镝箭的技术。最近，在中亚地区考古发现了公元前骨质的鸣镝箭簇，进一步证实了这个论断。

第一百一十七节、如果，按老一辈人传下来的话去做：

所有的人相互间的关系，
如果成为安答同伴，
就要关心和照顾相互的生命身躯，
无论何时何地什么情况，
都要相互支持依靠，
就要钟爱自己的伴侣。
（无论与谁来相交，
安达情义非寻常。
无论何时遇何事，

生命躯体两相连。
相互依靠来扶持，
钟爱一生不相弃。）

“现在，让我们继续加强我们的情谊吧”铁木真建议到，将从莫日克德部酋长陶格陶阿处获取得来的金腰带，扎在安答札木合的腰上。将陶格陶阿的海骝烈马（牡马）送给札木合当坐骑。

做为回赠，札木合将从乌瓦斯・莫日克德部酋长代日・乌孙处获取得来的金腰带扎在铁木真腰上，把代日・乌孙的白马送给铁木真。就这样，二人再次结为安答。

在浩日呼那格・珠布日平原上，
呼勒德嘎日洪的怀抱里，
在枝叶茂密的大树下，
留下美好的宴席礼仪，
跳起幸福欢乐舞蹈，
思想志向统一起来，
成为目标一致的好兄弟。

（吉祥欢乐平原上，
平静驻地怀抱里。
枝叶茂密森林中，
留下欢宴的记忆。
举办欢乐的舞会，

胸怀志向共倾述。

志同道合亲兄弟，

同枕共眠忆往昔。）

每天夜里，他们二人都盖上被子，睡在一张床上。

第一百一十八节、铁木真，札木合两人亲密无间地在一起，住了一年半的时间。有一天，他们商议要从居住的驻牧地迁移。

在夏季的第一个月十六日，月圆之时他们开始了迁移。铁木真，札木合俩人走在迁移队伍前边时，札木合说到：

铁木真安答啊！

（我们）依着山峰来驻下吧，

牧马人就有屋住！（唉、正确吗？）

（我们）靠着大河驻下吧，

牧羊人们有饭吃！（1）（没有阻碍吗？）

（依山而住来扎营，

为了牧马人之居，

傍水而住来扎营，

牧羊之人得饮食。）

铁木真对札木合的这个话没有理解，便没有回答。然后，他留下，等待后边迁移的车队赶过来，对月伦夫人说：“札木合安答对我说到：

铁木真安答啊！

（我们）依着山峰来驻下吧，
牧马人就有屋住！（唉、正确吗？）
（我们）靠着大河驻下吧，
牧羊人们有饭吃！（没有阻碍吗？）（2）

我对这些话难以理解，不知怎样回答，所以，来问母亲您来了。”

月伦夫人还没来得及说话回答，勃尔贴夫人说道：“札木合安达厌倦了平静的生活，现在到了厌倦我们的时候了。

刚才札木合安答说过的话，似乎是以我们为例的话。我们不要在这里驻扎下去。借这次迁移，我们今夜要摆脱札木合，趁夜黑迅速离开这里。”

注 1、扎木合这一段话，似乎是在暗示铁木真，既然我们志同道合，为什么不联合起来共同创建大业呢？而当时的呼伦贝尔草原和额尔古纳河流域，既是蒙古民族历史上的发源地，也是依山傍水，辽阔的的丰美草场。不仅可以发展畜牧业经济，更是能够养精蓄锐，达到兵强马壮，扩大势力的地方。也有暗示以他为主，辅助他创业的意味。

注 2、这些疑问句，似乎在试探征求铁木真，把一半儿牧马人的牧场安排在山峰旁，把另一半儿牧羊人的牧场安排在大河畔的是否合适意思。也是试探他想和铁木真联手成霸业可否同意的话语。

第一百一十九节、听从了勃尔贴夫人的话，铁木真他们没有在此地住下，连夜急进。在中途遇到了离散的

泰赤乌人，泰赤乌人们害怕之下，连夜向札木合驻地（1）的方向逃去。在泰赤乌人勃苏德氏族的家乡，落下一个名字叫呼和楚的小孩（2），我们的士兵捡到后，送到月伦夫人处抚养。

注 1、扎木合的驻牧地在今中国内蒙古呼伦贝尔市中俄界河额尔古纳河支流根河附近的草原。也是后来聚集了许多部族，推举扎木合为古尔汗之地。

注 2、呼和楚属于泰赤乌部勃苏德氏族丢下的孩子，被月伦夫人收养。后来也成为成吉思汗的忠臣。

第一百二十节、铁木真他们整整走了一夜，到天明时停下一看，札赉日部落的哈赤温•陶呼拉温，海日汗•陶呼拉温，哈日勒岱•陶呼拉温姓氏兄弟三人连夜跟随而来。

达尔汗部落的哈丹，达拉都日汗，兄弟五人，还有蒙给图•黑雅的儿子翁古日们带着所属的常希乌特部、巴雅德部的百姓跟了过来。

从巴如拉斯部落来了呼必烈，呼都斯兄弟俩。

从芒古特部落有札泰，道高勒呼将军兄弟俩跟了来。

博尔术的弟弟乌格楞将军，脱离了阿茹拉德部落，决定跟着哥哥博尔术也一块儿合了过来。

哲勒莫的弟弟查乌日汗，苏勃台勇士离开了乌梁海部落，来同哲勒莫汇合，而一起过来了；

从勃苏德部落来了德盖，呼楚古日兄弟俩；

从苏勒都斯部落来了其勒古太·塔黑、泰其乌代兄弟；

扎赉日部的色策·道毛格，阿日海·哈萨尔巴拉两个人，领着孩子们跟来了；

从洪赫坦部来了遂赫图将军；

哲盖·洪德嘎日的儿子苏和海·扎乌思从苏赫根部来；

查干挂由额乌代部跟来，恒吉拉代由敖勒呼诺乌德部来；

郭尔罗斯部的色其乌日，杜尔伯特部的莫奇布敦们来了；

伊贺热斯部的布图，因为是我们这里的女婿也跟过来了。

一同来的还有：诺依洪部的珠恩绍，敖日那日部的朱日干，巴如拉斯部的绍浩·策臣（贤者）,还有哈拉查日同儿子们都一起过来了。

巴林部的浩里其·乌孙老人领着呼和楚斯，莫恩领着巴林部的一部分人自成一营跟过来了。

第一百二十一节、浩里其·乌孙来了后对铁木真说道："因为我们是包敦查日圣主的女人生下的后代（1），同札木合有同腹血缘之情，关系牢固，不应离开札木

合。

但是，智慧的上苍给我以的慧眼，让我预先看到未来的事件。（我看见）一头健壮的公牛走来，围绕在札木合身边。它用角拱抵着札木合及其家的房屋和车辆，拱来拱去折断了自己的角，而成了独角，于是，它向札木合吼着“还我角来。”并暴躁地用蹄子刨起地上的尘土，撒向札木合。

还有一头秃角淡红色的牛，驾驭着一座巨大的房车，那头牛沿着宽广的大路，跟在铁木真身后吼叫着说到：“

天地变得和蔼温顺；
让铁木真掌管国家，
拉送他到达那个理想境界”
（上苍明示见吉兆，
天地和谐选圣主。
铁木真来坐宝位，
吾将送其登大基。）

这是苍天给予我眼中的明示。铁木真，你如果成了国家的主人，因我预言了这个先兆，你会给我什么样的报答？他问道。

铁木真说道：“如果我真的（如你所说）成为了执掌国家的主人，我将封你为万户长。”

浩里其回答说：“将这样重大的事情预先告诉你，封我一个万户长算什么报答？让我当上万户长后，应赋予我在全国漂亮姑娘中选三十个女人做老婆的权力，另外，让她们都听从我说的任何话语。”

注 1、即指成吉思汗十世祖包敦查日在前往聚拢无主百姓时，途中领回的乌梁海部阿丹汗女人，并纳为侧妻。扎木合的部族札答兰部始祖，即出于该女人来蒙古部之前，已经怀孕生出的孩子。而该女人成为包敦查日的妻子后，又生下的孩子，成为巴林部的始祖。所以，浩里其·乌孙属于巴林部族的人，与扎木哈有母系血缘关系。

第一百二十二节、以呼南为首领赫尼格斯部（1）自成为一个营盘，另外，达里代·敖特其根也成为一个营盘而一同来到这里。

札答兰部落的穆勒·哈勒呼来到这里；温金·萨海特组成一个营盘移了过来。

他们都离开札木合，来到黑木日嘎（2）小溪畔的叫阿伊勒·哈日格那的地方驻下。

那时，从札木合处脱离的还有，朱日黑部的索日哈图·朱日黑的后代，萨查·布黑，泰楚俩组成的一支营盘，涅昆太子的儿子呼查日·布黑组成一支营盘，呼图拉汗的幼子阿拉坦·敖特其根组成一支营盘离开札木合而来。

他们都是在铁木真驻牧于黑木日嘎小河畔阿伊勒·哈日格那时来到的。

不久，铁木真他们又从那里迁移，来到呼日勒赫里

山（3）里的僧古日小溪（4）畔的叫哈日朱日黑（5）的呼和诺尔之地驻牧。

注 1、蒙古语意为：有槽子之意。

注 2、蒙古语意为：野山桃树之乡的意思。

注 3、蒙古语意为：山谷、峡谷之意。

注 4、蒙古语意为：凉爽的河水之意。

注 5、蒙古语意为：黑色的心脏之意。

第一百二十三节、阿拉坦，呼查日、萨查全体一致商议后，对铁木真说“（我们要）让你成为大汗，为了让铁木真你成为大汗，我们要：

在众多的战斗中，
（我们要）成为你的先锋，
得到非常美丽的姑娘，
获得皇宫里漂亮的妃后，
都送给你众人之汗铁木真您。
侵犯攻占他族的百姓人民，
得到容貌出众的妇人，
获取善走的骏马都要献给您。
在春季狩猎的季节里，
我们将（猎物）围捕到您跟前，
在森林中狩猎的季节里，
我们将把猎物献给您，

在猎取草原上的野兽时，
驱使其腹部相拥地来到您面前，
将猎取山谷的野兽时，
我们使其大腿相擦来到您跟前，
当发生挑衅战争时，
我们将毫不犹豫地，
执行您铁木真汗，
严格正确的法令。
告别离开妻子儿女，
收拾起全部所有资财，
不惜去把黑色的头颅抛弃。
在和平安宁时期，
我们如果违背主人铁木真圣旨，
请您剥夺我们属下的人民，
夺去我们的妻子儿女，
将这个身躯，
赶到无主的地方抛弃。
（众多战斗作先锋，
俘获世间美姑娘，
夺取宫廷好王妃，
献与成吉思汗您。
攻占征服异族民，
掠来面目姣好女，
获取善走烈骏马，

送至大汗您面前。
猎取难捕之野兽，
将其围追到马前，
森林狩猎的季节，
猎物驱赶出林中。
追猎草原野兽时，
使其腹肚相拥至。
围捕山谷猛兽时，
让它臀腿摩擦来。
发生战争搏杀时，
坚决服从您指挥。
严法厉令遵循行，
抛妻别子不踌躇。
收拾全部家资财，
抛头洒血难回头。
和平安宁之时期，
如果违反您法令，
请您剥夺所属民，
妻子儿女归他人。
将此卑贱的身躯，
驱赶扔在无主地。）

他们说出这样的话，立下这样的誓言，一致同意赋予铁木真‘成吉思汗’的称号，并推举他成为了蒙古部落的大汗。（1）

注 1、成吉思汗有腾汲思汗，达赉汗‘大海之汗’的意思。这是发生在 1206 年的事件。也是成吉思汗统一蒙古部落的开始。虽然，蒙古民族属于内陆民族，但是他们从远古时期，就有了海、湖、江、河的概念。远古时期就将位于今中国内蒙古呼伦贝尔市境内面积达 2 千 3 百多平方公里的呼伦湖称做“达赉诺尔”，意为：海一样的湖泊。至今世界上最大的淡水湖，今俄罗斯西伯利亚境内的蒙古语称为“贝加尔诺尔”，就是蒙古语“自然之湖”。江，蒙古语称为：穆伦（慕容、穆陵、木伦等均为同义同音异写词），如：西拉木伦河，意为黄色之江，又被称为潢水；河，就称为“高勒”，如，称中国境内的黄河为“哈坦高勒”，意为：皇后或夫人之河。而《蒙古秘史》中所称的度过腾吉思海，似乎指硕大的湖泊而言，不是贝加尔湖，就是达赉湖。因为，这两地都是蒙古民族的族源地。至于，成吉思与腾吉思，不过是古蒙古语与中世纪蒙古语语音发生变化的结果而已。否则，为什么他的子孙自称“大海汗”。

第一百二十四节、铁木真成为成吉思汗后，让博尔术的儿子乌格楞将军，哈赤温・陶呼拉温和他的兄弟哲泰，道高勒呼等四人作为佩箭卫士。

他对翁古日，遂赫图将军，哈丹・达拉都日汗三人说道：

“早上的炉灶，
不能疏忽大意”
中午的饮料，

不能使其中断，

（要将清晨之炉灶，

永远不能来疏忽。

要使日中之饮料，

源源不断来提供。）

因此，铁木真委派他们，成为侍膳的厨子（布日其）。

德盖自己说道：

要将五花肥壮的羊群，

装满（我们的）圈舍。

将众多的羊群，

增加到铺满牧地，

生来贪吃的我，

如果不满足脏胃肚腹，

吃着肉满足着肠胃，

不能度过每一天。

不能耽误每一夜，

我要宰杀肥美的牲畜，

准备上鲜美的肉汤。

（五色肥羊装满圈，

众多羊群铺满地。

生来贪食馋嘴我，

满足胃口及脏腑。

肠肚之中吃着肉，

不然难度每一天，
不能耽误每一夜。
宰杀精选之牲畜，
准备鲜美之肉汤。

为此，铁木真就委派叫他当了自己的牧羊人。

德盖的弟弟呼楚古日说道：

有扣环的车子要把扣环扣好，
可以使其不易损坏，
有车轴的车子，
不要让它在大路上耽误运输，
要把修理车子的工作，
做得有条有理。
（辎重车辆很重要，
扣环牢固即安全。
轮轴车身常修缮，
大路运输保平安。
维护保养之工作，
有条不紊来完成。）

因此，铁木真委派呼楚古日做为管理所有车辆的司车官。

然后，让道代将军作为宫廷的总管，去管理所有家里的仆人，孩子们。

铁木真赐剑，并委派忽必来，其勒古太，哈日海·陶呼拉温三人去哈萨尔的统辖地时（1），（成吉思

汗）对他们说：

去砍断来犯者的脖颈，
割开狂妄者的胸膛。

成吉思汗对勃勒古太，哈日拉代·陶呼拉温二人说道："去看护饲养御马群去，当个牧马官吧！"

对泰赤乌部的呼图，莫日奇，穆勒哈拉呼三人说到："去牧放我们的马群吧"

对阿日海·哈萨尔，塔哈日，苏和海，查乌日汗四个人说道："去当远方的联络官，近处的探马（侦探近地的向导）吧！"（2）

对苏勃台巴特尔(勇士)说道：

"你要像田鼠一样，
保管好一切收集的财富。
像黑乌鸦一样，
爱惜一切所有，
像披在身上的披风一样，
要成为挡风雨的遮盖，
保护着家园故乡，
变成家园的栏杆和帐幕。"
（要向原野的田鼠，
保护聚拢的财富。
要向空中的乌鸦，
吝惜一切的所有。
如同身上之披风，

遮风挡雨不怠慢。
保护国家和故乡，
成为帐幕与栅栏。）

注 1、成吉思汗将蒙古高原东部的地域，分封给了弟弟哈萨尔。包括今蒙古国的东方省，中国内蒙古东部的呼伦贝尔草原及额尔古纳河、海拉尔河流域。今科尔沁、阿鲁科尔沁、扎莱特、杜尔伯特、郭尔罗斯等十旗和原乌兰察布盟四子部、茂明安、乌拉特等部族以及青海和硕特部均属哈萨尔后裔。应该包括当时的渤海国、女真之地，也就是今中国东北地区和俄罗斯远东地区。

注 2、探马一词，出自这里，就是侦查探查敌情的先头部队。

第一百二十五节、成吉思汗成为大汗后，对博尔术，哲勒莫俩人说到："当我除了影子无伙伴的时候，你们我为我的影子。除了尾巴无鞭子的时候，你们成为我的尾巴，使我的心胸得的开阔，使我的思想得以安慰，你们是我心中最敬重的同伴。"

"因为你们最先成为我的同伴，我要最尊敬你们。"然后，成吉思汗又说到："请苍天保佑，请大地庇护，离开札木合，相信我而来的每一个伙伴，每个人都很重要，因此，我要将你们都重新派到每个适合你们的职位上去。

第一百二十六节、铁木真将众人奉他为成吉思汗大

汗的消息，叫塔海，苏和岱俩人传口信给克烈部陶日伊勒汗。陶日伊勒汗听完后，说道：将我的铁木真儿子立为大汗，十分正确英明，蒙古人没有汗怎么行？

这个决定不是坏事，
不要割断过去的友谊，
不能失去秩序章法，
要有规矩和正义。
（不要破坏此决定，
友好联系不中断。
遵循秩序及章法，
正义守法才永恒。）

第四章　同札木合、泰赤乌人的斗争

第一百二十七节、当阿日海·哈萨尔，查乌日汗两人做为信使到札木合处时，札木合对他们说："回去同阿拉坦，呼查日说："你们为什么挑拨我同铁木真安答之间的关系，使我们分开？我同铁木真在一起的时候，为什么不拥戴他使他为汗？而现在是什么用意拥他为汗呢？阿拉坦，呼查日你们俩要为自己的话负责，要让铁木真安答放心，你们要成为安答的好同伴。"（注 1）

注 1、从这里扎木合的回话中，可以理解到扎木合在与铁木真在一起时，说过的那些话，本来是要铁木真辅佐他成为大汗，可结果，铁木真却被拥立为大汗。这也就是扎木合于成吉思汗分裂的根本原因，也是后来发生双方十三翼之战的根本原因。

第一百二十八节、自那以后不久，居住在札拉玛拉山南的乌力吉布拉格（1）地方的扎木合的弟弟泰查尔，去掠抢我们在萨里赫日（2）之地牧放的马群。他们到了那里，将我们在萨里赫日，由昭其·达日马拉放牧的马群抢掠后逃走了。

为此，由于马群被抢掠，在其他人害怕胆小而不敢去追赶的情况下，昭其·达日马拉独自一人去追赶。

夜里他追到了马群附近，悄悄地爬着潜入马群中，

用弓箭将泰查尔的腰射断杀死后，把马群赶了回来。

注 1、蒙古语意为：幸福吉祥之泉。

注 2、蒙古语意为：黄色的原野。

第一百二十九节、知道弟弟被泰赤乌部的人杀死的消息，扎木合联合了札答兰部的十三个氏族，带领三万名士兵，翻越阿拉古德山和图日嘎古德山（1），去进攻成吉思汗。

伊贺热斯部的穆勒和・陶塔格、包日勒代二人来到住在呼日勒赫的成吉思汗处，将此消息传给了他。

听到这个消息，成吉思汗从十三个营盘中挑选出三万人马，前去迎战扎木合。双方在一个叫达兰・巴勒朱尼（2）的地方展开战斗。

成吉思汗被扎木合打败，逼退到了敖嫩河畔一个叫哲仁（3）的峡谷中去。

因此，扎木合骄傲地说："我们已经把他们逼到了哲仁峡谷。"

在返回去的途中，扎木合抓住其诺思部（4）的青年人，将他们放进七十口大锅中煮死。将额乌代部的（将领）贡嘎的头割下来，拖在马尾巴上回去了。

注 1、这两座山在今中国内蒙古呼伦贝尔市境内。

注 2、达兰・巴勒朱尼。蒙古语意为：七十丛红柳树丛。这是成吉思汗著名的十三翼之战的历史事件之地。他在被扎木合击败的情况下，与部下盟誓之地。至今，在达赉湖（呼伦湖）仍旧有地名叫达兰·鄂木日格，可能与其有关。

注 3、哲仁谷，蒙古语意为有黄羊的山谷。

注 4、其诺思，蒙古语意为：狼之部落。扎木合锅煮该部落人，这件事成为扎木合残暴无道的证据。但此事尚未得到明确考证。

第一百三十节、扎木合回去以后，乌如德部的珠日其代，芒古德部的辉勒达日他们，带领所辖的部民离开扎木合，来投靠成吉思汗。

洪赫坦部的蒙力克老爹，原来跟随着扎木合，现在也领着七个儿子来与成吉思汗汇合。因为有这么多部落的百姓人民离开扎木合来这里。成吉思汗十分高兴。

于是，成吉思汗与月伦夫人、哈萨尔、朱日黑部的萨查·布黑，泰楚一起在敖嫩河畔的森林里举行酒宴。

在酒宴上，成吉思汗首先向月伦夫人、哈萨尔、萨查·布黑们举杯敬酒。然后向萨查·布黑的小妾额博海敬酒。

对此，萨查·布黑的浩里金夫人、呼日沁夫人十分生气。指责到："为什么不先向我们敬酒，却先敬酒给额博海？"

他们为泄愤而殴打了厨师希呼日。厨师希呼日被打后感到十分委屈，放声大哭说到："因为也速该和涅昆太子二人不在了，才会受到这样的殴打！"（1）

注 1、厨师希日呼应该是成吉思汗族的厨师，他的哭诉抱怨，是在表示成吉思汗已经继位大汗，却仍旧受到泰赤乌部人的欺辱。

第一百三十一节、在这个宴会中，我们方面让勃勒古太作为司马人，看护照料成吉思汗的坐骑。朱日黑部的由布里・布和掌管这个职责。（1）

正在这时一个哈塔吉部的人偷偷解开我们的马匹，他被抓住了。布里・布和因为庇护那个人，与勃勒古太吵了起来。

勃勒古太被扭住后，挣脱时将一只胳膊从袖子中拽出来，光着臂膊要离开。布里・布和赶上去，用剑砍伤了勃勒古太的臂膀。勃勒古太被砍伤后，根本不在乎地让胳膊流着血走开了。

正座在树荫下宴饮的成吉思汗看到后，出来问他到：“你叫谁砍成这个样子？”

勃勒古太回答说：“早晨就这样了。不要因为我而兄弟间失和。我没有关系，我的身体健壮着呢。兄弟们刚刚欢聚在一起，哥哥不要发脾气，稍呆一会儿（消消气）。”（2）

注 1、游牧民族在举行聚会时，会派人看护集中拴在一起的坐骑马匹。防止有事情时，可以快速骑马离开或防止马匹丢失。

注 2、勃勒古太作为成吉思汗的弟弟，他知道泰赤乌部的实力强大，因此不愿兄长因他而与他们失和。

第一百三十二节、成吉思汗没有听从勃勒古太劝阻的话，从旁边树上拽断树枝，并拎起捣酸马奶的木杵，与砍伤勃勒古太的人扭打起来。

我们的人打败了朱日黑部得人们，把浩里金夫人和呼日沁夫人抢了过来。（哈萨尔将一个要射箭的人打倒在地。勃勒古太用装酸奶的牛皮桶打斗。泰赤乌人抓住了勃勒古太后将他绑在双轮车上，夜里，当他们睡觉时，勃勒古太背着大车逃了回来。《黄金史》）

当朱日黑部的人提出要和解时，我们同意了他们的要求。将浩里金夫人和呼日沁夫人还给他们。

在那个时期，因为金朝皇帝不能安抚塔塔尔部的莫古金・苏勒特，便派丞相带领军队讨伐以莫古金・苏勒特为首的塔塔尔部，他们将许多牲畜、马匹赶往叫乌力吉的地方。（1）

注 1、这个时期，蒙古高原一直强大的塔塔尔部，与相邻的女直人政权金国发生摩擦，反抗金国的统治。因此，金国发兵讨伐他们。

第一百三十三节、成吉思汗得到这个消息后，说道："很早以前，塔塔尔部的人就是杀害我们父辈祖先的仇敌，现在我们要帮助（金朝）进行这场战斗。"

于是，派使者去陶日伊勒汗处传信到："据说金朝皇

帝派丞相追杀以莫古金·苏勒特为首的塔塔尔部，到了乌力吉那个地方。为了报塔塔尔部杀害祖先的仇，而去与他们战斗。请陶日伊勒汗父亲迅速赶过来！”

得到这个消息后，陶日伊勒汗说：“孩子（成吉思汗）说的话非常正确。我们去协助他们作战吧。”

第三天，他们整顿集结了军队后出发。陶日伊勒汗迅速来与迎接他的成吉思汗汇合，成吉思汗，陶日伊勒汗两人向萨查·布黑为首的朱日黑部派出使者传信说：“我们要协助（金朝）进行这场战争，为向塔塔尔部报杀害我们祖先的仇而共同出征。”（1）

可是，等了六天，他们也没有来。在等不下去情况下，成吉思汗、陶日伊勒汗两人带领军队去往乌力吉方向，协助金朝作战。

他们来到乌力吉的叫呼苏图·希特温、那日图·希特温地方，包围了以莫古金·苏勒特为首的塔塔尔部，成吉思汗和陶日伊勒汗 两人从包围的部落中，将莫古金·苏勒特擒获后，在那里杀掉了。

此次战役中，成吉思汗缴获了塔塔尔人的银摇篮和镶有珠宝玛瑙的被子。

注 1、塔塔尔人抓捕并送至金国皇帝处杀害的俺巴该汗，正是泰赤乌部朱日黑氏族的祖先。

第一百三十四节、金朝丞相知道了成吉思汗和陶日伊勒汗俩人杀死了莫古金·苏勒特后，十分高兴。封赐成吉思汗“查乌惕呼里”的官衔（1）。

赐封克烈部的陶日伊勒汗为“王”的称号。自从金朝丞相赐封陶日伊勒汗‘王’的称号后，他就以‘王汗’的名字闻名于世。

金朝丞相对他们说：“你们帮助我们杀死了莫古金·苏勒特，给予了金朝很大的支持。我将向金朝皇帝禀告你们的这种支持行动，让金朝皇帝赐封给成吉思汗比这更大的官职。”

金朝丞相就这样高兴地凯旋而归。成吉思汗和王汗二人把塔塔尔部的百姓各自分发后返了回来。

注 1、该官衔，按伊儿汗国丞相兼史官，波斯史学家拉施德撰写的《史集》一书中，解释为：汉语的戍边官。而有些学者解释为一种小官职。或节度使等。其实，应该是金朝女真语（满语）的一个军队的军事指挥官职而已。

第一百三十五节、在包围塔塔尔部的那日图·希特温的驻地，我们的士兵获取了一个年幼的孩子。那个孩子耳带金耳环，身穿貂皮背心和丝绸上衣。成吉思汗将那个孩子带回来，作为礼物交给了月伦母亲抚养。（1）

月伦母亲说道：“看样子这是个好人家的孩子，是出身显赫人的后代。我要将他做为五个孩子以外的第六个孩子来抚养。”并给他取名字叫希吉·呼图格图。

注 1、希吉·呼图格图是蒙古帝国著名的法官（断事官）。在成吉思汗建立政权后，即任命他执掌这个职务，他以公正，廉洁，铁面无私著称。并长寿。

第一百三十六节、当时，成吉思汗的老营（1）驻在哈日伊勒特湖（2）附近。

朱日黑部的人们攻击了成吉思汗留在老营的人员。扒光了五个人的衣服，杀死了十个人。留守在老营的人，将朱日黑部这样袭击毁坏老营的消息报告给成吉思汗后。

成吉思汗非常震怒地说道："朱日黑部的人们为什么这样对待我们？在敖嫩河畔举行宴会时，他们殴打了我们的厨师希呼日；还砍伤了勃勒古太的肩膀。他们提出和解，我们把他们的浩里金夫人和呼日沁夫人还给了他们。

从那以后，为向伤害我们祖先的塔塔尔部复仇，约定他们帮助攻打塔塔尔部作战时，等了他们六天，朱日黑部的人也没来。现在，他们竟在敌人旁边，成为我们的敌人。"

于是，成吉思汗率军出发，与朱日黑部进行征战。

征讨他们的军队，到了朱日黑部驻地，克尔伦原野之岛的道劳·宝力道格（3）的地方时，萨查·布黑和泰楚俩人带着少数人员逃走了。

成吉思汗的军队在后边追击，在一个叫特勒图（4）之口的地方追上他们，将萨查·布黑和泰楚俩人抓住。

成吉思汗对他们俩说道："从前我们是怎么说（起誓）的？"

萨查布黑、泰楚二人说："我们没有遵守自己的诺言，请按我们说过的话惩罚我们吧。"

于是，让他们回想过去说过的话语，使他们全尸而死。

注 1、老营即游牧民族部落或部落联盟出征时，留守在后方的家属及老弱病残部众属下。

注 2、蒙古语意为：归来之湖。

注 3、蒙古语意为：七座小山丘。

注 4、蒙古语意为：张开、敞开的山口。

第一百三十七节、消灭了萨查·布黑和泰楚后，在迁移朱日黑部的百姓时，他们当中有扎赉日部的特勒格图伯颜（富裕者）的儿子宫挂，楚伦海其，哲布格三人。宫挂将穆呼来，布哈两个儿子与成吉思汗见面后，交给他，并说道：

"使其成为门户前的奴隶！
如果脱离门户去它处，
请割去他的脚跟腱！
让其成为门户中的财产！

如果逃离您的门前，
请打破他的肝脾脏”。

（使其成为门户奴，
守护门前不可离，
倘若擅离去它处，
割断脚腱不留情。
使其成为家中财，
守家看门尽效力，
如果逃离您门前，
伤肝损脾教训他。）

楚伦海其将童格、哈希两个儿子引见给成吉思汗后，交给他并说道：让他们

“永远守护您金色门前，
如果脱离金门去它地，
夺取生命杀死他，
举起打开您宽阔门，
离开的宽阔门去它方，
剖开心肝杀死他。
（永远守护您金门，
如若脱离去它处，
夺取生命杀死他。
经常推开宽阔门，
如若奔走去它方，

剖心挖肝杀死他。）

成吉思汗将哲布格交给哈萨尔。哲布格将在朱日黑部得到的一个叫宝日呼勒的孩子（1）送给月伦夫人。

注 1、这又是一个月伦夫人抚养的孩子。后来成为成吉思汗手下的猛将。在派去征服森林中百姓部落时战死。

第一百三十八节、月伦母亲将在莫日克惕部得来名字叫呼楚的孩子和从泰赤乌部勃苏德氏驻地得来的呼和楚，塔塔尔部得来的希吉·呼图格，朱日黑部得来的宝日呼勒四个孩子们，领在家里照料抚养。月伦母亲对孩子们说："要将他们培养成为白天看视的眼睛，夜间探听的耳朵。"

第一百三十九节、朱日黑部氏族的始祖是哈不勒汗的七个儿子中的长子敖很巴日哈格一支。他的儿子是索日哈图·朱日黑。朱日黑的父亲因为是哈布勒汗的长子，所以，从所属的部落百姓中（挑选了）：

优秀而又有能力的，
胆大且勇猛果敢的，
胸中有志气谋略的，
勇武有力的摔跤手，
学识渊博的男子汉。

的后代给他。就这样聚集了一群有魄力勇气，坚强有胆略的人们以朱日黑（有胆略之意）命名组成为一个部落。（1）成吉思汗征服了这样的氏族部落，将许多人民归于自己的属民。

注 1、蒙古史书《黄金史》中，称这个部落是男人中的男子汉。

第一百四十节、有一天，成吉思汗叫布里·布赫同勃勒古太俩人进行摔跤比赛。布里·布赫当时在朱日黑部。

从前，摔跤时，他用一只手抓住勃勒古太，用一只脚绊他，就可以将他摔倒压在地上不能动弹。布里·布赫在当时是国家著名的摔跤手。

这一回，布里·布赫与勃勒古太两人摔交时，还没有分出胜败，布里·布赫就倒下了。勃勒古太勉强将布里·布和的肩膀压住后，偷偷抬头向成吉思汗看去时，成吉思汗轻轻咬住下唇。

勃勒古太明白了他得意思，使劲抓住布里·布赫的胸部和臀部猛力一拽，将他的腰折断。

布里·布赫腰被折断后说："我不会败给勃勒古太的，我由于惧怕大汗，故意摔倒而丢掉了了生命。"说完死去了。

勃勒古太就这样将他的腰折断，杀死后拉出去扔掉了。

哈布勒汗七个儿子的长子是敖很巴日哈格，次子是巴日坦勇士一支，他的儿子是也速该勇士。第三个儿子是呼图格图·蒙和尔，他的儿子就是布里·布赫（1）。布里·布赫在摔跤方面，要高于巴日坦勇士的儿子们。而且，他还与巴日哈格氏族意志坚强的后代们交好来往。国家的摔跤手布里，就这样被勃勒古太折断腰死掉了。

注 1、哈布勒汗是成吉思汗的曾祖父。巴日坦勇士是他的祖父。而布里·布赫则是成吉思汗叔叔的儿子。但是，因为惧怕权势，他却丢掉了性命。

第一百四十一节、自那以后的鸡年（1201 年），哈塔斤部和萨勒斤部联合在一起的，以巴古·朝日黑为首的哈塔吉部人们；

以其日黑泰勇士为首的萨勒吉部的人们；

与杜尔伯特塔塔尔部（1）交好的，以哈赤温·布黑为首的杜尔本部；

以阿勒其、扎里·布哈为首的塔塔尔部；

图格·马哈为首的伊贺热斯部；

弘吉拉部的特日赫格、额莫勒、阿勒辉们；

以乔格·查干为首的郭尔罗斯部；

奈曼部的古楚德·贝如格汗；

莫日格德部的陶格陶阿·布黑的儿子呼图；

卫拉特部的呼图格·布黑；

泰赤乌部的塔日古代·黑日勒图格；

浩敦·鄂伦春部（2）的阿乌楚勇士们；以及其他泰赤乌人。

在一个叫阿勒辉·布拉格（3）的地方，商议推举扎吉日代氏族的扎木合为汗。在那里宰杀公牛、母马盟誓后，向额尔古纳河方向迁移。到了注入额尔古纳河的根河山脊阿古岸边，推举了扎木合为古儿汗（4）。商议出发向成吉思汗和王汗俩人宣战。

郭尔罗斯部的一个叫浩日代的人，来到成吉思汗驻地叫呼德勒和（5）的地方，将这个要进行战争的事告诉了成吉思汗。

成吉思汗知道了这个消息后，通知给王汗。王汗听完，迅速带领军队来到成吉思汗处。

注 1、杜尔伯特部是成吉思汗祖先九世祖都瓦·索和尔的后裔。如果他们成为塔塔尔部的一部分，就是说尼伦国或尼伦联盟（汉文献称：鞑靼、柔然、蠕蠕等），实际就是自四世纪开始已经很强大，并从蒙古高原东部进入了蒙古高原中西部和黄河以北地区，建立了与鲜卑蒙古（北魏、东、西魏）对抗的强大国家。其国家存续了两个世纪之久。（公元 330—555 年）

注 2、鄂伦春，蒙古语意为：山林中的百姓。

注 3、阿勒辉·布拉格，蒙古语意为阿勒辉泉。

注 4、古尔汗，蒙古语意为：普天下之汗。该名称后来也使用于契丹、突厥人的汗称中。包括西亚的古尔王朝，西辽的古尔汗。似乎蒙古语：

（гүрэн）音译：古仍，意为：国家。与古蒙古语："古尔"的音译讹化有关。

注 5、呼德勒和，蒙古语意为：移动之地。

第一百四十二节、王汗到来后，成吉思汗、王汗俩联合在一起，为迎击扎木合，向克尔伦河方向进发。成吉思汗派阿勒坦、呼查尔、达里台三人作先锋。王汗派出僧昆、扎哈・汗布、毕力格三人作为先锋。

在这些先锋之前，还派出了巡逻兵。在一个叫额讷根・归勒图（1）的地方布置了一哨人马。在它的另一边叫其呼日呼的地方，布置了一哨人马。我们走在前面先锋队伍的阿勒坦、呼查尔、曾昆他们正要在到达的叫乌特黑雅的地方驻扎，布置在其呼日呼的巡逻队派人来报告，"敌人来了"。

得到这个消息，为进一步清楚地了解敌情，他们没有驻下，而是迎了上去。

不久，我们与敌人的先头部队相遇。他们问到："来人是谁？"

原来，是扎木合派出的先锋队伍，有蒙古部的阿乌楚勇士、奈曼部的贝如格汗、莫日格德部的陶格陶阿的儿子呼图、卫拉特部的呼图格・布黑他们四个为首的队伍。

我们的先锋队伍与他们呼喊约定明天再战。因为天色以晚，他们返回来，依河畔驻扎。

注 1、额日根·归勒图。意为：这里是有野杏树的地方。

第一百四十三节、第二天，双方在叫辉腾（1）的地方相遇后，短兵相接，身体相拥，相互进攻，跳跃厮杀混战。在此，贝如格汗、呼图格俩人会用巫术（2），他们运用巫术时，那些雨、雪、风暴反而落在他们头上，使地面泥泞滑溜，无法行进。

他们惊呼“上天在对我们发怒!”后，四散逃去。

注 1、十三翼之战应该发生在呼伦贝尔草原境内。辉腾一地，今鄂温克旗南部有辉腾河，是一片非常平坦的草原，适宜于骑兵作战。同时，扎木哈他们的驻地在其北部的额尔古纳河附近的草原，由东北向西南行进，而成吉思汗的队伍则由肯特山向西北方向行进，双方的对阵方向一致。而且，成吉思汗战败后，撤退途中抵达了达兰班朱尼之地盟誓，也应该在呼伦湖附近。

注 2、巫术即萨满教的呼风唤雨之术。

第一百四十四节、奈曼部的贝如格汗离开这里，向阿勒泰山南部的叫乌鲁格塔格的地方逃去。

莫日格克部陶格陶阿的儿子呼图，向色楞格河方向移动。

卫拉特部的呼图格布黑，向往森林而向西斯吉斯方向移动。

泰赤乌部的阿乌楚勇士以敖嫩河为目标移动。

扎木合自己回到额尔古纳河方向。因为他们这样四散而去，王汗率军向额尔古纳河方向追击扎木合。

成吉思汗向敖嫩河方向追击阿乌楚勇士。阿乌楚勇士回到家乡后，将部落属民遣散。阿乌楚将浩敦·敖日禅（鄂伦春）的精兵整顿好，在敖嫩河那边准备迎战。

成吉思汗到达后，同泰赤乌人展开了激战。双方混战到深夜，就在战斗的地方驻扎下来。避难逃亡的牧户们与作战的士兵扎营混住在一起。

第一百四十五节、成吉思汗在这场战斗中，颈部受伤，血流不止。因此，他十分疲惫痛苦。太阳落山后，就驻扎在这里时，哲勒莫用嘴吸吮成吉思汗伤口的凝血，把嘴都染红了。因为不信任别人，自己一直坐着守护在他身边，到了午夜。

哲勒莫在不断用嘴满吸了伤口上凝血吐掉，午夜之后，成吉思汗清醒过来说道："血快流干了。我口渴极了。"

于是，哲勒莫在那里将衣帽，鞋子全部脱下，只剩下内裤，赤裸着身子向敌方的驻地方向跑过去。

到了那边，他来到驻扎在那里的百姓的车上，寻找酸马奶，结果没有找到。因为，逃难的牧户们没有机会挤马奶，将母马都放了出去。没有找到酸马奶，他就把一个大皮囊的酸牛奶从车上偷下来，背了回来。

哲勒莫在返回的路上，没有被一个人发现。是上天保佑着他。他将皮囊的酸牛奶拿来后，又找来水，用水搅拌好，让成吉思汗喝下去。

成吉思汗喝了三次后，才说道："内心里感觉清凉，畅快了。"于是，稍微抬身坐起来，天已经蒙蒙亮起来。

哲勒莫吸吮的血，就吐在了铺位旁边，将地都变的泥泞了。成吉思汗看见这个情况，说道："这是什么？为什么不倒远一点？"

对此，哲勒莫回答说："在您因伤痛昏迷的时候，怕去远处再转回来不及，所以，有的咽下去了，有的吐出来了，不少都进入了我的腹中。"

成吉思汗又说道："在我这样躺着的情况下，你为什么光着身子出去呢？你如果被抓住，不会说我这样躺在这里吗？"

哲勒莫说："我是这样想的。光着身子出去如果被抓，我就这样对他们说'我愿意投到你们这里来，可是，我们的汗知道后要杀掉我，所以，把我的衣服都脱去了。只留下一条裤子没有脱去时，我挣脱出来逃到你们这里来。'我这样说他们就会相信我的话，就会拿来衣服给我。那样我就不会想办法找到一匹马，骑上跑回来吗？我这样想着，为使汗的身体安康，眨眼的工夫，暂时离去了一会儿。"

成吉思汗到："我现在说什么呢？过去，三姓莫日格德部的人侵害我，在宝日罕·哈拉敦山围困我，三次搜查时，是你救过我的一次命。现在，你又用嘴吸吮我的淤血，再次救活我的生命。而且在疲劳不堪的情况下，不把生命放在心上，勇敢地进入敌人中间，找来饮料使我的生命复活。这三个恩情，我将永世不能忘记。”并在以后，将此话作为了圣旨（即：札日里格）。

第一百四十六节、他们到了白天出外一看，夜里在战场驻扎下的敌人士兵，在黑夜里都四散而逃了。可是，扎营住下的百姓没能同军队共同移走，而留了下来。为把四散的百姓聚拢起来，成吉思汗从驻扎的地方出发，聚拢四处逃难的百姓时，成吉思汗亲自听见一个身穿红色衣服的女人在大声哭喊着：“铁木真！铁木真！”

“是什么人的妻子在这样哭喊？”成吉思汗问到。并派人去打探。

那个人过去一问，女人说：“我是索日洪·沙日的女儿，名字叫哈丹。这些士兵抓住我的丈夫要杀掉，因为，丈夫就要被杀而呼喊铁木真。”

那个人回来把她的话报告给成吉思汗，成吉思汗听完后赶快过去从马上跳下来，与哈丹拥抱在一起。可是，就在那一时刻，她的丈夫被我们的士兵杀掉了。

将那些百姓聚拢后，成吉思汗带领大军驻在这里。并将哈丹请过来，让她坐在自己身边。

第二天，在泰赤乌部图德格氏族属下的索日洪·沙

日，哲别俩人过来了。

成吉思汗对索日洪•沙日说道：

“将套在我脖子上的，
沉重木枷解下丢掉。
把套在我领子上的，
接合桎梏松开除去。
像父亲一样的恩情，
尊敬的您为何才来？

（将我套在脖颈上的，
那副沉重的木枷，
给我摘下丢在地下。
将放在我的肩胛上的，
相互拷紧的桎梏，
为我打开后除掉。
像父亲一样的恩情，
尊贵的前辈您，
为什么才来到！）

索日洪•沙日说：“我从内心里深深地信赖你。为什么要着急呢？如果我急着来的话，泰赤乌部的首领们就有可能会把我留下的妻子，孩子和牲畜变成飘散的烟灰。因此，我没有急着来。现在来与汗您来会合。”

听到他说的话，成吉思汗赞叹说：“正确！”

第一百四十七节、成吉思汗又说道："在辉腾那个地方冲前退后地撕杀时，是谁从山上射来的箭，将我参加战斗的白唇黑鬃黄骠战马的脖子射伤？（1）"

听到这个话语，哲别回答说："从山上射箭的人是我。现在汗对我：

要想处死就杀掉我吧，
在这片巴掌大的土地上，
消失并腐朽在这里吧！
我只有仗尺长的身体，
想不到这儿会成为我的遭难处。
如果我的性命得到饶恕，
您要侵犯进攻的地方，
我会勇往直前地冲过去，
使黑色的波涛之水翻腾，
让岩石彻底碾压破碎。
攻击消灭统辖下的敌人，
让我来辅佐和支持大汗您。
让宽阔的河水掀起浪花，
直到白色的顽石开裂，
实现您的愿望和目标，
来辅助您成吉思汗啊！
您指挥前往的地方，
似霹雳一般冲过去，
以劈开石头的勇猛之力，

使敌人们心惊胆颤。

（你想杀就杀掉吧！
将巴掌大的土地，
可染成五颜六色，
有我丈长的身躯，
变成我的遭难处。
如果饶恕我生命，
需侵犯攻击地方，
跳跃奔跑冲过去，
使黑水波涛翻滚，
让顽石破裂粉碎。
攻击消灭异族敌，
扶持辅佐大汗您。
使宽阔河水翻腾，
让白色岩石开裂。
献出忠诚和坚强，
支持成吉思汗您。
指挥要去的地方，
霹雷一样冲过去，
去把巨石劈开来，
要使人心惊胆寒。）

对此，成吉思汗说："敌人（被抓后）都要隐瞒自己的战斗历程而说谎。可是你却不隐藏战斗中的行为，直率地说出来。与这样的人可以成为朋友。将你叫朱日嘎代的名字改掉。因为你在战斗中把我的白唇黄骠马脖子用箭射伤，就赐你名字叫哲别（2）。让你像箭簇一样在我身边保护我。”

哲别从泰赤乌部到来成为同伴的经过就是这样。

注 1、在这里，成吉思汗将自己受伤的事隐去，有用马受伤的故事来隐喻自己。

注 2、哲别，蒙古语意为：箭簇。

第五章 消灭塔塔尔部和与王汗之间的关系破裂

第一百四十八节、成吉思汗在那里攻打了泰赤乌部，将阿乌楚勇士和浩敦·鄂伦春，呼杜达日等泰赤乌部人的子孙后代杀得灰飞湮灭。将他们的百姓迁移后，成吉思汗来到叫呼巴哈亚的地方越冬。

第一百四十九节、圣主成吉思汗在向边远的家乡移居的时候，有一天，他带领手下的九个大臣，勘察着道路，侦察着情况行进着。

成吉思汗下旨到："不知会从什么方向和任何地方，都会有出现敌人的可能。请九个大臣们分成三部分前进！"

遵循君主的旨意，哲勒莫，楚莫日根（1），希吉呼图格三人成为一部。

博尔术、宝日呼勒、穆呼来（2）三人组成一部。

苏勒都斯部的绍日洪·沙日、勃苏德部的哲别、卫拉特部的哈日·黑日乌格三人组成一部，留守在家里。圣主又带领六个大臣勘察道路，侦察着情况，由察合来（察合台）汗镇后，扎勒曼汗在前行进时，从圣主的马下面突然：

一只黑黄斑点的野公山羊，
跳跃着攻击主人紫花座骑，
主人急忙拉开快弓，
扣上金色的箭矢，
将那杂色的野公山羊，
射得缩成一团死去。
在射杀它的时刻，
跟在身后的大臣们，
刚刚来得及迎上前去，
拉住了圣主的马缰绳。
（一只黑黄野公羊，
窜出攻向君主骑，
圣主拉开所佩弓，
扣上金箭将它射，
射得缩成一团死。
将它射杀后不久，
身后大臣方来到，
拉住大汗马笼头。）

圣主下旨到："你们将驮在马上这个猎物剥皮烤烧，我要去那个黄色高岗上查看一下。"

说完自己走开了。在那里，圣主感到了倦意，就在斑点紫花马的马鞍上，拄着马鞭睡着了。此时，他做了一个梦。

成吉思汗醒来后，将六个大臣叫过来下旨道：

“我刚做完一个梦，
醒来使我的心怦然不已，
使我的胸肋隐约作痛。
不可确定的敌人可能来犯。
在高高山岭那一面，
辽阔金色草原上，
有三面黑色的旗帜，
有三百个凶恶敌人。
三百敌人首领勇士，
骑着枣红色战马，
持着武器和弓箭，
穿着坚固的盔甲，
窥视观看着西方，
注视察找着东方，
像针一样时隐时现，
像线一样闪烁前进。
（我刚朦胧做一梦，
使我心惊神不安。
双肋之间隐隐痛，
难测之敌前来犯。
高高山岭那一侧，
金色宽阔草原上。
竖起三面黑旗帜，
聚集三百敌骑兵。

先锋首领壮勇士，
枣红战马胯下乘。
手持强弓和利剑，
身披坚固之甲胄。
扫视西方注目看，
警惕东方勤观察。
恰似银针隐约现，
如线一般闪烁行。）

这个梦如果成真的话，我亲爱六个大臣们，你们将怎样应对？”他问道。

希吉呼图格说道：

侦探预警远近的我，
用两只犀利的眼睛，
观察到蒙古部愚钝，（3）
莫日格德部的惊慌，
泰赤乌部族胆怯，
眺望月内行走距离地方，
预测年内要行走的地方，
用黑色眼睛之视觉，
辅助亲爱大汗您。
用灵动眼睛的目光，
辅助高贵君主您。

（侦测远近情况的我，

犀利双眼的我看见。
蒙古旧部们在迟疑，
莫尔克德人已惊慌，
泰赤乌部族心胆怯。
探看月内范围之地，
查看着年内行军路，
用黑色眼睛之瞳孔，
为保护大汗您而战。
转动灵活的眼之光，
辅助保佑我圣主安。）

哲勒莫说道：

不吝惜要死亡的生命，
不吝啬要失去的牲畜。
将进入视野的敌人，
猛烈打击使其倒地。
将路上遇见的敌人，
彻底打翻消灭掉。
将途中相遇的敌人，
不使其挣脱逃跑。
将其黑旗席卷夺下，
将俘获的敌人们
在战斗中杀死。
将其飘荡的旗帜，
用力践踏在地下，

将其褴褛的战旗，
粗暴地踩在脚下，
把敌人的威风，
横扫镇压下去，
使其再也难以翻身。
（不会吝惜生命亡，
不要顾及牲畜失。
纳入眼中之敌人，
勇猛进攻不留情。
如果遭遇在路上，
彻底消灭击顽敌。
如果短兵相接后，
全力打击使其败。
夺下黑旗卷弃之，
俘虏败将尽杀死。
飘扬旗帜踏脚下，
撕破军旗尽情焚。
敌人威风都扫地，
无法再次站起身。）

楚（智者）说到：

虽然没有加入战斗进攻的能力，
但有坚决执行命令的能力，
虽然没有勇猛冲锋战斗的能力，
却有能修复被毁坏之物的能力。

多愁善感的楚贤者我，
在即将发起的战役中，
将会把计谋智慧和预见，
提前告诉大汗您，
在建立国家政权后，
会用有道理的话语辅佑您。
在同异族的战争中，
圣主大汗成吉思汗您。
说起的哲理经验的话语，
虽然只是偶然提起，
但对您将大有裨益。

（虽然无力去参战，
却能努力去谋略。
勇猛冲锋力不足，
却可修整战后残。
羞怯胆小楚智者，
突袭战斗开始时，
或许后退难前行，
事先禀告大汗您。
国家政权建成后，
只用计谋辅佐您。
在同敌人作战时，
汗主成吉思汗您，

哲理言语自肺腑，
偶尔提起也关情。）

博尔术说到：

挡住前来争斗敌人的，
前进攻击之路。
堵在前来侵犯的敌人，
跳跃奔跑之路。
保护恩主您的生命和身体，
坚定不移地跟在您。
金色辉煌的旗帜下，
朝着您指引的方向，
永不分离地前进。
（抵挡前来之敌人，
封锁来路去狙击。
堵住侵犯之敌人，
企图翻越所有路。
保护恩主您之身，
跟随圣主金缰绳。
确定目标方向明，
坚定不移向前行。）

宝日呼勒说道：

我要成为遮挡箭矢的屏障，
成为阻挡铿锵兵器的盾牌，
使可靠忠诚的主人您，

强壮的身体刀剑无伤。
（我将成为挡箭牌，
抵挡武器之甲盾。
可靠信任主人您，
健硕之体难伤害。
刀剑之刃不得近，
以命保护不离身。）

穆呼来说到：

将敌人征服缴获战利品，
使来犯者的利刃磨钝。
把溃逃的敌人全部杀掉，
让枣红马的尾巴之上，
扬起阵阵烟尘。
在座骑的马鞍上，
撒满朝阳的灿烂霞光。
将战争中的胜利捷报，
敬献给英雄的您。
（战胜前来侵犯敌，
堆积缴获战利品。
打击敌人之锐气，
杀戮溃退的队伍。
战马之尾扬飞尘，
金鞍之上闪阳光。

战场捷报传给您，
献给英雄伟岸主。）

成吉思汗：

听了六位优秀大臣坚定的话语，
迅速吃完烧烤的野公山羊肉，
将淡黄色马的缰绳，
交给希吉呼图格道：
请检验我梦兆的真伪去吧。
（听到大臣毅然言，
心情舒畅快饮宴。
火烤野羊味道鲜，
迅即饱腹全吃完。
坐骑交给希吉呼图格，
嘱其验梦辨真伪。）

希吉呼图格图骑上朱砂淡黄马：

从容驰骋在草原上，
慢慢行走在山林里，
快步颠跑在旷野中，
游荡缓行在山梁顶。
来到了黄色的高原地带，
仔细地观察看过去，
黑压压的战旗在飘动，
敌人狂妄的军队在逼进。
英雄（勇士）希吉呼图格，

向自己所驻之地方，
疾速飞驰而来道：
黄色高原之上，
意外登高一望，
与三百名敌人，
急行的战士相遇，
没有认出来泰赤乌人，
不知道是否莫日格德部人
也没能仔细看清蒙古部人。
（从容驰骋草原上，
森林之处慢慢行。
高地陡坡颠步跑，
山岗岭顶随性游。
来到黄色之原野，
仔细观察放眼望。
众多战旗迎风飘，
敌军狂妄来逼近。
勇士希吉呼图格，
急速飞马报敌情。
金色田野去眺看，
遭遇强敌三百人。
无法辨识泰赤乌，
莫尔克德难分清。
远看模糊不知谁，

蒙古族人是否来。）

只是在返回时，往后边瞥了一眼，就好像主人您梦见的敌人一样。”

于是，六名大臣，穿上铠甲，拿起盾牌准备战斗，这时，敌人军队已经到来了。

勇士大臣博尔术，
骑上灰色的战马，
冲向杂乱的敌军前，
机敏勇敢不失时机地，
询问他们的来由和动机。
（大臣勇士博尔术，
飞身上马冲阵前。
机智勇敢高声问，
前来侵犯是为何？

“你是什么人？有规矩的人请说出道理，有名份的人，请报上姓名来。

他们回答到：

“我们不是为报名字而来的，
我们是为誓死作战而来。”
（我等并非为名来，
决死战斗是因由。）

博尔术说到：

“如果你们对我说原由，
也许会化干戈为玉帛，

如果想要做战争的游戏，
无疑是在玩火自焚啊。”
（你若因由讲我听，
或许干戈化玉帛。
若想战争做游戏，
无疑玩火必自焚。）

这时，对方的人说道：

“我们对你报上的
没有的什么好名字 ，
叫猎人渔民的是我们。”
（若要听得我们名，
绝无英名送尔听。
猎人是吾在世称，
还有渔民是友军。）

这样，希吉图格说道：“没有必要向他们问话，那里有相识的泰赤乌人。不可避免的要同他们战斗。”

宝日呼勒持矛跑去，拿起的盾牌。站在圣主的身边护卫他，哲勒莫从横向握剑冲过去：

把阻挡在前面的敌人，
砍杀出一条血路，
将三面黑色的旗帜，
拖倒扯拽而来，
拿到山顶之上后，
朝下插在坡顶上。

（挥剑砍杀身边敌，
阵中冲出一条路。
三面黑色飞舞旗，
拖倒卷起回战地。
冲上山梁倒插旗，
敌军混乱急溃逃。

楚贤者早就逃走了。博尔术向前冲杀途中，向后看着楚贤者说道“喂！楚贤者，难道为了主人大汗就这样努力吗？你为什么要像从洞中出来的田鼠一样突然逃跑。”

楚贤者返回来笑着说道：“我想因为要进行近战，而缺少武器。”

圣主听到这话，从佩带的金箭袋中抽出来朱砂箭递给他。楚贤者将朱砂箭搭上弓，舒展臂膊，姆指紧扣，瞄准方向，一箭将敌人的首领射下马来。飞身上前将其白额枣红马抓获来叫圣主骑，主人骑上那马一看，那马跑的快似飞鸟，似追风。

就这样征服镇压了来犯的敌人，将作战的敌人追杀的剩下几乎一半儿的时候，宝日呼勒的头上中了箭，他倒下后，又摸起弓箭依靠长矛，支撑着站起来，并没有放下手中的盾牌。

博尔术在向前冲杀的时候，向后看着对他说道：“男子汉难道会中一只箭而倒下吗？那只不过就像头上的犄角被打断一样，你怎么能发抖摇晃呢？”

听了这话，宝日呼勒从乘马的反面跳上马背，拿着盾牌，不顾一切地加入了战斗。这样，来犯的敌人拖着被杀同伴的尸体逃跑了。

圣主下旨问到：“反击的敌人怎样了？”

博尔术说道：

对神圣的人之给予吉祥，
对邪恶的人报之以刀枪。

他请示继续追杀。圣主同意了他的请求，他们继续追杀敌人。

在淡白色的原野上，他们追杀逃跑的敌人，就像冲入羊群的狼一样砍杀敌人，杀死了近百个人。其他二百人逃掉了，在这场战斗中缴获了百匹战马，五副铠甲。

这个时候，成吉思汗为跪拜苍天，来到道布朝格（4）山岗上，展开摆上祭品，将腰带挂在脖子上，祈祷祝福到：

我不是因为强大善良
而成为主人，
因尊敬苍天父亲之慈爱，
而使我成为主人。
依赖苍天父亲的恩惠，
我镇压了来犯的敌人。
我不能以席卷天下，
而成为大汗，
要以上天汗父的，

慈爱成为主人。
请上天父亲原谅宽恕
我镇压了异族的敌人。
（我非强大而善良，
世上称霸做主人。
苍天赐福父之爱，
驰骋疆场得天下。
永恒苍天之恩惠，
征战降服众敌国。
吾难席卷天下人，
作威作福称大汗。
全靠上天慈父爱，
成为人民之汗王。
恳请苍天慈父恕，
我已征服来犯敌。
说完跪拜了上天。

从那里离开时，圣主对自己的六位大臣赞扬唱颂道：

首先赞扬希吉·呼图格道：
使莫日格德部惊慌失措，
使蒙古部愚钝迟缓，
认清识别了泰赤乌部，
战胜镇压了敌人的

塔塔尔部的希吉呼图格您！
（莫尔格德部惊慌，
蒙古旧部显迟缓。
认清泰赤乌部落，
战胜敌人真英杰。
塔塔尔族好男儿，
希吉呼图格就是您！）

赞扬哲勒莫道：

“成为猎捕野兽的猎人，
（猎捕野兽时设伏）
让骄横的敌人
从心里在发抖，
在我们没有座骑时，
他们却送来了骏马。
在困倦饥渴的时候，
送来了饮用的甜酒，
机警灵敏少觉困顿，
聪明机智而有思想谋略，
为了国家的政权，
很早就支持我的，
乌梁海部的好哲勒莫您。
（围捕野兽好猎手，
设下陷阱灭敌酋，
骄横敌人心胆战。

我们无马骑乘时，
送来缰绳与骏马。
正在缺少饮品时，
献给我们好奶酒。
机警敏捷不困顿，
聪明睿智有谋略。
为了国家和政权，
很早就已辅佐我。
乌梁海部哲勒莫，
无人能敌英名赫。

称赞楚智者道：

“从不违背旨意而跟随我，
不折不扣执行我的意图（命令），
将来犯敌人的将领，
准确果断地射杀，
将其坐骑枣红马，
飞身掳夺而来，
坚决粉碎来犯的敌人，
女直部的楚贤者您。
（奉旨行事意志坚，
执行命令不犹疑。
弯弓射杀敌将领，
飞身上前夺坐骑。
前来进犯之敌军，

击败粉碎不留情。
来自女直部贤臣，
号称谋士楚智者。）
称赞宝日呼勒道：
“成为射来箭矢的遮挡，
成为呼啸而来箭矢的掩体，
虽然头部受了箭伤，
仍没有丧失职责岗位，
呼珊部好宝日呼勒您。
（面对射来箭矢雨，
挺身成为挡箭牌。
虽然头部中箭伤，
坚持不离守护位。
呼珊部宝日呼勒，
护主侍臣就是您。）
赞扬穆呼来（木华黎）道：
“镇压消灭了敌人，
缴获得来战利品，
使来犯的敌人锐气变钝，
把溃逃的敌人脚踺砍断，
在灰色战马的尾巴之上
扬起阵阵鏖战烟尘，
在疾驰坐骑的马鞍之上，
闪耀朝阳的光芒。

在获取的敌人的财物中，
不丢失半个线头，
就是断掉的针，
也全都收集回来。
札赉日部的好莫呼来您。
（冲杀降服镇敌军，
收缴战场战利品。
挫败来犯敌锐气，
砍断溃逃贼脚踺。
灰色坐骑尾扬尘，
鞍前鞧后闪光芒。
缴获取得财和物，
不失丝毫针与线。
不损分毫全收集，
胸怀大志顾全局。
札赉日部真英雄，
文武双全莫呼来。）

赞扬博尔术道：

当我在年轻的时候，
当我寻找黄骟马的时刻，
在朝阳升起的地方，
自从与我相见后，
永生真诚地辅佑我，
那呼巴颜的后代，

英雄朋友博尔术您。
行走在部落之间时，
像二岁牛犊一样温顺。
在与敌人博斗杀时，
却像狮虎一样暴烈。
为了消灭危险的敌人，
不惜牺牲身体和生命。
恩惠英雄博尔术您！
结伴而行的时候，
像黑牛犊一样驯服，
同挑衅的敌人作战之时，
却像雄鹰一样勇猛，
为了征服来犯的敌人，
不顾及自己的热血生命，
亲爱的朋友博尔术您！
在您微笑的时候，
像熟悉的牛犊一样温柔，
一旦遇到来犯的敌人，
就会像贪食的猛兽一样暴躁，
为打击贪婪的敌人，
不珍惜自己健壮的身体。
保佑你呵朋友博尔术您。
当去玩耍游戏时，
像秋天的马驹一样温和，

同博杀的敌人相见后，
却像隼鹰一样攻击敌人，
贡献自己终身年华，
朋友伴侣博尔术您，
坚定不移地向前走，
跟着汗王圣主吧，
亲爱的伴当博尔术您。
（在我年轻的时候，
等我遇难寻失马。
在那朝阳升起处，
你我相遇那时候。
从此真心辅佐我，
纳呼巴颜之儿子，
一生挚友不分离，
勇士朋友博尔术。
行走村屯部落间，
性情温顺如牛犊，
若与敌人来厮杀，
狮虎一般猛爆烈。
为了消灭危险敌，
从不爱惜自身命。
恩情难忘一英雄，
亲爱同伴博尔术。
结伴而行向前走，

温情恰如初生虎。
若与强敌作战时，
却似猛禽逞凶狂。
为了征服猖狂者，
从不念及洒热血。
亲爱勇士就是您，
永难忘记博尔术！
当你微笑的时候，
就像幼畜般安稳。
如果遭遇敌人来，
即像猛兽要贪食，
为了斩获众多敌，
从不珍惜健壮身。
恳请苍天来保佑，
我的朋友博尔术。
我们游戏玩耍时，
就如秋季小马驹，
随和顽皮又活泼。
若与敌人搏击时，
变成鹰隼去攻击。
终身年华来辅佐，
我的大臣博尔术！
坚定不移向前走，
跟随大汗同伴您。

圣主称赞了六个大臣后，博尔术赞颂圣主到：

有也速该勇士父亲，
有九位大将的辅佑，
要把一切都纳入权力之下，
世界之主成吉思汗您。
有月伦夫人这样的母亲，
有大将九位做依靠，
有窝阔台，拖雷这样的后代，
有博大的仁慈和宽厚，
要使全部侵犯的国家，
跪拜匍仆在您面前，
将所有的仇敌们，
全都踏在脚下面，
高高在上的圣主您！
当大汗圣主您在时，
我们时刻任何敌人都不惧畏。
当圣主勇士您在时，
我们无畏于任何骄横的敌人。
我们全体团结在一起，
象骨肉亲情般联合起来，
把所有的敌人全击碎。
处在热情愉快之中，
像鸿雁一样欢聚快乐，
不要落入虚伪的人的谎言中，

像隼鹰一样跳跃行走。
在挑衅的战争中，
不要爱惜热血的生命，
像鸳鸯鸟一样，
不损害安息的巢穴，
对博杀的敌人，
不要顾及生命安危，
在亲族友情当中
不要失去和睦和友谊，
在与独裁专横的敌人作战时，
不要爱护这个身体。
（您有也速该英雄父，
九位大臣来辅佐您。
将所有纳入权力中，
世界之主成吉思汗。
有月伦母亲好夫人，
拥有九大臣做依靠。
生有窝阔台和托雷，
心胸博大而又宽怀，
要让所有挑衅国家，
前来跪拜在你面前。
要将所有狂妄仇敌，
擒获杀死踏在脚下。
高高在上的大汗您，

当圣主您还在世时。
敌人们不可靠近您，
伤害之事难以发生。
英明圣主您在何处，
绝不畏惧敌人骄横。
我们全体联合团结，
共同努力骨肉亲族，
一起打击面对之敌。
如永不离群的鸿雁，
欢聚快乐心情愉快，
不要陷入谎言之中。
似敏捷勇猛之鹰隼，
跃动飞翔敏锐观察。
对待敌人无理挑衅，
不要顾惜生命热血。
像鸳鸯鸟一般生活，
不要毁坏安乐之巢。
对待厮杀的敌人们，
不要爱惜自己生命。
在自己亲族友情中，
不要丧失友谊和谐，
与独裁专横者战斗，
就不要怕失去性命。
这就是英雄博尔术唱的颂歌。

圣主成吉思汗在往家乡返回的途中，征服了三百泰赤乌人，平安地回到自己的家乡幸福的生活了。（此段落来自《黄金史》）

赤贫的巴林部的希热特老人，同两个儿子阿勒格，纳雅一块儿，找到困在森林中的，泰赤乌人部落首领塔日古代·黑日勒图格后，把他抓住了。

因为他体胖，无法骑马，就让他坐在车上（准备送给铁木真），在准备行走时，塔日古代·黑日勒图格的儿子，兄弟们追来要抢他回去。

他们快要追到时，希热特老人把横坐在车上的塔日古代推倒，仰面躺下，

骑在他的肚子上，用刀逼着他说道：

“你的儿子，兄弟们要来夺你回去，汗主，现在如果我不杀死你，可是因为已经冒犯了你，我也会被杀死的。如果杀死你，我一样会被杀死，所以，我要拿你做垫背后再死吧！”

说完，将利刃放在塔日古代的颈部。塔日古代·黑日勒图格大声哭喊着对追来的兄弟，儿子们说：

“希热特要杀死我！如果杀死我，只得到我的尸体有什么用？如果不杀死我，也许会返回来，铁木真不会杀我的。

铁木真被遗弃在无人的家乡时，我看到他眼若星辰，脸放光芒，是个机灵有天才的孩子，就把他带来，像驯服二岁三岁的小马一样调教他，那时候，虽然可以

很容易让他死去，可是我却饶恕他，让他成长起来了。

现在，铁木真应该在思想上明白这个道理，心里领悟了吧，铁木真不会杀我的，儿子，兄弟们你们赶快回去吧，不然希热特会杀死我的。”

他的儿子、兄弟们，听到他大声呼喊的话，商议到：“我们是来救你们父亲的命，如果父亲叫希热特老人杀死了，光要一个没有生命的尸体有什么用？趁现在还没被杀死，我们返回去吧。”

说完，他们返了回去。随后，他们全体氏族，又偷偷地逃往泰赤乌人那里。

希热特老人的儿子阿勒格，纳雅二人返回父亲这里，希热特同儿子们会合在一起，押着塔日古代动身，来到了叫呼图呼勒·努嘎（5）的地方。在那里，纳雅说到：“我们抓了塔日古代首领送去的话，成吉思汗会因为我们是抓了自己主人汗王的百姓，而不会相信和信任我们。也许会因为是抓自己汗王，冒犯主人的属民而杀死我们。不如我们在这里放了塔日古代首领，只身去见成吉思汗。如果他问道时，我们就说‘我们是来为成吉思汗您效力而来的。我们抓住塔日古代首领前来时，汗王主人一直在看着我们，因此，我们心生怜悯，想：怎么能把他抓住送给人呢？所以，途中把他放走了。我们自己只是敬仰您而来跟随你。’ 父亲同意了纳雅这些话，在呼图呼勒·努嘎将塔日古代·黑日勒图格放走了。

希热特和那纳，阿拉格两个儿子一同来到了成吉思

汗处。当成吉思汗寻问他们到来的原因时，希热特老人对成吉思汗说：“我们虽然抓住了塔日古代，但是在路途中看到主人可怜的样子，我们心想怎么会把他送给他人呢？于是途中就将他放走了。我们自己来为成吉思汗您来效力。”

对此， 成吉思汗对他们说到：

“（如果）你们冒犯自己的，
主人汗王塔日古代，
而将他抓住送过来，
会因为冒犯主人的属民，
成为不可信任的原因，
会杀死你们和所有亲族。
怜惜了自己的主人，
炽热心怀是正确的。
（如若冒犯己主人，
卖主求荣实可哀。
虽做礼物献给我，
犯主之罪不可饶。
不仅失去我信任，
杀死你们灭九族。
因你怜悯汗主人，
正直之心情可恕。）

说完，亲切地宽恕了纳雅和他们。

注 1、楚莫日根，蒙古语意为：姓楚的智者。这是似乎是指投降到成吉思汗麾下的契丹人耶律楚材。因为他曾经为金朝的女直人服务，投降到成吉思汗这里后，称其为女直人也不奇怪。

注 2、穆呼来，汉文献称木华黎。是成吉思汗四杰之一。后来，世袭蒙古帝国“国王”一职。

注 3、这个蒙古部，是指源于蒙古族裔的其它部族。如，哈塔斤、萨勒吉，阿如拉斯等部落。

注 4、蒙古语意为：丘陵

注 5、胡图呼勒·努嘎，蒙古语意为：胡图呼勒河湾。

第一百五十节、自那以后，成吉思汗驻扎在叫德日苏德（1）的地方时，克烈部的扎哈·汗布前来与他结交。

那时候，如果莫日格德部前来挑衅的话，成吉思汗和扎哈·汗布二人就联合打击挑衅的敌人。在他们那里，有图们·图博根部落，很多东盖部落，及散落的克烈部属民，都投奔成吉思汗而来。

克烈部的王汗从前因与也速该勇士交好而结为“安答”。结为“安答”的经过是这样的：王汗因杀死了弟弟们，而与父亲呼日查胡斯·贝如格汗的弟弟，其叔叔古尔汗分裂争斗，被围困在一个叫哈拉温峡谷的地方。

从那里逃出来时，仅有百余人勉强跟随着他，来投奔也速该汗，也速该汗照顾救助了他，并亲自率兵将古尔汗赶回哈辛（河西）（2）的家乡。把王汗的国家，属

民和财物，牲畜夺来交还给他，因此，两人结为“安答”（结拜兄弟）。

注 1、蒙古语意为：有芨芨草的地方。

注 2、蒙古人也称古时的中国西部河西走廊地带，称为河西地区。

第一百五十一节、自那以后，王汗的弟弟额日赫·哈日，害怕被哥哥王汗杀掉而逃跑，投奔了奈曼部的伊南查汗。伊南查汗率兵攻来时，王汗躲避开来，穿过了三座城市，投奔黑契丹（西辽）的古尔汗而去。

不久，又同那里的汗决裂后，游荡于维吾尔氏族地区的城市和唐古特（西夏）的城堡之间。靠挤五只山羊的奶喝，喝骆驼的血而勉强到达古色乌日湖边。

成吉思汗念及他从前同自己的父亲也速该勇士，结拜过兄弟的情份上，派达海·巴特尔（勇士）、苏和黑·哲温两人为使节，迎接他前来。

随后，在克尔伦河之源，成吉思汗亲自去迎接他。考虑到他饥饿疲惫而来，从所辖属民中抽取税赋分给他，让他住在自己的营地里。那年冬季，成吉思汗他们共同迁移到了一个叫呼巴哈亚的地方越冬。

第一百五十二节、在那时，王汗的兄弟和首领们议论到：

这个大汗哥哥呵，

要将这些骨肉亲族，
变成灰烬四处飘撒，
狭义思想在心胸，
不是一个成事人。
至亲至爱的亲兄弟，
全部追杀殆尽了。
为了得到中国人的保护，
投奔逃窜而屈身。
不珍惜自己的故乡土地，
所以残暴专横而忧患。
（此大汗的兄弟情谊，
将我们这些亲骨肉。
即将灰飞烟灭之时，
救赎他们于水火中。
心胸思维狭窄之人，
是难成就事业之人。（1）
亲情兄弟砍杀殆尽，
乞求得到中国保护。
不珍惜自己的国家，
残暴专横带来忧患。

为什么要这样说呢？从前，王汗陶日伊勒，在他七岁的时候，被莫日克德人抓去了。于是，他身穿黑花纹羔皮大衣，来到色楞格的布日原野，在莫日克德人的地方捣米过活。

呼日查呼斯·贝茹格汗父亲同莫日克德人做战，将儿子夺了回来。可是，这个陶日伊勒，十三岁时又同母亲一起被塔塔尔部阿扎伊汗（2）抓去，给他们牧放骆驼。从那里他同阿扎伊汗的牧羊人一同逃出来，回到家乡。

从那以后，因惧怕奈曼人而逃走。投奔萨日塔乌勒（3）（西域信仰伊斯兰教的人）楚河畔的黑契丹国的古尔汗（4）。

在那里呆了一年后，他又离开那里，流落在维吾尔部落（5）的地方，在离开唐古惕（西夏）国时，靠挤五只山羊的奶，喝骆驼的血过活，只剩下一匹瞎眼海骝马，疲惫地投奔铁木真而来。铁木真靠收取属民的税赋收留养活了他。

现在他忘记了这样走过的路，以卑鄙小人的心胸来做事。”

他们就这样议论着他。而一个叫阿拉坦·阿舒格的人，将这些议论转告给了王汗。阿勒坦·阿舒格说：“我也参加了这样的议论，但是因为不能抛弃大汗您，而将听到的话传达给您。”

王汗将说这些话的额勒呼都日，呼勒巴里，阿林太子等兄弟，首领，贵族们抓了起来。王汗的弟弟扎哈·汗布刚刚来得及逃走，投奔奈曼部去了。

王汗将抓来的兄弟们押入一间屋子里说到：“你们是怎样说我从维吾尔部，唐古惕地方过来的？你们会有什

么样的坏心思，怎么想？”说完，将口水唾向他们的脸，并让在屋内的全体人们一起唾他们，然后，松开了捆邦他们的绳索，释放了他们。

注 1、这里是暗指他们的汗王陶日伊勒。

注 2、指塔塔尔部的阿扎伊汗。

注 3、萨日塔乌勒，蒙古人泛称西部突厥人或伊斯兰国家、地区的人们的一种称呼。不特指哪个国家或地区。

注 4、黑契丹国指耶律大石（太师）建立的西辽国。古尔汗指耶律大石。

注 5、畏吾尔即指今维吾尔族的古称。

第一百五十三节、度过了那年的冬季，在狗年（1202 年）春季，成吉思汗同查干·塔塔尔人，阿勒其·塔塔尔人，图塔乌德·塔塔尔人，阿鲁泰·塔塔尔人（1）在一个叫达兰·额木日格（2）的地方作战。

在作战之前，成吉思汗确定发布了一个法令：“在向敌人发起攻击时，不准因缴获敌人的财物（战利品）而贻误战机。因为敌人被一次性镇压后，他们的战利品什么时候都是我们的，而有机会得到分配。

如果我们要撤退，就要迅速返回到开始攻击敌人的阵地，重新组织整顿。所以，对不服从命令，不想返回原攻击阵地的人，格杀勿论！”

于是，在达兰·鄂木日格与塔塔尔人作战，使之战败溃逃。随后追杀他们，在一个叫乌勒辉·西鲁格勒吉

德的地方征服了他们。

由于在镇压降服查干·塔塔尔（白塔塔尔人），阿勒其·塔塔尔，图塔乌德·塔塔尔，阿鲁泰（海）·塔塔尔的首领（贵族）时，阿拉坦，呼查日，达里岱三人违反法令，因要获取战利品而贻误了战机，没有遵守自己的诺言，遵循法令的规定。成吉思汗派哲别，忽必来两人，将他们在战争中获得的牲畜，财物全部没收回来。

注 1、这几支塔塔尔部，应该都是居住在呼伦贝尔草原地区，靠近达赉湖和贝尔湖附近的部落。

注 2、达兰·鄂木日格，在今中国内蒙古东部呼伦贝尔草原的达赉湖（呼伦湖）畔的地名。蒙古语意为：七十个柔软之地。在此消灭塔塔尔部之战，非常重要。在消灭了强悍的塔塔尔部后，可以解除蒙古高原东部的世仇和劲敌，为统一蒙古高原分裂局面，扫清障碍。

第一百五十四节、在消灭了塔塔尔人，并征服全部领地之后，关于怎样处理他们的国家和人民的问题，成吉思汗召集了黄金家族的将领们召集到一间屋子里，做出重要的会议决议，他们的决议是：

“从过去年代到现在，
毒害了我们父辈的
可恶的塔塔尔人们，
永远把他们消灭掉，
用车辆的轮子衡量，（1）

彻底砍杀使之灭亡。
剩下的女人和孩子，
全部分配到每一户，
使其世代成为奴隶。

做完这样的决议后，当他们从屋里出来时，塔塔尔部的伊贺策仁向勃勒古太问道："你们做了什么样的决定？"

勃勒古太回答到："做出了要将你们全部用车轮衡量着，把高于车轮（1）身材的男人全部屠杀掉的决议。"

听完勃勒古太的这些话，伊勒策仁向许多塔塔尔人发出警告，聚集起来准备了防御抵抗的堡垒。为攻破这些堡垒，我们的军队受到了极大的损失，将堡垒攻破后，镇压征服他们时，又因塔塔尔人报着，不管怎样要拉一个垫背的去死的念头，把刀藏在袖管里反抗，使我们的军队士兵遭受了重大损失。

为此，在把那些塔塔尔人全部杀戮完后，成吉思汗下旨到："勃勒古太将我们家族做出的重大决定告诉给他人，使我们的军队遭受重大损失。从今以后，，不允许勃勒古太参加重大决定的会议。召集会议时，勃勒古太守护在外边照料其它事情，裁决一些吵架，偷窃，谎言的事。会议结束，喝完酒之后，才允许勃勒古太和达里代二人进来。"

注 1、蒙古民族的勒勒车车轮是用桦木制成的很高的木制车轮。由于车轮

大，在草原上行走，不容易陷入淤泥和坑洼之处，同时也使车身高出地面很多，避免尘土飞杨。因此，精于造车的部落，也被称为：高车蒙古部。而用这样的车轮衡量身高，一般都是成年的青壮年的身材。

第一百五十五节、就在那个时候，成吉思汗将塔塔尔人伊贺策仁的女儿也速根纳为自己的夫人。

也速根夫人受到成吉思汗的宽恕后，进来对他说道："蒙大汗的恩赐，将我照顾爱护如此。但是，我的姐姐也遂的美貌更强于我，大汗更应该去关心尊重她的美丽。只是，在刚才的混乱中不知逃到哪里去。"

成吉思汗说到：" 如果你姐姐真的比你漂亮，也可以使她平安，姐姐来到后，你会让出你的位置吗？"

也速根夫人说到："如果蒙大汗恩准，叫来我姐姐与我见面，我马上让位于她。"

根据这句话，成吉思汗下达旨意赦免她。这时，也遂与自己的丈夫在向森林峡谷逃跑，被我们的士兵看见后，将也遂夫人抓获押回来，其丈夫逃掉了。

也速根夫人见到姐姐后，实现了自己的诺言，起身将自己的位置让于姐姐坐，自己坐与再下一边的位置。

就如也速根夫人说的那样，也遂夫人真的十分漂亮，成吉思汗宠爱宽恕她，使她坐于夫人之位。（1）

注 1、也速根、也遂姐妹都成为成吉思汗的王妃。并且与勃尔贴夫人、忽兰王妃并称为四大王妃。后来，在东部的呼伦贝尔草原一带，建立四

大王妃帐幕（斡尔朵），统辖各自分封的领地。

第一百五十六节、在攻击消灭了塔塔尔人后，一天，成吉思汗在帐幕外边休息，坐在也速根，也遂二位夫人之间喝饮料时，也速根夫人忽然有些惘然若失。对此成吉思汗看到后，记在心里。

然后，叫来博尔术，莫呼来两位将官说到：“你们俩召集这里的百姓臣民，将他们按部落区分后，聚集在一起，每个部落都不要把不是自己部落的人留在人群里。”

于是，他们将全体百姓召集起来，按部落区分后，余下一名美貌青年无部落可去。当问他“你是什么人？”那个人回答道：“我是塔塔尔人伊贺策仁的女儿也遂的丈夫，因怕卷入战争而逃走的。想到，现在战争结束了，在百姓中不会有人认识我而来的。”

将这个情况报给成吉思汗后，他下旨道：“那个人怀有不良之意而只身来到这里，像这样健康年青的人不应该早就被杀掉了吗，为什么还会返回来，赶快使他从我视线中消失”于是，立刻将他杀掉了。

第一百五十七节、就在这个狗年（1202 年），成吉思汗与塔塔尔人作战之时，王汗率军出发向莫日克德人发起攻击。把其首领陶格陶阿赶向巴尔古津盆地方向。征战中，杀死了陶格陶阿的大儿子图古斯·布黑、将陶格陶阿的女儿呼图格太，查伦二人及他的夫人们掠为战利

品。把呼图，楚伦二个儿子及所属百姓全部征服为自己的属民，而他在这些战利品中，却什么也没分给成吉思汗。

第一百五十八节、自那以后，成吉思汗，王汗两人向位于奈曼部呼楚古的贝茹格汗发起进攻，来到乌鲁格高原叫索浩格水的地方。贝茹格汗疲于作战而向阿尔泰山岭方向转移。

成吉思汗，王汗二人自索浩格水追击贝茹格汗翻过阿尔泰山脉，向呼姆辛格日的乌如古河方向追去。这时，他们的一个叫也迪·陶布鲁格的著名将官，做为巡逻兵行进时，被我们的巡逻队伍追赶，向山的方向逃跑时，因马肚带断了而被抓获。

于是，将贝茹格汗追赶入乌如古河方向，一直追击到了贺希勒巴西湖边，在那里将其消灭。

第一百五十九节、从那里，成吉思汗，王汗二人返回时，奈曼部的呼格色乌·散巴拉格勇士（1）在拜德拉格河的交汇处整顿兵马准备迎战拦截他们。

成吉思汗与王汗，为准备作战而整顿兵马到来时，因为，已经是夜间了。所以，他们约定明日再战而驻扎下来。可是到了夜晚，王汗在驻地丢下生上火堆的营地，渡过哈日苏勒河而自行遁去。

注1、呼格色乌·萨巴拉格，巴特尔即勇士之意。是奈曼部的大将之一。

第一百六十节、那一夜，札木合与王汗共同启程行进时，对王汗说道："铁木真安答很早就与我有关系，现在不同我们一起行动。

汗啊！汗啊！我就像，
不会随便飞到很远的地方，
似天空的百灵鸟一样，
共同生活在一个地方。
然而我的兄弟铁木真，
像其他飞鸟一样，
可以朝任何方向飞翔离去。
现在就离开大汗您，
为了投奔奈曼异族，
眼看故意落后去了。
（汗王，汗王你可知，
吾乃似只百灵鸟。
不会飞翔至远方，
始终陪伴你身旁。
可我兄弟铁木真，
却存高飞鸿鹄志。
随时远走背叛你，
现在就要离开你。
就要投奔奈曼部，
为达目的而落后。（1）

听到这个话，乌布其格代氏的呼楞巴特尔（勇士）说道：“你为什么胡说八道，挑拨他们耿直的兄弟们之间的关系？”

注 1、此事乃是作为与成吉思汗结拜为“安答”义兄弟关系的扎木合，挑拨王汗与他的关系所说的话语。

第一百六十一节、成吉思汗那一夜与军队驻于那里。第二天早上准备作战时发现王汗的营地已经空无一人。

“原来你王汗欺骗了我们，自己悄悄返了回去，而把我们丢下在这里了”成吉思汗想到。于是，赶快启程，越过额德日·阿尔泰草原，日夜兼程来到萨里草原驻下。在那里成吉思汗，哈萨尔二人虽然知道，他们在奈曼人那里没遇到什么麻烦，但是，也没将此事对任何一个人说起过。

第一百六十二节、奈曼部的呼格色乌·撒布拉格勇士，在王汗后边追杀，将王汗儿子僧衮的妻子，孩子和财产，属民全部抢走。

并将王汗追杀到叫特勒格图隘口（1）的地方，抢走了王汗的部分牲畜及属民而胜利返回。跟随王汗的莫日克德部陶格陶阿的儿子呼图，楚伦二人趁机率领其属民向色楞格方向逃走，与在那里的父亲汇合而去。

注 1、 特勒格图 • 阿莫萨日意为隘口。

第一百六十三节、王汗被奈曼部的呼格色乌 • 撒布拉格勇士打败后，派遣使者对成吉思汗说："我的财产，妇女和孩子被奈曼人掠去了。我请求孩子你派勇士将军前来，把我的财产，属民夺回来。"

成吉思汗整顿兵马，派博尔术，莫呼来，宝日呼勒、楚伦四个英雄勇士率军前往。

在四个英雄勇士到来之前，在一个叫乌兰呼斯（1）的地方，僧衮作战时，马的后腿被击受伤，正要被敌人捉住。成吉思汗派来的英雄勇士及时赶到，将他救出。并将他的财产，妻子孩子全部夺回来交给他。

对此，王汗说道："从前铁木真的好父亲也速该巴特尔（勇士），将我四分五裂的国家夺回来交给了我。现在他的孩子铁木真又派四勇士将我失去国家夺回来给我。我对他们恩惠的报答，只有天地才能知晓。

注 1、乌兰呼斯，意为有桦树的红色土地。

第一百六十四节、王汗又说道：

"尊敬的安答也速该勇士，
把已失去的疆土和国家，
收复完整地交给了我。

他那长大了的后代，
铁木真成吉思汗，
将我那四散而去的国家，
救助聚拢还给了我。
这父子二人啊，
支援帮助我得到全部国家，
不知为了谁而奋斗，
为什么而忧虑呵？
已至暮年的我啊，
依靠着巍峨的大山，
枕着柔软芳香的牧草，
升天到无垠的星空时，（1）
兴旺发达的国家啊，
将由谁来继承主宰它？
陶日伊勒汗王我，
当离开生长生活的蒙古包，
回到永远安静岩石之家时，（2）
全部收拢的国家啊，
照看保护它的人，
会是谁又在哪里？
主人陶日伊勒我，
当远离洁白的毡房，
回到大地母亲的怀抱时，
我拥有的亲爱国家呵！

谁会发号施令拥有它？
虽有众多王兄族弟们，
却不会掌管政权与国家，
没有正直的优秀品格，
制造麻烦却大有人在。
（亲爱“安答”也速该，
将我失去之国家，
收复聚拢还给我。
他那后裔之长子，
成吉思汗铁木真，
又将四散的国土，
再次夺回送与我。
如此慷慨父子俩，
到底为谁在付出？
已经暮年衰老我，
为了什么而担忧？
高山之伟有依靠。
头枕芬芳之青草，
灵魂升天至星空，
繁荣昌盛之国家，
谁来继承做主人？
汗王陶日伊勒我，
离开毡帐房屋后，
去到岩石洞穴时。

庞大辽阔的国家，
谁是驻守保卫者？
他会是谁在哪里？
汗主陶日伊勒我，
远离洁白毡帐后，
回到大地母亲怀，
我曾拥有的国家，
谁来执掌成主人？
虽然亲生兄弟在，
却难执政掌权柄。
道德品格不优秀，
制造麻烦人皆能。

虽然有唯一的儿子僧衮，却无人与他相伴。让铁木真与僧衮成为兄弟，就当有两个儿子一样，可以就安心了。”

因此，成吉思汗与王汗二人，来到图拉河畔的森林中，行了父子之礼。过去因王汗与也速该勇士父亲结为安答，所以成吉思汗一直视王汗为父亲一样，如今真正成为了父子之情。关于论起此事，有人说道：

“与异族敌人作战时
联合起来共对敌，
猎取山中的猎物时，
相互配合同行动。”

另外，成吉思汗，王汗二人相互约定说道：

“如果毒蛇般口舌
我们之间来挑拨，
造谣中伤进谗言，
不要疏远相离开，
只要相互面对面，
割断毒计与危害。
凶猛毒蛇之利牙，
如果进入感情间，
破坏友谊和谐音，
不要产生嫉妒心，
口舌相会辩是非，
一切事情现真相。

他们就这样，立下如此之誓言，建立了相互之间友谊关系。

注 1、意思是他死去升天之后，谁来继承他的汗位。

注 2、意思是他躺在坟墓里时，谁来继承他的国家。

第一百六十五节、从此，为在友谊之上更增进相互间的友谊关系，成吉思汗提议，为儿子术赤求婚于僧衮的妹妹查乌日·布黑，并将自己的女儿浩金·布黑嫁于僧衮的儿子图撒哈。

僧衮却将自身看得很重，狂妄自大地说到：“我的亲人如果到了他们那里，会始终坐在门帘旁望着蒙古包的

上座。而他的亲人到我们这里来，会坐在上座看着门帘。”（1）

他们用这样的话侮辱和轻视了我们，并拒绝的将查乌日·布黑嫁过来。对此，成吉思汗心中对王汗，纳来哈·僧衮二人不满。（2）

注 1、这段话意为：克烈部强大，自己的妹妹要是嫁过去，等于变成坐在旁边位置的下等人。而作为实力弱的蒙古部落，成吉思汗的女儿嫁过来，却会成为强大部落的主人，会坐在正面的主人位置。

注 2、纳莱哈·曾衮是王汗儿子的全名。蒙古语纳莱哈有孱弱，弱小的意思。

第一百六十六节、他们之间这种不和的事情，被札木合知道了。猪年（1203 年）春天，阿拉坦，呼查尔，黑契丹国（西辽国）的额布格金·诺依洪，苏勃代·陶日伊勒，哈赤温·布黑们相互和解后，联合在一起，移驻到了哲哲日高原山缘的博日和·额勒特，与纳莱哈·僧衮相会后。

扎木合挑拨造谣说道：“我的安答铁木真，向奈曼部的塔阳汗派遣了使者

并保持着经常的联系。
他虽然嘴上父子相称，
可品性思想会一致吗？
难道可以相信他吗？

你们知道以后将会有什么样结果吗？你们如果出兵同铁木真作战，我将从侧翼支援。”

阿拉坦、呼查尔两人说道：

“我们要将月伦夫人
孤儿们的哥哥杀死，
弟弟吊起来送给你。”

哈拉契丹国的额布格金·诺依洪说道：

“抓住他们的手，
捆上他们的脚送给你”

苏勃代部的陶日伊勒说道：“要想办法抢夺铁木真的国家，他如果没有国家就什么办法也没有了。”

哈赤温·布黑说道：“纳莱哈·僧衮儿子，我们想着你。为了你，就是走向刀尖，深邃的陷阱也义无反顾。

第一百六十七节、纳莱哈·僧衮将这些话，让一个名叫赛汗·陶德的人转达给父亲王汗。王汗听到这些话语后说到：“怎么能那样去恶意地想铁木真儿子呢？我们曾依靠铁木真父子而生存，如果那样去做，天理难容。札木合很早就是一个挑拨事端说闲话的人，他在胡乱说着错误的话。”驳斥了这种言论，让他返回来了。

僧衮再次传话说：“活着的人用嘴说的话，父亲您为什么还不相信？”除再次派人游说不果外。自己亲自来到父亲处说道：“现在你活着的时候，他还不重视和尊重我们。假如汗王父亲您有一天白饭撒地，瘦肉噎喉的时

候（1），哈日查呼斯·贝茹格汗父王聚集建立起来的国家，组织成立的政权，就难以受我们操纵把执了。”

王汗说：“怎么能去伤害我的义子啊？如果去恶意地对待所依靠的他们，上天也不会原谅我们的”。

儿子纳莱哈·僧衮听到这个话，气愤地摔门而去。

后来，王汗心疼儿子，将僧衮拉回来相劝说道：“只不过说，因惧怕上天不原谅。怎么能伤害儿子呢？你们如果有能力的话，想怎样去做，你们自己去考虑吧。”

注 1、这句谚语的意思是，当你吃不下饭，咽不下肉的时候，即归天死亡后之意。

第一百六十八节、他返回去那里后，僧衮对那些人说：“前不久，他们向我们的查乌日·布黑求婚。现在，就告诉他们前来吃定亲的巴嘎朱日宴（1）等他们到来时把们他抓住。”

他们就这样商定后，派人通知成吉思汗“将查乌日·布黑嫁过去，请前来吃巴嘎朱日宴。”

根据主人邀请及习俗礼节，成吉思汗率领十个人在去往王汗处。途中，他们住宿于蒙力克老爹家中。

对此，蒙力克老爹说道：“前不久，我们聘娶查乌日·布黑时，他们还瞧不起我们而没有答应。现在，却突然叫我们去吃巴嘎勒朱日宴，甚是蹊跷。刚刚还在狂妄地侮辱我们，瞧不起我们的人们，怎么忽然想把查乌日·布黑嫁给我们？这里一定有阴谋。”

“孩子你有必要要谨慎小心，现在已经到了春天，我们的马群十分瘦弱，以要待马群肥壮以后再议为由，将此事向后拖拖怎样？”

成吉思汗接受了他的劝告。自己没有亲自过去，派布哈太、黑拉太两人去参加吃巴嘎勒朱日宴。成吉思汗从蒙力克老爹家返回去了。布哈太、黑拉太二人去后，僧衮他们说道：“他们发现了我们的事、明天早上想办法抓捕他吧。”

注 1、定亲后，称吃煮羊脖子骨肉为巴嘎朱日宴。是指宴席上有吃羊脖子的肉的仪式。年轻的男女在圆房之前，有分吃羊脖子肉的习俗。蒙古民族至今仍保留有这个习俗，因为羊脖子骨头十分坚固且骨胳相连紧密，所以，以此比喻男女之间牢固相亲的关系。因此，“吃巴嘎朱日”就意味着将要举行男女间的婚礼之意。

第一百六十九节、关于他们商议要抓成吉思汗的决定，被阿勒坦的弟弟伊贺·策仁听到，他回到家里说：“明天早晨已决定去抓铁木真。对传去这个话的人，铁木真一定会不惜一切地赏赐他。”

他的妻子阿勒赫其特说：“你这半尺话，在你一尺长的舌头中成了什么？别人听见会当真的。”

这些话，刚好被送牛奶过来，他们的牧马人巴代听见后，就转身没有进屋去，返回去了。巴代回去后，将

在策仁处听到的话对同伴牧马人贺希勒格说了。贺希勒格听完后说："我再去了解一下这件事。"

他向伊贺·策仁的家走去。看到伊贺·策仁的儿子那仁·格根坐在外面擦弓箭。那仁·格根看见他，说道："我们这里刚才说了什么话？听见后，要板住舌头，闭上嘴巴。"

一会儿，他又对牧马人贺希勒格说："你去将牧放在牧场的莫日克德部两匹白马和白唇枣红马抓来，晚上栓住。明早要骑着出发。"

贺希勒格回来对巴代说："刚才你说的话看来是真的，现在我们俩向铁木真报信去吧"说完，把莫日克德部的白马和白唇枣红马抓来拴上，来到羊群杀了一只羊羔，把木凳批开烧火煮好后，骑上备好的那两匹白马和白唇枣红马，连夜投奔成吉思汗而来。

巴代，贺希勒格二人在到达成吉思汗的住处后，将伊贺·策仁说过的话和他的儿子那仁·格根擦弓箭，准备莫日克德部白马、白唇枣红马的事全都说给了成吉思汗。而且，巴代，贺希勒格二人说："成吉思汗如果饶恕我们说的话，就要相信我们说的话，没有什么可怀疑的，商议来抓你的事大概是真的"。

第六章　消灭克烈部及其国家

第一百七十节、听了这些话，成吉思汗相信了巴代，贺希勒格二人的消息。连夜告知了身边跟随的侍卫，扔下行李、物品、轻装快速返回去了。

他们来到马乌高地的山梁上，让乌梁海部的哲勒莫做为后卫侦察兵。这样走了一天，第二天太阳升起来时，来到了哈日哈勒赞沙地，他们准备午餐休息。

在那里午休时，阿勒德其代部落的牧马人其贺代，雅迪日二人将马群赶往水草好的牧场，在马乌山梁南边方向看到了经过乌兰·布日嘎德（意为：红柳林）来犯敌人军队行进扬起的尘土。

他们急忙将马群赶开，向前仔细观察，果然，由马乌山梁南部，一个叫乌兰·布日嘎德的地方扬起了灰尘的。成吉思汗看到那扬尘，知道是王汗追兵，连忙叫手下们，抓回已经牧放的坐骑，收拾行装出发。如果不是预先发现了那些扬尘，或许就会失策受损。

那边来的，正是王汗与札木合向这里追来。王汗问札木合："铁木真儿子与我们作战时，会有什么样本事的人？"

札木合说："乌如德部，芒古德部的人们跟着他。想来他们与我们作战时：

他们会从四周包抄过来，

边进攻边弯弓射击，
沿着两边行进着，
向我们压制而来，
举着黑白杂色的军旗前进，
智谋多计的属民们，
他们从小就进行战争，
王汗您要有充分的准备才行”

听了这话，王汗说：“如果是这样，我们让哈达格为先锋，把朱日黑的勇士们加入其中，其后是图们・图博根部的阿希格・希如恩。再其后，编入敖兰・东盖部的勇士们。

随后，是王汗的以首领浩里・希勒门太师带队的千名锦衣军。他的后边再加入我们的主力。”王汗又说：“札木合弟弟，请你统帅我全部的军队。”

札木合离开众人，对自己的心腹说道：“王汗叫我统帅他的全军。我因同我的安答铁木真作战不利，还让我统帅军队，看来，王汗并不比我强，而且是个短暂的同伴。要向铁木真安答进言，要使安答坚定强硬起来。”

札木合派人向成吉思汗传言：“王汗问我‘铁木真儿子同我们作战有什么样的人？’我回答：‘有乌如德部，芒古德部为首凶悍的勇士们。’王汗就叫朱日黑部的勇士们做先锋，之后是图们・图博根部的阿其格・希如恩，他们之后是敖兰・东盖部。

其后是王汗千名锦衣军的将官浩里・希勒门太师，

最后，才是王汗的主力军队。而且王汗还说：‘从现在起请札木合弟统帅全军’而相信我。

由此看来，这个王汗是个头脑简单的人。不会统帅自己的军队，我从前与铁木真安答作战时无优势，可是王汗却比我还低劣，因此，安答你不要惧怕，要坚定应对。

第一百七十一节、听到这个消息，成吉思汗说：“乌如德部的照日其代前辈你怎么想？派你做先锋吧。”

在照日其代未回答之前，芒古德部的呼里达日·策臣（贤者）抢先说道：“我们乌如德部，芒古德部，要在成吉思汗前面做为先锋决战。”

就这样，乌如德部的照日其代，芒古德部呼里达日二人将两个部族的士兵整顿好，在成吉思汗面前做好出发的准备。

正在这时，做为敌人先锋的朱日黑部士兵来到了。乌如德部，芒古德部的军队前去迎战，击败了朱日黑人。随之，图们·图博根部的阿其格·希如恩前来进攻。

阿其格·希如恩将呼里达日击伤，使他在岩石峡谷中，从马上掉了下来。于是，芒古德部的士兵们急忙冲过来救起他。

照日其代率领乌如德部的军队与图们·图博根部的士兵作战，将其击退追杀。这时敌人敖兰·东盖部反扑

过来，照日其代又将其击败。其后而来的率领一千名锦衣军的浩日希勒门太子前来迎战，又被照日其代他们打败。

曾衮没有取得王汗父亲的允许就率兵反攻，结果脸颊受伤倒下了。看见曾衮受伤倒下，克烈部众人一起上前救护。就这样攻打压制敌人时，太阳既将落下山去。

我们的士兵返回去，将呼里达日从受伤倒下的地方救出后回来了。这天傍晚成吉思汗，王汗离开战场，移兵分驻。

第一百七十二节、在驻地住下后，第二天早晨黎明时分，清点人马时，发现窝阔台，宝日呼勒，博尔术三人不见了。

成吉思汗说："窝阔台与忠实的宝日呼勒，博尔术二人被落下了。死活他们二人也不会离开他的。"

我们军队的士兵夜里都是牵着马驻扎下的。成吉思汗下令说："如果敌人来犯，就立刻作战。"使军队时刻准备战斗。

天亮时，从后边走回来一个人。近前一看是博尔术，成吉思汗捶胸叹道："苍天在上。"

叫来博尔术一问，他回答说："因在战斗中，我的马受伤而从坐骑掉了下来。我正徒步奔跑时，克烈部人都拥向受伤的曾衮处，我趁机得到驮行装的马，割断捆绑行装的绳子，扔掉它，骑着无鞍马自己寻着我们军队的踪迹回来了。”

第一百七十三节、不一会儿，远处又恍惚看见有一个骑马的人走来，好像除了马背上骑着一个人外，似乎前边还搭着人。近前一看，原来马背上是窝阔合，身后还坐着宝日呼勒（宝日呼勒让窝阔合坐在马鞍上）而来。宝日呼勒的嘴角还在流着血。

原来，窝阔台因脖子被箭射伤，宝日呼勒用嘴吸吮他伤口流出来的血，使凝固的血块儿流出来。成吉思汗看到后，眼中流泪，心中忧愁，马上点燃篝火，烙烫伤口，给窝阔台喝了奶制饮料，等待与敌人作战。

宝日呼勒说：“敌人的烟尘向马乌高地南的乌兰·布日嘎德方向那里飘散去了。”听到这个话，成吉思汗说：“敌人如果来犯，我们就同他们决一死战，如果敌人向那个方向逃跑，我们就整顿军队追击。”

于是，他们开始从那里出发，向乌勒辉·希鲁格勒吉德（河流）方向走去，到达了达兰·额木日格。

第一百七十四节、自那之后，离开妻子，儿女赶来的哈丹·达勒都日汗转达了王汗的话说道：“王汗在儿子曾衮脸颊被箭所伤倒下后，来到跟前说：

“为伤害其他人，
使你可怜的身体被遗弃，
为招惹身旁的人，

使你的脸颊被射伤，
因为可爱的儿子被射伤，
要攻击异族的敌人”
对此，阿其格·希如恩劝说道：
“尊敬的汗王您，
一定要为家族谨慎小心，
（主人汗王为首领的
全体普通属民们）
对没有命运的儿子，
寄托了愿望和希望，
用尽了各种办法，
进行祷告和祝福，
才实现了这个祷告，
请将生于母亲的
尊敬的儿子曾衮。
细心温柔地照料好。

蒙古部主要的大多数人都跟随着札木合、阿勒坦，呼查尔在这里，跟随铁木真出走的蒙古人们能有多远？已经成为只能靠马的骑乘，林木的庇护了，（1）跟着他们，不如返回。我们将来会就像捡马粪一样，把他们拣来。”（2）

对阿其格·希如恩的这番话，王汗说道：“好，那么还是仔细照顾好儿子吧。”从战场返回去了。

注 1、这句话的意思是，成吉思汗他们已经成为无家可归的流落部族。全体人员勉强只有单马骑乘，按照游牧民族作战时的规矩，每个战士至少要配备两匹马，替换骑乘。因无可居住的帐幕，而只能躲避于林木之下。

注 2、比喻将来会很轻易地打败征服他们。

第一百七十五节、成吉思汗从达兰·额木日格向哈拉哈河方向移动，途中，清点军队一看，只有两千六百人。

成吉思汗率领其中的一千三百人，沿哈拉哈河西岸走，其余一千三百人由乌如德部、芒古德部为首，合并起来沿哈拉哈河东部走。途中为寻找食物，进行狩猎，呼里达日不听成吉思汗劝阻，带伤狩猎行军，因伤口化脓而死去。他的遗体被埋葬在哈拉哈河的叫敖日努格的岩石斜坡上。

第一百七十六节、听说在哈拉哈河与贝尔湖交汇处，居住有使用鞍车（单马车）游荡的弘吉剌部落。

成吉思汗说："他们弘吉剌部从很早以前到现在，都以拥有美女著称。要是对他们的提出告诫，他们也许会顺从地跟随我们。如果反抗的话，就以战争征服他们。"

照日其代为先锋，派乌如德的属民们去后，弘吉剌部归顺了他们。成吉思汗没有伤害归顺过来的弘吉剌部的人。

第一百七十七节、成吉思汗降服了弘吉剌部后，由那里移驻到了通赫勒格小河的东岸驻下。

随后，派了阿日海·哈萨尔，苏和黑·哲乌恩二人为使者向王汗传信到："我们已经驻扎在通赫勒格小河的东岸，这里的草长得很好，我们的马群饲养的很壮。你们对汗父传达，我是这样说的：汗王父亲，你为什么发怒吓唬我？不让你的坏儿子，坏儿媳们安静地睡觉，为什么吓唬我？

将我端坐的位置啊，
要推翻移动它，
将我升起的炊烟啊，
要四处吹散它，
为什么要伤害你
出乎意料的儿子，
使他惊慌害怕？
汗王父亲您为什么，
中了身旁小人的谗言？
对于儿子我的事情，
卑鄙专横的坏人
夸夸其谈地说着诺言，
妄图离间伤害我们的友谊，

汗父，我们二人曾许下过什么诺言？我们二人在照日嘎勒·浩尼的叫乌兰·宝力道格的地方都议定了什么？

如果毒蛇般的长舌，
在我们之间挑拨，
我们要警觉远离它，
要是两人个对面相见，
就会断绝恶毒损害之事，

我们不是这样商定的吗？现在，汗父您在没有直面相见交谈的情况下，为什么开始伤害我？

毒蛇猛兽之舌齿，
来到我们亲情之间。
破坏我们的和平友谊，
要用口舌来会面交谈
才会明白一切事情。

我们不是这样的约定吗？现在汗父您既没有要求会面，也没有言语交谈的口信，为什么要相互分离开来？汗父啊！我虽然是少数但我不逃离部众，虽然状况不好，但我不向富贵低头，（我曾是你的同伴和支持者）两根车辕的大车，如果折断一根车辕，健牛就无法拉动它。而那根车辕的难道不是我吗？有两个轮子的车子，坏掉一个轮子，还能做什么？像其中那个车轮的，难道不是我？

从前的呼日查呼斯·贝茹格汗父，因你是他四十个儿子中的长子，才让你成为汗王。你成为汗王后，杀死了太·特木尔太师和布哈·特木尔两个弟弟，另外，你的弟弟额日和·哈日害怕被杀，逃到了奈曼部伊南查·毕力格汗处保住了命。

你的叔叔古儿汗因你乱杀亲弟弟而与你作战时，你仅带领百余人逃出保护性命，逃往色楞格方向后，钻入到叫哈拉温·哈毕其勒（峡谷）的地方。

而后，你为了讨好莫日克德部的陶格陶阿，不但将乌扎乌日夫人的地方给了他，还把女儿献给他。

从哈拉温·哈毕其勒出来，投奔了我的父亲也速该勇士。并哀求他说："请从叔叔古儿汗那里夺回我的国家还给我。"

也速该父亲为夺回你的国家，派出了由泰赤乌部的呼南，巴哈吉统帅的军队，将驻牧在古尔班·特勒地方的古尔汗（好不容易将他压制了）使他只带了二、三十人一起逃回了家乡河西（唐古惕）处。把你的国家夺回来给了你，就在那个时候，你在图拉河旁的黑森林中与我的父亲也速该给为安答。

当时，王汗父亲你，十分高兴地说："对给予的这个帮助，要子子孙孙不能忘记，对这样恩德的回报，只有天地有知"立下了这样的誓言。

自那以后，你的弟弟额日和·哈日从奈曼部的伊南查·毕力格汗借兵攻打你时，你又弃国而逃，只带了少数人保命而已。逃到黑契丹（西辽）古尔汗在萨日塔乌勒（西域）家乡的楚河的地方。

在那里待了不到一年，又脱离了古尔汗，流浪于畏吾尔和唐古惕两地之间，挤着五只山羊奶，喝着骆驼血，只有一匹瞎眼秃疮马来到这里。听说你这样疲惫不堪而来，想起从前结为安答的事，我派塔海，苏和黑二人前去迎接你，并亲自出发到克尔伦河的布日吉河湾处迎接你，我们在古色乌日湖边相会。

因你于困苦中而来，我收取赋税让你生活。并以从前与我父亲结拜兄弟之礼在图拉河哈日森林里，我们俩人不是结为了父子关系吗？

那个冬天，我让你们驻于我的营地里供养了你们。渡过了那个冬天和夏天，到了秋天的时候，我们出发去攻打莫日克德部的陶格陶阿·布黑，在哈迪格里格湖，叫穆如其色·乌勒的地方决战，把陶格陶阿·布黑赶向了巴尔古津托和姆（1）方向，占领了莫日克德部的属民、牲畜、房屋、粮食、土地，并把它全部给了汗王父亲您。

当你饥饿难耐的时候，
是我怜悯供养了您，
当你孤独无助的时候，
是我庇护救助了您。

另外，我们将呼楚古德部的贝茹格汗，从乌鲁格·塔格山，索浩格水的地方赶过阿尔泰山那边的时候，到达了乌伦古河边的贺西勒巴希湖将他抓住消灭掉。

由那里返回时，奈曼部的呼格色乌·撒巴日格勇士

在拜德日格河的牧场上整兵截击我们（为了迎战而列阵等待，我们为了这场战争而整兵而来）。因为，已经到了夜里，我们相约分兵驻下，明日再战。可是汗父你，在夜里的营地上生了许多火堆后，却渡过哈日苏勒河走掉了。

第二天早上起来一看，你没在驻扎的营地，因为你把我们丢下，像丢下营地的火堆一样。

所以，我们撤离了。越过了额德日·阿勒泰的牧场，来到萨里这个地方驻下。在那里呼格色乌·撒巴日格勇士追杀你，将曾衮的妻子，孩子和财产，属民全都掠走，并攻打了在特勒图隘口的你，抢掠了你的部分属民和牲畜。

跟随你行动的莫日克德部陶格陶阿的儿子呼都，楚伦二人，趁机率领部属脱离你而去，到巴日古津盆地与父亲汇合。

那时候，你恳求我道："我被呼格色乌·撒巴日格所抢掠。财产，属民被夺走，儿子，请派你的四个勇士支援我"

我没有你那样多的想法，马上派博尔术，莫呼来，宝日呼勒，楚伦四勇士率兵前往，我的四勇士在到达之前，就在乌兰呼斯救出了被敌人击伤马腿，即将被抓的曾衮。并将夺回他的妻女、孩子，财产、属民送还给了他。那时汗王父亲你发誓说到："是我的铁木真儿子，将我已经失去的国家，派了四勇士夺回来还给了我。"

现在汗王父亲，我做错了什么而惹怒了您？请您把惹怒使你生气的原因事由，告诉给呼勒巴里呼日，伊图日根两个使者，并派他们来。如果不派他们来，可派其他人做为使者来也可以。

注 1、指巴尔古津盆地。

第一百七十八节、王汗听到这番话说到："唉，呜呼

离开优秀的儿子，
我毁坏了好朝政，
离开尊敬的儿子，
我破坏了未来事业。

他悔恨地说："现在，我如果对儿子铁木真还有不好的心思的话，就像这样让血流淌！"起了誓言后，将小姆指用刀刺破把血滴在小碗里，对要派去的使者嘱咐到："把这个交给我的儿子（指铁木真）。"

第一百七十九节、成吉思汗又对扎木合安答传话说道："你用你的黑心肠，使我与汗王父亲分离。

我们俩原来一同住在王汗父亲那儿时，约定谁先早起，谁就用汗王父亲的青瓷杯喝马奶。因为，始终是我先早起来喝，你就嫉妒我。现在你可以用汗王父亲的青瓷杯满意的使劲喝吧！你多么恶毒啊。"（成吉思汗似乎想起了小的时候在王汗家的事情）。

另外，成吉思汗对阿勒坦，呼查尔二人说到："你们俩人因我制约了你们而直接背叛我吗？还是有阴谋地背叛我？呼查尔，因你是涅坤太子的儿子，我们曾提议你当汗王，你不当。阿勒坦，因你的父亲是忽图拉汗，他统辖我们全部落，你是知道的，让你做汗王，你又不愿意。

因为巴日坦勇士的后代是长辈的原因，请萨查，泰楚二人当汗（他们二人又不同意），你们谁都不当汗的情况下，我在你们的推举下成为你们的汗。你们曾经许诺，如果你做汗的话，我将：

发生激烈的战斗时，
在你面前杀冲锋，
受到高高在上的苍天，
仁慈宽厚的庇护。
在镇压剿杀仇敌时，
抢夺其美貌的姑娘们
得到他们的良驹宝马群，
献给您至高无上的君王
在森林之中狩猎时，
驱赶猎物到跟前，
在山岩崖畔狩猎时，
要使野兽相拥至，
在深山峡谷狩猎时，
将让禽兽腿臀接，

在原野大狩猎时，
会叫动物拥挤向前。

现在你们要忠诚地做我汗王父亲的同伴，你们是好背信弃义的人。不要再次反叛逃离。

你们不要说出查乌忽里（官职）在这里，（成吉思汗曾受金朝丞相完颜襄的册封的官职称号，见第 134 节）不要让其他人移住三河之源地。

第一百八十节、同时，成吉思汗还对陶日伊勒弟弟传言说："因为称你为弟弟的原由是，在从前的时候，屯必乃，其日・海莲花二人去打仗，抓来了一个叫敖格达的奴隶，敖格达的儿子是苏勃黑部族的一支，苏勃黑部奴隶的儿子是呼和楚・黑日桑，呼和楚・黑日桑的儿子是也黑・弘塔嘎日一支，也黑・弘塔嘎日的儿子就是陶日伊勒你。你想掌管谁的国家而讨好追随他们呢？阿勒坦，呼查日二人绝对不会让任何人控制我的国家，所以我才与你的兄弟相称。

从你曾祖辈起，
有证据是奴隶的你
尊重你而说出的话在此，
从你高祖先父始，
有缘份的奴隶是你
不会是谎言而说出的话在此。

第一百八十一节、成吉思汗又对安答曾衮转达道：我是咱们的父亲，穿衣而生的儿子（意即义子），你是赤身而生的儿子（意即亲子）。父亲视我们俩为一样的孩子，而照料关心我们。对此，曾衮你嫉妒，而离间伤害我，使我被赶走。

现在你不要去碰汗王父亲伤痛的肝脏，不要使其心情忧伤，请你进出早晚探望，使他心情高兴，心胸宽慰。

你不要明目张胆地公开你过去的思想，想要在汗王父亲活着的时候当汗王，使父亲心中忧愁，曾衮安答，请你派毕力格·布黑，陶代二人为使者来我这里。”

并对阿日海·哈萨尔，苏和黑·哲温二人交待了：“我请汗王父亲，曾衮安答，札木合安答，阿勒坦，呼查日，阿希格·希勒门，哈赤温各自都派两名使者到我这里来可否。”

听完这番话曾衮说：“刚刚说我父亲是个屠夫老头的人，现在却虚假的称呼是好父亲。而且，才说过我是跟在陶格陶阿巫师，萨日图勒（西域）人羊尾巴后边的坏小子，现在又来称赞我是气性和顺的好安答，对这些话的意思我明白。不过是宣战的意思。

对此，没有什么可绕圈子的，毕力格·布黑，陶代俩，你们回去传话，养肥马群，树起战旗吧。”

阿日海·哈萨尔从那里返了回来，苏和黑·哲温因妻子，儿子在王汗的营地，要返回时，心情难过而留了下来。阿日海回来后将他们的话如实转达给了成吉思汗。

第一百八十二节、成吉思汗从驻地移动，来到了巴勒朱湖畔。到了那里驻扎下后，郭尔罗斯部朝思查干来与他会面后，带领部众归附了他。同时，在汪古部的阿拉呼什·迪吉特呼里从雅斯那里带着千只羯羊来，从居住在额尔古纳河附近的当地人民手中，换取买卖貂皮，灰鼠皮的波斯人（突厥斯坦人）哈桑，骑着白骆驼在巴拉朱湖饮骆驼时，与成吉思汗相见。

第一百八十三节、就在成吉思汗移驻到巴拉朱湖时，哈萨尔抛下自己的妻子和也古，也孙黑，图呼三个儿子在王汗处，与几个同伴出来，寻找哥哥成吉思汗。他们越过了哈拉温·吉都山梁未能寻找到。一路吃着牲畜的皮张，筋骨（1），才来到成吉思汗处与他相会。

对于哈萨尔的到来，成吉思汗十分高兴，商议再次向王汗处派遣使者，决定派札乌日代部的哈里·乌达日，乌梁海部的查呼日汗二人去王汗那里。二人去王汗处，捎去哈萨尔的话语：“

哈萨尔我离开了您，
来投奔寻求汗王哥哥，
四处寻觅不见踪影，
挥泪哭泣心悲伤，

听不到任何消息声音，
不知跑到何方何地，
眼望星空住牧野，
头枕草根夜里眠，
（因无房屋而住，无枕头而睡眠）

我的妻子和儿子在汗王父亲你那里，如果派来可信的人，我将去汗父那里。”

说完又对哈里乌达日，查呼日汗二人说道：“你们走后，我们将迁移到克尔伦河的阿日嘎勒霍和之地去。你们从那里返回后，到那里去找我。”

哈里乌达日，查呼日汗二人走后，让照日其代，阿日海二人为首领组成侦察队伍出发后。成吉思汗举家率属民百姓，迁徒到了克尔伦河的阿日嘎勒霍和驻下。

注 1、此处的意思是，哈萨尔一路忍饥挨饿，捡拾牧人丢弃或死去的牲畜的皮张、骨头等充饥前来的状况。

第一百八十四节、哈里·乌达日和查呼日汗二人来到王汗处，将上面哈萨尔所说的话转达给了王汗。

在那里，克烈部的人们正为王汗树起了金帐而举行欢宴。听了他们二人的话，王汗说到：“那样的话，叫哈萨尔回来，我派可靠的人伊图日根去。”

于是，便派了伊图日根与哈里·乌达日和查呼日汗同行，来到事先约定的阿日嘎拉霍和这个地方。快要到达时，伊图日根看见许多人马，警觉起来策马往回跑。

哈里·乌达日的马跑的快，勉强追上去，但没抓住，二人一前一后地追逐奔跑时，因查呼日汗的马跑慢，落在后边，他抽出弓箭，在刚好用箭能射到的地方，射中伊图日根所骑的金马鞍黑马后腿，使其向后倒下。就这样二人将伊图日根抓住，送到成吉思汗面前，成吉思汗没有询问伊图日根任何话，吩咐“送到哈萨尔那里”。

送到哈萨尔处后，哈萨尔没有让伊图日根说话，就马上将他杀掉了。

第一百八十五节、哈里·乌达日和查呼日汗二人向成吉思汗说：“王汗没有注意我们，并未起疑心，因此，在那里树起金帐而举行欢宴。现在火速出发，夜间必能包围攻击他们。”

成吉思汗同意了这个建议，命令照日其代，阿日海二人为首组成的先头队伍出发后，随之，全体人马火速跟随在后边出发。

到了夜间，在哲者日高地的哲日隘口，将王汗的人马全部包围了。激战了三天三夜。第三天，将那个地方攻下，清点战场一看，王汗，曾衮二人没有找到。估计他们已经趁夜色逃走了，我们的军队没发现。

在这场战斗中，有朱日黑部的哈达格勇士。哈达格勇士被俘进来后说道：“为了不让自己的汗王被抓杀掉而

坚持战斗，为了照料他的生命而战斗了三天三夜，现在已经使他突围而去，我们投降了。如果要让我死，便杀掉吧！如能获成吉思汗的赦免，将为他效力。”

成吉思汗准许了哈达格勇士的话。下旨意道：“不抛弃自己的汗王，为了挽救他的生命而战斗的男子汉，谁会说他的错呢？他是可以做同伴的人”于是，赦免了他的生命。

因为呼里达日战死了，就将哈达格勇士及朱日黑氏族的百余名人，交给了呼里达日的妻子，儿子使用。

并下旨意道。“自那以后，如果他们生了儿子，就为呼里达日的后代及亲族人效力，生了女儿后，父母亲不能以自己的意愿去联姻出嫁，他们的儿子，女儿只能在呼里达日的妻子，儿子前后效力使唤。”

因为呼里达日贤者是最先开口说（耿直）之话的人，因此，成吉思汗下旨道：“因为呼里达日效力的功绩，所以，要世代对他的家族及孤儿进行救助恩赐。”

第七章 消灭克烈部的王汗

第一百八十六节、将克烈部的属民征服后，将他们各自分散着分配给各个部族了。苏勒德代氏族成为塔海勇士的奴仆，并赐给了百名朱日黑部人。王汗的弟弟扎哈·汗布的两个女儿，姐姐伊巴格成吉思汗自己留下作了王妃。把妹妹绍日·哈格坦尼（1）给了儿子拖雷。因此，札哈·汗布所属的财物，属民没有受到侵犯，并恩准赦免了札哈·汗布，让他像车上的另一只车辕一样（扶持我）。

注 1、这个托雷的王妃，就是后来被史书称为著名的监国夫人唆鲁黑帖格塔尼。

第一百八十七节、另外，成吉思汗将王汗住的金帐，使用的金壶，金碗，和执掌帐幕的人和王汗身边的侍从，克烈部人都赐给了巴代，贺希勒格二人。

享用应得的财物，
举起酒杯和佩箭，
子子孙孙到永远，
免除赋税享幸福。
赏赐恩准你们俩，
在厮杀博斗战场，

获得全部战利品
用于自己的家族。
狩猎围捕过程中，
全部杀死之猎物，
可做自己财物用。

成吉思汗又下了旨意：巴代，贺希勒格二人保护了我的生命，并送给了我一切。所以请苍天保佑，降服了克烈部，使我得到了很高的基业。我现在以及未来的子子孙孙和继承我的汗位之人，都要永远记着这两个人所给予我们的这些恩惠。

降服占领了克烈国，
与所有人一同分享它，
驯服图们图博根部落，
将其首领全部斩杀后，
分别分发抛掉他们百姓。
镇压敖兰东盖部的人们，
在黑夜降临之前 ，
分别把他们穿插着分配掉。
将喜欢流血的，
著名的朱日黑氏族，
集中起来分掉奴役他们。

消灭克烈部的百姓后的那一冬，成吉思汗在叫阿布吉雅・呼德格日地方越冬。

第一百八十八节、王汗，曾衮二人逃到了一个叫迪地格·萨哈拉的额浑水的地方。王汗因口渴去湖水边，被奈曼部的戍边将领浩日苏勃其抓住了，虽然王汗告诉他：我是王汗。但是因为他并不认识他，也不相信他的话（不辨真伪），在没有确认他的情况下，就将他杀掉了。

曾衮由于没有去额浑水那边，绕开湖边来到了一片荒漠地带，正在寻找水源泉的时候，看到一群野驴停在不远处，曾衮下马，将马缰绳交给随从呼和楚，去狩猎追赶野驴。

曾衮的随从呼和楚，是与老婆同曾衮三人一起逃跑的。看到他牵着曾衮的马向她慢慢走来时，她妻子说到：

当身穿金色服饰时，
当口吃美味佳肴时
当称呼你亲爱的呼和楚时，
要时刻想着关照你的时刻。
但是现在这个时刻，
难道你要背弃曾衮逃跑吗？

并打算留下来等待（曾衮）时，呼和楚对她说："你难道要想成为曾衮的老婆吗？"

他妻子对他说道："你以为我是像狗一样不知道羞耻的动物吗？你把金碗丢下，起码要留下让他有喝水的器皿。"

于是，呼和楚将金碗向后一抛，便逃走了。

呼和楚来到成吉思汗处，向大汗述说了怎样将曾衮徒步丢弃在荒漠的全部经过。

成吉思汗下旨道：仅饶恕其妻子的性命，呼和楚弃主而逃，是不可信任之人而诛杀了他。（曾衮经过了阿西格城堡，来到土藩国居住下，不久受到当地人的排挤又逃到了喀什噶尔，他们的国王克勒吉抓住曾衮将他杀掉，并把其妻子儿女送给了成吉思汗。—拉施德著《史集》记载）

第一百八十九节、奈曼部塔阳汗的母亲古日勃苏夫人，知道王汗被杀的事后

对浩日·苏勃其德传信道："王汗曾经做过大汗，请将他的头颅拿来，如果真的是他，我们要祭祀他。"

于是，他们将死去王汗割下来的头拿来后一看，果然是他。于是，她将其供奉在白色供桌上，摆上供品，奏起琴乐，举杯祭酒，正在祭祀时，摆在供桌上的头颅的似乎有流露出笑意来的样子。

塔阳汗一怒之下，将其踢下桌子，用脚践踏。对此，呼格色乌·撒布拉格说到：

"把死去的汗的头颅割下拿来践踏，是不妥的，我们的狗已经发出不祥的叫声。过去，伊南查汗曾说过：

当我已经衰老的时候，
我的妻子尚年轻，

在苍天的保佑庇护下，
生下了塔阳这个娇儿。
生就欣长匀称的身体，
身躯魁梧健壮的儿子啊，
不知能否统辖属下的民众？
现在黑犬发出不祥的吠叫，
古日勃苏夫人统揽了一切大事，
做为大汗的塔阳您，
是个懦弱无主张的人呵。
除了狩猎游玩之外，
没有任何能力和智慧。

对此，塔阳汗回答到：东方的小蒙古部落，狂妄起来，使从前的贵族王汗四处逃亡而死。因此，他们想成为统治一切的大汗？为了使天空更加明亮，才有了太阳和月亮，但是地上怎么会同时存在两个大汗呢？（地上为什么要存在两个大汗呢？）现在去征服统治那几个蒙古部人吧。

对此，古日勃苏夫人说道："干什么呀！那些蒙古人，有着令人厌恶的气味，肮脏褴褛的衣服，拿来有什么用？不如敬而远之为好。如果将他们姣好的姑娘媳妇们夺来让她们侍奉寝寐，挤奶牧羊的话还可以。"

塔阳汗道："他们的人怎么样，没关系。我们是去蒙古部将他们的弓箭袋收集回来（1）。"

注 1、意为将他们征服过来而已。

第一百九十节、听完他们的说的话，呼格色乌·撒布拉格勇士说到："你在说狂妄自大之语，难道陶日伊勒汗（王汗）是这样的吗？算了吧。"

可是，不管呼格色乌·撒布拉格怎样劝说，他们就是不听，派出了著名的使者陶日毕塔布去汪古部的阿拉呼什·迪吉特呼里处传达旨谕道：东方的小蒙古部狂妄起来，你做为右翼出发，我从这里接应。我们俩去把那几个蒙古人的弓箭抢来。"

对此，汪古部的阿拉呼什·迪吉特呼里回答到："我不能成为你的右翼。"将其遣回。

随后，派了一个著名的信使尤·呼南去成吉思汗处传信道："奈曼部的塔阳汗要去抢掠你的弓箭，并让我作为右翼。我没有同意，现在我要提醒你而将这件事通知给你，在战争中你要握紧弓矢。"

那时，成吉思汗正在一个叫特莫和日（骆驼川）的地方狩猎，并围猎行进到了一个叫图勒赫车乌德的地方。

此时，阿拉呼什·迪格特呼里的使者尤·呼南在这里找到了他。

听到这个消息，他在围猎地召集会议商议应该"怎么办？"大多数人说："我们的马群膘情不好，现在没有

什么好办法，（待秋后马匹膘情上来后，再作战。拉施德著《史集》）

铁木哥·敖特其根（成吉思汗之幼弟）首领说："把马群瘦弱做为借口怎么行？我的马匹有健壮的，听到这样的消息怎么能安之若素呢？"（听到这个消息应该马上出发应战，如果坐守不动在这里被塔阳汗所攻击，不就留下了蒙古人被塔阳汗所征服的恶名吗？双方交战之后，是谁获胜，只有苍天才知道。拉施德著著《史集》）

勃勒古太首领说到："

为了生存而努力，
金弓银箭不可丢，
生命之意世间存。
执弓枕箭原野上，
白骨抛洒战场中，
含笑战死无愧色，
方显英雄男儿情，
北方之国奈曼部，
地大物博堪为雄，
牛羊驼马称富绕，
畜群无边意骄狂，
天赐我君此良机，
厉兵秣马攻向前，
压城掠地所披靡，
尽收弓矢树我旗。

此时我军若进发，
肥羊犍牛尽可拿，
为逃贱命而抛弃，
房舍财物归我家，
众多百姓与属民，
四散无主逃林中，
惶惶无神难无君，
召来降我为民臣。
劝君此时纳我言，
不得犹豫心不安，
整军备马树旗杆，
全体齐心共向前。

第一百九十一节、听了勃勒古太的建议，成吉思汗同意出兵攻打奈曼部。他们从狩猎营地阿布扎·呼得格迁移出来，回到驻地哈拉哈河岸边，斜崖之地（歪头崖）整顿军马、百姓。

随后，成吉思汗将军队整顿后，任命了千夫长，百夫长，十夫长，及统帅，将军（侍卫部队）首领们，并向道岱将军，道高勒呼将军，月楞将军，陶伦将军，布查兰将军，遂和图将军六名将军下达了任务，并将军队编为千人，百人，十人的建制后，又特别设置了赫布图勒（1），陶日古德（2），克什克腾（3）。以上组建的队伍中的士兵主要挑选自千夫长，百夫长及平民中身体健壮，聪明机灵的子弟们组成。

对此，成吉思汗慈祥亲切地对阿日海·哈萨尔说："请挑选千名勇士出来！战时随我征战在前，平时做我的克什克腾军。"

"另外，将七十名锦衣侍卫部队交给月楞将军率领，可与呼都斯·哈拉查（副将）商议确定有关事宜。"

注1、赫布图勒，蒙古语意为：躺下、卧倒之意。而这是成吉思汗初次组建自己的侍卫军。所以这里是指侍卫里的夜间侍卫，又称宿卫队。

注2、陶日古德，蒙古语意为身穿绸缎衣服的人。这里也是指侍卫军中白天侍卫成吉思汗的卫士。因穿绸缎衣服而被称为锦衣卫士。

注3、克什克腾，蒙古语意为轮流人员。这里也是指侍卫里，进行轮换巡逻侍卫。又称轮值卫队。

第一百九十二节、同时，成吉思汗又下旨意："佩箭卫士（汗帐前的执弓弓箭手），锦衣侍卫队，轮值监察队，司厨，警卫哨兵，司马官等所有人都要完成各自的任务，实行日夜交接班制度。在日落前将任务交给夜间巡逻人员后，回到各自的马匹处休息。

夜间巡逻人员，除轮流把守门口外，要围绕驻地巡逻守护。弓箭手，侍卫人员，要在清晨我们吃早餐的时刻，与夜间的士兵们进行交接工作，依前日的程序轮班看护守卫驻牧地。

第一班三天三夜轮值完成后，休息三天。佩箭卫士

们要轮流替换夜间巡逻队的任务。”

在将所有军队编成每千人为一队后，任命了各队的首领，确定了八十名夜间巡逻队，七十名锦衣侍卫队，克什克腾（轮值监查队），将阿日海·哈萨尔挑选的勇士们任命为各队的头领。

成吉思汗率军自哈拉哈河岸边的歪头崖出发，去与奈曼部的人作战。

（那时，莫里克德部的陶格陶阿，克烈部一部分首领及逃来的阿兰太子，以呼图格为首的卫拉特部，扎吉拉岱氏族的札木合，杜尔本塔塔尔，哈答吉，撒拉吉等部都依附投靠了奈曼部。拉施德著《史集》）

第一百九十三节、鼠年（1204 年）夏季第一个月十六圆月之日，成吉思汗

祭旗出发，哲别，呼必来二人率军，向克尔伦河方向一路侦察前进。

他们二人来到萨里川，于在杭哈日汗（杭盖汗）河源头的奈曼部的前头队伍遭遇。在与他们的战斗中，我们侦察兵的一匹带鞍瘦灰马被掠走，他们抓住这匹灰瘦马后，认为“蒙古部的马匹都很瘦弱”。

我们的大部队到达萨里川后驻扎下来，召开会议商议下一步应该怎么行动？

道岱将军向成吉思汗献计道：“我们的士兵征战奔波已经疲乏不堪了。因此应该在这里休整一下，让马匹吃

饱，将队伍在萨里川展开驻扎，所有士兵和人员每人夜间生五堆火，用火堆来壮军威，让奈曼人认为我们人数很多。

听说他们的大汗，是个足不出户娇生惯养的人，在我们用此计迷惑他们之际，我们的马匹已经吃饱了。我们的马匹吃饱休息好之后，我们就立即向奈曼人的先头侦察部队和主力部队发起猛攻，使他们猝不及防地逃跑溃退怎样？”

成吉思汗批准了他的计策，下旨到：“那么就都生起火堆来。”并将旨意传到所有的士兵们。

士兵们全部散开于萨里川之野，每个人都生起了五堆火。奈曼部的先头侦察部队在杭盖汗河源头，看见这边原野上夜里生起的众多火堆，感到参加战斗的蒙古人并不少？他们点起了比天上星星都多的火堆。

他们马上将缴获的灰色瘦马送到塔阳汗那里过去，并转达消息给塔阳汗：“蒙古大军布满了萨里川之野，白日像奔腾的水一样涌来，夜里点起比星星还多的火堆”（他们也许白日里登上高山隐蔽？夜里在原野上点起像星星一样的火堆）

第一百九十四节、当先头侦察部队的消息传到时，塔阳汗已经来到了杭盖山脉的哈其尔之水处。

塔阳汗得到这个消息后，传达给儿子呼楚鲁格汗（又称：屈出律）：“蒙古人的马匹很瘦弱，但是现在点

燃了星星一样多的火堆，看来蒙古人很多，现在我们如果：

若与蒙古盲目战，（将会）
困难重重事难办。
虽刺面颊无大碍，
不伤双目难致死。
伤筋动骨虽流血，
斩草除根却成难。
蒙古恶敌已强悍，
不可轻敌与其战。

现在蒙古人的马匹很瘦弱。我们可将人马向阿尔泰山方向移动，将军马整顿好，引蒙古军马追击我们，到达阿尔泰山南坡时，把他们像狗一样牵制过来的话，会使他们筋疲力尽。到那时，蒙古人的马匹更加瘦弱疲乏。而我们的马匹肥壮，我们再向其发起攻击则可取胜。”

听这个计策，呼楚鲁克汗说：“塔阳汗象可恶的妇人一样胆小，才会说出这样的话来，蒙古人怎么会有那么多？蒙古人大多数都跟随札木合在我们这里。

未曾远离母之怀，
何时远征去战场？
如同牛犊不离栏，
怎会放眼青草原！
胆怯懦弱似妇人，

塔阳我汗出此言，
不知何人进谗语，
使我父汗遣使臣。

听道呼楚鲁克汗说其似妇人般怯懦胆小，塔阳汗回答道：

呼楚鲁克（我儿）听我言，
狂言妄语并非难
如果杀场抛头颅，
却要保命在人前。
胸怀雄心报国志，
阵前与敌刀箭见。
一朝与敌争战起，
不得临阵拖马枪。

听道这样的话，塔阳汗的大将浩里・苏勃其说："你父汗伊南查・毕力格汗曾经：

几番相同征战中，
未曾使敌望颈背。
殊死拼杀战场上，
未见战骑向后退。

现在你为什么为了自己的明天，变得如此胆小怯弱？知道你这样胆怯无能，还不如叫你的母亲古日勃苏夫人来掌管军队。尊敬的呼格色乌・撒布拉格勇士因年老而疏于军法，不能指挥军队而给了蒙古人机会，我们即将战败。唉，魁梧高大的塔阳汗您，实际是个卑微的小人。”他说完，收拾起弓箭、刀剑迅即离去。

第一百九十五节、对此，塔阳汗发怒说道：“失去生命与身躯磨难是同样的命运，既如此，就出发攻战吧！”然后从哈其尔之水出发，向塔米尔方向行进。他们渡过鄂尔浑河，路过纳忽峡谷的东山梁，来到了叫查黑日毛高德（有坚硬的燧石之意）的地方，被成吉思汗的侦察部队发现后，飞报给成吉思汗：“奈曼人已经来到了。”

收到这个情报，成吉思汗立刻下旨：“多有多的麻烦，少有少的烦恼。”迎上前去将其前锋击退进击后，整顿军队准备迎敌。

坚马利枪去杀敌，
背水一战显英气。
突袭猛冲无畏惧，
敌军无防尽崩溃。

因此，成吉思汗亲率先锋部队攻击敌人，让哈萨尔率领主力随其后，铁木哥·特其根将军掌管预备支援马匹和队伍。

奈曼部的人们转过查黑日毛高德，正沿着纳忽山谷南山的侧坡行进时，遇到我们的侦察队伍，我们的队伍将他们的侦察队伍撵到了位于纳忽山谷驻扎的主力部队之中去。

塔阳汗看到后，向来同奈曼部联合作战的札木合询问道：“那一队像冲入了羊群的狼一样的入侵者是什么人？”

札木合回答说：“我的安答（义兄）铁木真曾用人肉养了四只猛獒，并用锁链拴住他们，现在追杀我们侦察队伍的或许就是他们那四只猛獒，他们：

铜头铁脑坚无比，
尖牙利齿显凶气。
钢心坚硬无情义，
细如铁钉尖嘴狠。
暴躁疯狂猛无比，
杀死生灵千千万。
挣开锁链扑向前，
吞噬猎物力无边。
馋涎口水四处溅，
渴饮晨曦草露水。
饥肠辘辘吞口涎，
风为坐骑箭为伴。
哲别，呼必来为首领，
哲勒莫，苏勃太随后行，
铁木真培养这四獒，
勇猛无比冲过来。

塔阳汗听完这话，连忙说：“如果是这样，离那些可恶的人们远一些为好。”然后，转身策马向山后退去。

同时，看到随四员猛将后边，勇猛冲锋奔袭而来的人，他又问道：”那些人似：

清晨放归之马驹，
急奔母马去哺乳。
跳跃奔跑如嬉戏，
如入无人之境地。
问君曾知几人何？
札木合弟能识否？

札木合回答说：他们
“威吓戎装之男儿，
抢夺所佩之兵器，
攻击执剑之勇士，
掠去所带之物器，
乌如德、芒古德们，
尽是英雄豪杰胆。
临近战事即欢喜，
杀声雷动冲向前。

听说此言，塔阳汗又说：“既如此，我们应离此辈们远些为安”。

然后，他们又退往山岭后的方向。随后，他又问札木合道：“在其后，那些似饥饿的苍鹰般盘旋来的又是谁呢？”

札木合又答道：
“此后簇拥而来者，
是我安答铁木真。

成为大汗铁木真，
身披坚甲力无边。
铁甲坚固针不进，
头盔铠装锥难入。
勇猛冲杀似饿鹰，
挥戈策马如怒兽。

奈曼部的人们，你们不是预言要将蒙古人的羔羊皮都不留下，将其驱散征服吗？现在你们自己来看吧。”

听此言，塔阳汗又说：“既如此，再向此山口退却吧！”他们穿过山口，走了很长一段路，他又问札木合：“在那些人后边的庞大的队伍的人们又是谁？”

札木合道：“那是：

尊贵贤德月伦妇，
精心哺育哈萨尔。
力大无比且不论，
威武忠诚是其儿。
三头公牛来拉拽，
纹丝不动如山峰。
顿餐三岁小犍牛，
腹中饥饿尚不饱。
几丈身躯真伟岸，
联环盔甲穿戴上。
凶狠残暴哈萨尔，
张口灭绝众敌酋。

佩箭拉弓之士兵，
顺手擒来撕扯净。
既使吞咽入口中，
难足贪婪勇士心。
如果活俘将士来，
生吞活剥不解馋。
灾难痛苦无所惧，
从不挂念在心中。
一旦怒从心头起，
先扯佩箭后拉弓。
智勇机灵去射雕，
隔山之遥人难逃。
身中射山之神箭，
屈体抱头魂飘渺。
倘若胸中生怒火，
扯出鸣镝之神箭。
迎风神力二拉弓，
射向山峰之外人。
箭簇锋利如刀刃，
众人皆死命运惨。
如果发力张强弩，
飞箭射中九百丈。
即使弓弦稍用力，
五百丈外见飞矢。

凡人难与神来博，
如同世间降妖魔。
神勇力大哈萨尔，
已经驰骋冲过来。

塔阳汗听完此话，急忙下令：“如此只好向高山处躲藏，高处或许安全些。”向山的深处转移去。

不久，退却途中，塔阳汗又问札木合：“在他后边追过来的又是谁？”

札木合道：

月伦夫人之幼子，
如今名叫铁木哥。
虽因娇宠入睡早，
勇敢刚毅心志高。
年幼位低起床晚，
豪情才能男子汉。
闻听征战号角响，
披挂上阵不等闲。
此时勇士阵前走，
敖特其根即其人。

“那么，我们就登上山的巅峰吧，”塔阳汗说道。

第一百九十六节、札木合对塔阳汗说了这些话语后，脱离开了奈曼部的人，派人向成吉思汗传话道：

塔阳汗已惧怕你，

钻入高岭深山里。
失智畏缩胆怯他，
攀登山峰躲藏起。
铁木真要严防范，
他们已经慌逃窜。
从其脸色已尽知，
无力还击与迎战。

现在，我与同伴们已经脱离了奈曼部的人。”

成吉思汗在太阳落山入夜之前，包围了纳呼山谷后，驻兵于山下。那天夜里，许多奈曼人为了逃跑，从纳呼谷山崖上跌落下来，像崩塌的柴垛一样，相互挤压，筋断骨折而亡。

第二天，活捉了垂头丧气，失魂落魄的塔阳汗。（塔阳汗因受重伤而死。拉施德著《史集》记载）其子呼楚鲁克汗因有援军，而带着少部分人逃脱了。逃往塔米尔河时，被追杀的军队赶上，包围起来，他们与其厮杀而不敌，逃向它方。去投奔叔叔贝茹格汗处。

对失散流落在阿尔泰山脉的奈曼部的百姓属民们，我们均聚拢收归治下。

（札木合向西边逃跑）原来跟随札木合的札达兰部，哈答吉部，萨拉吉，杜尔本部，泰赤乌部，弘吉剌部等众部落，都归顺了成吉思汗。

成吉思汗将俘获的塔阳汗的母亲古日勃苏夫人叫来问道：“是你曾说过蒙古人有着厌恶的气味吗？而你现在

为什么来到这里？”

成吉思汗将其纳为自己的妃子。（从塔阳部落里有一个人逃掉，哈萨尔想将其活捉，被巴特追上去活捉过来。抓来一看，那个人怀里揣着一颗印章，哈萨尔对他说：“你们的大部分部落的军马都归顺了我们，你揣着这个往那里逃？”

那个人答道：“我的身躯，至死也要为官守护自己的职责所在。我为把这颗印送还给旧主人而逃跑，没料想被捉到”。

哈萨尔说到：“你是哪个部落的人，有什么职责？”

那个人答到：“我是畏吾尔贵族之地的人，名叫塔塔统阿。我的主人将这颗印交给我，派我掌管财物，粮草的支出收入。”

哈萨尔又向道：“这颗印有什么用？”

塔塔统阿说：“用在选择好人，颁发任命书上的。”

哈萨尔赞赏他的刚直不阿，派人当面通报给成吉思汗。成吉思汗将颁布发布各种诏令文件之印，全部交给塔塔统阿掌管。哈萨尔拜塔塔统阿为师，不久就从他那里学习了法律，兵法众多种文化知识。此事记载于莫尔根活佛写的《黄金史》的第 23 章节中）。

第一百九十七节、在这个鼠年的秋季，成吉思汗与莫日克德部的陶格陶阿交战于一个叫哈日塔拉乌珠尔（1）的地方，陶格陶阿战败被追击到萨里川一带，莫日克德部的属民悉数归降，只有陶格陶阿带领呼都，楚伦两个儿子及少数人马逃走。（成吉思汗将呼都，楚伦二人的妻子赐给了儿子窝阔台）统治征服了莫日克德部的百姓属民后，乌瓦斯·莫日格德的代日·乌孙为避免发生战争，要将自己的女儿呼兰送给成吉思汗，在途中，避免被遇到的蒙古军队所耽误，代日·乌孙找到巴日岱部的纳雅首领，与其会面商议到："我正要送我这个女儿呼兰去成吉思汗处。"

纳雅首领说："我们一同带你女儿去见大汗，如果你自己走，在这个混乱时期，遇到的军队士兵会加害于你和你的女儿。所以，我们共同去吧，你们在这里等待我三天。"

三天后，从那里，他们二人带着呼兰，将她送到成吉思汗处。

成吉思汗听说，呼兰在纳雅首领处等了三天后，马上向他质问到："你有什么事，让呼兰在你家里等了三天？"

他很生气并要用刑罚惩治他时，呼兰说道："纳雅首领对我说：'我是成吉思汗的大将，我们共同去见大汗，不然途中会遭到兵荒马乱的骚扰'如果我们不是遇见纳雅首领受到照顾，我们难道不会被乱军所俘，成为他们的战利品吗？。唉，遇到这个纳雅是我的好事，现在大汗为此而询问纳雅首领，不如马上查验上苍赐予我的，从父母那里生出来的身体吧。

纳雅首领也说到：

“众人之主大汗您，
敬爱有加无他意。
俘获它国战利品，
全部献上不敢留。
面庞姣好美夫人，
快步如飞好走马。
视为大汗您所有，
不敢懈殆看护好。
如臣敢有欺君意，
死而无憾表臣心。

成吉思汗同意了呼兰夫人的话，当天与她合房，果然如其所言，成吉思汗为此，更加赞赏宠爱呼兰夫人。因为纳雅首领的话语诚实，受到“诚实忠诚直率的人，可以委以重任”的嘉许。

注 1、哈日塔拉乌珠尔，蒙古语意为：黑色原野之角。

第八章 奈曼部王子呼楚鲁克的逃亡与镇压扎木合

第一百九十八节、征服了莫日克德部的属民后，在他们那里，将陶格陶阿大儿子呼都的夫人图海，都日格额二人俘获后，将都日格额赐给了窝阔台汗。部分莫日克德人经过激战，逃到泰哈勒堡垒筑墙抵抗。对此成吉思汗下令：索日洪•沙日的大儿子其木伯，率左翼兵马包围筑垒抵抗的莫日克德人。

为追击陶格陶阿的儿子呼都，楚伦及带领的少数逃走的人马，成吉思汗来到了阿尔泰山南部过冬。

牛年（1205 年）春天，丧失了领地国家的奈曼部呼楚鲁克汗，越过阿日艾大板（岭），带领少数人马与同样逃跑的莫日克德部的陶格陶阿会合，来到额尔齐斯河一个叫布赫德日莫的地方，联合整军休整人马。

在与成吉思汗大军交战之中，陶格陶阿中箭而死。其子因来不及带走他的遗体，只好割下他的头颅逃走了。

自那时起，奈曼部与莫尔克德部无法联合作战而各自散去。他们在渡过额尔齐斯河时，许多人被河水淹死，少数人员渡过河后，四散而去。

奈曼部的呼楚鲁克汗经过畏吾尔人（维吾尔人）的

哈剌鲁格国，投奔位于楚湖之边的黑契丹部（西辽）的古尔汗。

莫尔克德部陶格陶阿的儿子呼都，嘎拉，楚伦等首领们，经过翰林（康里）、黑皮察克（钦察）草原等地逃掉了。

从那里返回后，成吉思汗翻过阿日艾大板，驻于山上的行宫中。其木伯征服了泰哈拉的莫日克德人。成吉思汗下令对莫日克德人进行镇压，余下的属民交由士兵们抢掠。并且镇压了从前归顺后，又再次反叛的莫日克德人和从阿乌拉格（北方或山峰）鄂尔多斯部叛逃出来的，住在鄂尔多斯地方的牧马人们。

对此，成吉思汗下旨道：“本来想使他们氏族们聚合在一起，但因他们是反叛者”所以将莫日克德人四散分开，分配殆尽。

第一百九十九节、在这个牛年里，成吉思汗下旨为苏勃台（亦称：速不台）建造铁车，令他追击陶格陶阿的儿子呼都，嘎拉，楚伦等人，为此下诏道：陶格陶阿叛逆子，

套马杆中野驴般。
左突右冲难逃脱，
慌乱头脑方寸乱。
他似受伤山中鹿，
惊惧胆怯逃无路。

往来击打魂魄散，
惶惶忙忙亡天枢。
倘若呼都楚伦们，
身插双翅飞蓝天。
无敌英雄苏勃台，
变为雄鹰擒敌还。
恶敌如果变旱獭，
缩首探脑钻地下，
完美英雄苏勃台，
化成铁钎挖出来 。
世仇莫日克德人，
变成鱼儿入大海，
元帅将军苏勃台，
使用拖网捕过来。
英勇将军奉诏行，
翻山渡河急行军。
为报世仇灭敌人，
日夜兼程赴战阵。
涉水要探其深浅，
路遥更要惜马力。
行军粮草应节俭，
小心谨慎走向前。
倘使骑乘变瘦弱 ，
张口结舌事已迟，

若把粮草使用尽，
吝啬节省均成空。
遥远征程路漫漫，
途中旱獭可猎杀。
如要狩猎补军需，
不可忘记征战路，
补充军需情可谅，
把握尺度莫超越
无论猎场或征程，
将士鞍具要放松，
马辔口嚼均脱下，
轻松快速整军行。
你若遵循此规则，
严管不殆三军前。
军旅兵士意志坚，
方能齐心共驰骋。
军中有人敢违纪，
鞭笞严惩不悯惜
如有亲随违我令，
缚来与我定罚刑。
众人不识军律时，
任凭将军你处置，
翻山越岭思根本，
涉水渡河行一致，

凭借苍天之神力，
仇人之子抓手中，
到时不必解押至，
就地正法不留情。
面对坚定苏勃太，
成吉思汗又传旨，
你率大军即出发，
剿灭罪孽莫日克德。
当初年幼无知时，
数度追杀侵犯我，
围困宝日罕·哈拉敦，
使我慌乱无处藏，
如今世仇莫日克德，
依然誓言奔它方，
天涯海角去追赶，
血海深仇定偿还。
特制铁车与你用，
下诏苏勃台真忠诚。
英雄苏勃台临行时，
再次下旨叮咛道：
隐蔽行动防暴露，
行军远征虑短途，
忠诚我臣去征战，
苍天保佑你平安。

第二百节、征服了奈曼部之后，与奈曼联合的札木合失去了家园国家，同五个同伴流浪到唐鲁（塔格纳）山上，猎杀了一只野盘羊，点火烧烤后开始吃时，札木合对同伴们说道："哪个孩子今天猎杀公盘羊，这么好吃呢？"说完开始吃野盘羊的肉，趁此时，那五个人将札木合抓住，送往成吉思汗处。札木合被同伴抓住而来后，他对成吉思汗说道："

乌鸦抓住褐野鸭，
奴仆犯上擒汗王。
安答兄弟大汗您，
爱惜有加可宽恕。
青鹞捕下灰野鸭，
奴仆做乱俘主人，
尊贵神圣安答您，
自我审视细思量。

对于札木合的话，成吉思汗下诏道："侵犯自己汗王的人怎不抛弃，这样的人怎能做同伴？要把这些犯上做乱的属民们，连同其亲族都灭绝。"

然后，在札木合面前将那些叛民杀掉了。成吉思汗对札木合劝说到：现在我们兄弟俩，相会相亲可做同志。

如今你如独车轮，
不可容纳它思想。

你我二人联合起，
彼此相扶情谊深。
你思我想各自抒，
相交共眠同警惕。
虽然曾经如陌路，
吉祥同伴除您无。
每当相互仇杀时，
您心伤悲情更哀。
虽然歧路分开走，
您仍如我亲兄弟，
每当鏖战相凶残，
心如刀绞胸口痛。
此类往事不胜举，
克烈之部情犹存。
我被彼等所左右，
决战之时你洞察。
陶日伊勒汗所思想，
传信于我帮大忙。
另有奈曼战事前，
口如利剑吓敌顽。
言语出众军慌乱，
通报此情恩情深。

第二百零一节、札木合回答说：

曾经过去岁月中，
两小无猜两顽童。
浩里浩纳格·朱布日岛，
我们二人相亲爱。
与您大汗成安答，
亲密无间是同伴。
美食佳肴共同享，
旦旦誓言勿相忘。
同床共枕一被寝，
共同理想一路行。
只因他人来败坏，
听信馋言被伤害。
身边之人来挑唆，
离间之言成大错。
因为脱离大汗您，
（无颜如同脸剥皮。）
黑脸无颜如剥皮。
仰望大汗您容颜，
羞怯不安心里愧。
回想过去勿相忘，
赤脸颜面如撕去。
面对安答宽胸怀，
垂头丧气悔无边。
大汗安答恩准我，

同心为戎意如何。
应为友时未结伴，
铁木真您能敌万国。
称雄各部治天下，
统治一切为大汗。
世界再次得安宁，
留我愚才有何用？
我会成为安答兄，
夜里恶梦昼日恨。
衣领之虱肉中刺，
时常令您不安宁。
听信嫉妒女人话，
离您而去成大错。
在我暂短此生中，
不尊你而误前程。
旭日东升到西落，
声名已扬遍全国。
聪明勇敢大汗您，
伴有才能兄弟们。
大海之汗成吉思，
我为你亡心情愿。
自幼即丧生父母，
孤儿一身堪可哀。
缺少相助兄和弟，

耳边尽是话短长。
鸹噪夫人来相伴，
忠实伴侣身边无。
因此天父意如此，
让我败于铁木真。
安答兄弟请恩赐，
速绝我命来解脱。
你心清静又安宁，
吉祥幸福大运成。
安答请您来恩准，
使我归天不流血。
将我死后之遗骨，
葬入大地母亲间。
修碑立墓留遗愿，
祈祷保佑您成功。
生于异族旁支我，
高贵安答来征服。
我说之言别忘记，
时时常记在心怀。

“现在请您解脱我吧！”他坦然地说道。

听到他说的话，成吉思汗说：

安答同伴札木合，
虽然已经自绝路。
嫉恨之心尚犹存，

尚有恶语未说出。
虽然其行可原谅，
改恶从善不努力。
看到羔羊跑来跪，
似乎死期未到来。
对于出身高贵人，
不可随意来诽谤。
即使要取其性命，
也要名正言更顺。

要说起这个名正言顺缘由，即是过去照其·达日马拉的牲畜，被泰查日抢夺之时，札木合安答你做出卑鄙无耻的事情，不就是想把在达兰·巴拉朱日作战的我，逼迫到哲仁山谷去吗？

现在想同你重新和好结伴，你又不同意，虽然爱惜你的生命，却又到了没有办法的境地，现在按你的意愿，使你不流血而死，不抛弃你的身体，以隆重的礼节安葬你。”

于是成吉思汗下旨，在那里处死了札木合并葬于那里。

第二百零二节、就这样，游牧民族部落统一起来。虎年（1206 年）在敖嫩河之源举行大会，树起九斿白纛大旗，推举铁木真为成吉思汗（大海汗）之称号，加封莫呼来为国王（国家之王）称号。

随后，命令哲别将军，继续率军去追击奈曼部逃亡的呼楚鲁格汗。将蒙古氏族部落统一起来后，成吉思汗下旨道：“在建立政权之前的有功之臣们，任命为各部落之长，坚定不移跟随我的亲密同伴，加封为千户之长。

对此我旨准任命的千户为：

1、蒙力克老爹；2、博尔术；3、莫呼来国王； 4、浩日其；5、伊鲁该；6、照日其代；7、呼南；8、呼必来；9、哲勒莫；10、图格；11、德盖；12、陶伦；13、翁古日；14、楚勒格岱；15、宝日呼勒；

16、希吉呼图格；17、呼楚；18、呼和楚；19、浩日嘎孙；20、乌孙；

21、呼伊勒达日；22、希鲁该；23、吉代；24、塔海；25、查干挂；

26、阿拉格；27、索日洪·沙日；28、布鲁干；29、哈拉查日；30、呼和楚斯；31、遂和图；32、纳雅；33、准绍；34、呼其呼日；35、巴拉；

36、日那日泰；37、代日；38、木格；39、布吉日；40、蒙古里；

41、道老代；42、博根；43、呼都斯；44、马拉勒；45、吉布格；

46、玛日乌汗；47、呼霍；48、哲别；49、乌都泰；50、巴拉·彻日毕

51、赫特；52、苏勃代；53、孟和；54、哈勒扎；55、呼日查·呼斯；

56、格乌；57、巴代；58、贺希勒格；59、赫泰；60、查乌日海；

61、洪吉兰；62、陶高·铁木尔；63、莫格图；64、哈丹；65、莫日哈；

66、道里·布赫；67、伊都哈代；68、希拉呼勒；69、达乌恩；70、达玛奇；

71、哈乌兰；72、阿勒其；73、陶布萨哈；74、佟辉代；75、陶布哈；

76、阿吉奈；77、推德赫日；78、撒础日；79、吉德日；80、泰拉日呼日根

81、幸喜代；82、布哈·呼日根；83、呼日伊勒；84、阿希格·呼日根（女婿）85、哈代·呼日根（女婿）86、其固·呼日根（女婿）各领一千户。

87、88、阿勒其·呼日根（女婿）为三千弘吉剌部千户。

89、90、布图·呼日根（女婿）为二千伊黑热斯部众千户。

91、92、93、94、95、汪古部的阿拉什迪格·呼里呼日根（女婿）统领五个千户的汪古部及森林之部众。

成吉思汗任命的大蒙古国千户长，总共有 95 个千户，88 个千户长。（1）

注 1、每个千户用一个数字标示。每个名字为一个千户长职位。按照每户平均至少 5 口人计算，总计约为 5 千余人。加上成吉思汗直接掌握的军

队及属民，当时的属民及军队总数，至少要超过百万。因为，按照史书记载，其对外扩张时，军队就有四十余万人。另外，当时的游牧民族家庭的孩子，至少要在 3—5 个之间，这从《蒙古秘史》的叙述中也可以得到印证。

第二百零三节、成吉思汗对全部姻亲及 95 位千户长颁布发了任命后。又对他们之中有的人下旨道："对庇护和危难之时帮助我的同伴另有恩赐。莫呼来，博尔术首领，请其他官员们过来。"吩咐在屋子里的希吉呼图格说："先把他们请进来。"

对此，希吉呼图格回答道：

博尔其与莫呼来，
临难救助强于我？
对其恩赐与记载，
我等是否少于他？
躺于摇篮之中时，
依靠自立您麾下，
如今已是满口须，
忠贞不二辅佐您，
因您宽容仁慈中，
随您征战陷阵冲。
从我蹒跚学步起，
今生伴随依附您，
唇生绒须到年衰，

不曾宽心敢懈怠
冻冷之时同被寝，
待我如儿教诲我
共枕在侧同披衣，
视同亲弟教成长。

可是，现在为什么吝啬赏赐我呢？

成吉思汗对希吉呼图格说：“你难道不是我第六个弟弟吗？我要让你这个义弟得到我亲弟弟一样的财富。并考虑到你的帮助和恩惠，使你可犯九次之罪而不罚。”

并下旨到：“以苍天保佑之意，全国民众之愿，安排您成为明视之目，倾听之耳。为母亲和弟弟们，在游牧的部众里寻找可支配之人，从平民百姓中分得到统辖之民来。你所下达的命令，任何人不得违背。”

并任命希吉呼图格为“惩诫全国之盗贼，骗子，有死罪的判死罪，应服刑的判刑罚的全国之最高管理者（法官），同时承担”处置所有国内的财物分配使用，并记录记载于白纸之上，制成青册。在与我商议，经希吉呼图格决定的事项，记录于白纸青册之上的子孙后代任何人都永远不要违背。”并将此做为旨意公布。

希吉呼图格说：“像我这样的义弟，像汗的亲弟弟一样分得到财富怎么能行呢？如果汗恩准，可以从有房屋居住城镇的百姓那里得到。”

“你既然自己决定提出这件事，那么就由你自己考虑决定吧”成吉思汗回答道。

希吉呼图格自己从汗那里领到旨意结束后。出去，将博尔术，莫呼来众首领官员请了进来。

第二百零四节、在那里，成吉思汗对蒙力克老爹下旨道："共同生活在一起，伴随我们一起成长的幸福吉祥的您，对我在恩德和帮助是无与伦比的，从许多的恩德中说来，王汗义父，曾衮义弟二人欺骗我去他们那里会面的途中，住于蒙力克老爹家中时，如果不是您劝告我，我就会被淹没于黑水之中，被推入于烈火之中而死。对于您的这个帮助牢记在心，亲族宗室永远不能忘记，想起您的这个帮助，坐于这个尊贵之位上，整年不敢疏漏，月月不敢怠慢地赏赐您，子孙万代颂扬您的恩德。"

第二百零五节、他又对博尔术说道："在我年轻时，为追回丢失的八匹骟马，奔波了三天三夜之途中遇到了你。你为了帮助迷失了方向的我，没回到家里同父亲说一声，就抛下马奶桶于原野，替换下我的的短尾淡黄马，让我骑上淡灰色公马，自己骑着枣红色的快马，丢下无主照看的牧群，与我一起又追赶了三天三夜。

我们俩来到掠夺我骟马的部落，把牧放在他们驻地附近的马赶了出来带回来。你做为纳呼伯颜（牧主）的独生子怎么竟会同我结为同伴，我知道，你是真的心与我结为同伴的。

自从那时起就想念你，我叫勃勒古太传信给你做同伴，你骑上淡红马，披上青色粗布斗蓬毫不犹豫地自己到来。

当三姓莫尔克德人追杀我们，并三次围困在宝日罕·哈拉敦山时，你与我们一同被围困。另外，自那之后，与塔塔尔人作战的日子里，在战场宿营时，外面昼夜下着雨。那一夜为了使我安睡，你将斗蓬披在我身上，为了不使上边的雨水浇在我身上，你站立了一整夜，只移动了一次脚步，这才是豪杰英雄的气概。

除此之外，你的恩德之情怎么能说完呢？博尔术，莫呼来二人，对于我们正确的事情赞同支持，错误的事情反对制止。使我今天成此大业，现在使他们位于众人之上，允许犯九次错误，过失赦无罪。叫博尔术统辖右翼阿尔泰（山脉一带）附近的万户们”。

第二百零六节、成吉思汗又对莫呼来下旨道：“当年呼图拉汗即位时，在浩日哈纳格·朱布日的山谷中，茂密森林下欢宴庆祝之时，莫呼来将上天之意传达记录下，并告知我。在那里我回忆想念（莫呼来的父亲）贡嘎，同莫呼来许下诺言（誓言）。

现在依其预言（法则）我登上了大位（奠定了基业），因此，赐予莫呼来世代位袭国王之职”赐予莫呼来‘国王’之称。并下诏：“国王莫呼来（木华黎）引领左翼万户侯。”

第二百零七节、成吉思汗对浩里其说道：“

自幼相随到如今，
成为幸福同伴您。
风雨同舟共甘苦，
殚精竭力创基业。
您在遥远的时期，
浩里其您曾预言。
祈求预言能实现，
苍天之力来保佑。
如若依此能应验，
但愿娶妻三十房。

现在因为实现了你的预言，你可以在已征服的国家里，挑选你喜欢的好女人，漂亮姑娘吧。”另外，在统管三千户巴林部的基础上，同塔海，阿希格两个人共同将阿达日吉氏的其诺思部，陶力斯部，特楞古德等部落合为万户。由浩里其掌管。并把征服的鄂尔齐斯河沿岸的森林中百姓及其土地作为领地，统领林木中万户百姓。

并下诏：“没有浩里其的允许，林木中的百姓不得随意迁移，要惩罚违背浩里其之言的人。”

第二百零八节、另外，成吉思汗对照日其代说：“回忆起你对我的重大贡献，就是在哈日·哈勒赞与克烈部厮杀战斗中，虽然是安答呼里达日为先锋作战，但起到主要作用的是你呵。

是你照日其代冲入敌阵，压制了朱日黑部，图博根部，东盖德部，浩日·伊勒希勒们的千名锦衣侍卫精兵，到达其主力中心，射伤了曾衮的脸，打开了苍天胜利之门。如果没有射伤曾衮的脸，我们不知道会怎么样？照日其代你的贡献之重要就在此。

离开那里，向哈拉哈河迁徒时，我在路上一直在想，要使你照日其代成为有高山之庇护者一样的有依靠的人。

自那里我们在巴拉珠湖之畔饮水驻下。而后，在巴拉珠湖让照日其代做为侦探派往克烈部。在天地的保佑下，我们驯服统治了克烈部的百姓。由于分别战胜了作为轴心的克烈部，使追随者奈曼部，莫日克德部的目的受到挫折，难以协同作战。

因而使奈曼部，莫日克德部的人们，四处离散之时，克烈部的扎哈·汗布以跟随自己两位女儿的借口，将属下百姓全部留了下来。但是，他是为了逃避这场战斗。照日其代你去追赶他，将逃避战场的扎哈·汗布设计抓住了。就这样征服占领了扎哈·汗布的国家。这又是照日其代的贡献之一。

冲杀之日不惜命，
征战之时不离位。
因您英雄之壮举，
赐妃与您做娇妻。

成吉思汗将自己的妃子伊巴嘎·布黑夫人赐给了照日其代，并对伊巴嘎说

并未厌恶温柔的你，
也未嫌弃漂亮的你，
（并未嫌你有脚汗，
也未厌恶汗味重）
因你胸暖而温脚，
爱惜拥有王妃你。
为了伟大之事业，
赐与功臣照日其代。
撕杀之时做盾牌，
分离之国得整合。
混战之时做铠甲，
四散之地得收拢。

为报答照日其代的恩情，记住因他的功勋而将你赐予他。从此以后，我的子孙继承大汗之位的，都要想到像我这样报答恩情的礼仪，世代不要阻断伊巴嘎的位置（尊贵名分）。下诏后，又对伊巴嘎说到："你的父亲扎哈·汗布为你陪嫁时，将阿希格·特木尔，阿勒奇格两个厨师连同两百人送给我，现在你去乌如德部做属民时，做为纪念，从我的陪嫁过来的人员中，将阿希格·特木尔厨师和一百个人一起送给你。"

同时，成吉思汗又对照日其代说："我将伊巴嘎夫人送给你，你统辖四千户乌如德部众去吧。"

第九章　组建近卫军队

第二百零九节、成吉思汗对呼必来说道："你能扭断有气力人的脖子，能使摔跤手们的臀部着地染尘，现在呼必来，哲勒莫，哲别，苏勃台你们四个像忠诚优秀的猛獒一样（1），成为忠实于我的同伴，无论把你们派往哪里，都会：

冲向所指之地方，
粉碎巨大之顽石。
攻击应去之所在，
击裂高山之岩峰。
将白玉碾为齑粉，
使汹涌之水掀波。

将呼必来，哲勒莫，哲别，苏勃太派往应去的地方。把博尔术，莫呼来，宝日呼勒，楚伦四个杰出的勇士留在身边（2）。在博杀战斗之日，只有让乌如德部，芒古德部的军队士兵做为冲杀中的先锋。照日其代，呼里达日两个人做为首领行动，我的内心才会安宁。

又下诏到："呼必来你总管军队的事务。"另外，毕都衮因为不顺从，我责备了他，没有使其成为千夫长。现在分在你属下，你要教诲观察他，让他可以与你商议着统领一千户。毕都衮将来会怎么样我们可以观察。

注 1、成吉思汗的著名将领、大臣有九位。这里是指成为最勇猛的将军四人被成吉思汗成为“四獒”。意即：最凶猛的犬类。

注 2、这里是指成吉思汗最可靠的四个大臣。被他称为“四个杰出的大臣”，又称“四杰”。除此之外，还有一个应该就是契丹人耶律楚材。

第二百一十节、成吉思汗又对格尼格代·呼南说道：“博尔术、莫呼来首领官员们，道代，道高勒呼首领将军们啊！这个呼南：

黑夜即为攻击狼，
白日成为游荡鸦。
迁移之时不留痕，
驻守之时决不移。
经常跟随我身边，
面对恶敌施笑脸。
帮助庇护复仇者，
除此之外无脾气。

下诏任命到：“呼南与呼和楚斯俩人商议着，负责全部工匠生产制造的事务。”

“我儿子中的长子术赤听着，叫呼南统领格尼格斯氏族，在我的儿子术赤手下作万户长。”

“在我观察看来，呼南，呼和楚斯，德盖，乌孙老人这四个人，有不隐瞒自己所看到的，说真话，不食言，听到的话语不传播的优点。”

第二百一十一节、成吉思汗又对哲勒莫说："扎日其乌代老人在我出生于嫩河畔的德伦·宝力道格之地的时候，背着风箱，领着幼小的儿子，从宝日汗·哈拉敦山下来，来到这里送给我貂鼠摇篮。

自那以后，你就成为门前奴仆，门户的财产，给了我各种各样的支持帮助。

生于貂鼠摇篮的有福同伴，共同出生且一块成长，成为亲爱伴侣的同伴哲勒莫，要赐你犯九次错误而不责罚你之权利"将其成为诏旨。

第二百一十二节、成吉思汗又对陶伦说："在你父亲的帮助下，曾指挥过千户之军。因为在聚拢平定国家之时，你成为父亲的翼羽，辅佐自己的父亲，因此，得到了策日毕（将军）的称号。现在将自己获取的百姓编为千户，与图如罕一同协助管理指挥他们。"

第二百一十三节、成吉思汗又对翁古尔司膳官说："做为跟随蒙和·乞颜儿子翁古尔的你，率领 3 个部落的陶呼拉温人，五个部落的塔日古德部人，常希乌德部人，巴雅德部人组成一个营盘：

浓烟迷雾不迷路，
抢夺争斗不分离。
风雨之中共甘苦，
冰雪之寒同冷暖。

现在你要有什么样的赏赐？

翁古尔说：“如果选择赏赐的话，全部巴雅德部兄弟们都四散而去了，大汗如恩准，我将巴雅德部兄弟们收拢来统领他们”。

“那么，你就将巴雅德兄弟聚拢为千户统领起来吧。”汗下诏旨。

成吉思汗又下旨意道：“宝日呼勒，翁古尔你们俩要成为司膳官和分配者。

分配给东、西方面（人们）可用的食物、粮草。使西部的人们，家家得到食物，东部的人们合理地分配到食物。这样，就会使我的内心顺畅，思绪平安。翁古尔，宝日呼勒俩出发分配供给众人以食物吧”（1）

为广大遥远的东西部等地筹办准备粮草后“你们俩与陶伦集中驻在一起，分发粮草”并下达了遵守的原则。

注 1、这里分封给他们的职务，应该是执掌全国后勤粮草、物资的官员。

第二百一十四节、成吉思汗又对宝日呼勒说：“我的母亲将希吉呼图格，宝日呼勒，呼楚，呼和楚你们四个人，从四散破碎的部族家乡中获得：

原野之地得到后，
怀里膝上催眠睡。
养育教海喂养着，

使你们长大成人啊，
修正改变其缺点，
使其成为男子汉。

要让孩子们成为我们的同伴和影子，而哺育了你们。对我母亲抚养的恩情，你们给予了很大的努力回报。宝日呼勒成为我的同伴：

随我急驰征途中，
雨夜驻宿战场中。
无粮缺水虽困苦，
未曾叫我断饮食。
随我奔驰鏖战急，
常遇艰难与险阻。
饮食汤水不曾断，
未能让我失滋养。
害父之敌塔塔尔，
削平征服世仇时。
报仇雪恨克阻挠，
将其百姓车轮量。
若是腰背超轮高，
统统斩杀不留情。

就在那个时候，塔塔尔部的一个叫哈日格勒·沙日的人，独自逃出去了。因为饥饿难支，来到了我们母亲的家里。说要乞求饭食。母亲说："乞求饭食就坐在那里吧。"让他坐在蒙古包里面边坐垫的一角。

当时，才五岁的儿子拖雷从外边进来，刚要转身跑出去时，哈日格勒·沙日起身跳过去，将拖雷抱起来夹在肋下，用手去摸腰间的佩刀。将要抽出之时，住在母亲屋里东边的邻居阿拉塔尼，听到母亲，“要杀死我的儿子啦”的喊叫声，起身跑出去，从哈日格勒·沙日身后抱住他，一只手薅住他的头发，另一只手抓住他抽刀的手，用力使已抽出的刀丢下。

那时，正在屋后杀一只黑肥牛的吉代，哲勒莫二人，听到阿拉塔尼的呼喊声，握着斧头，胸前满是鲜血地跑了进去，用斧头砍向塔塔尔部的哈日格勒·沙日的各个部位，并用刀子杀死了他。

在阿拉塔尼，吉代，哲勒莫三人，争夺抢救了我儿子的性命之功时，吉代，哲勒莫两人说道：“如果不是我们及时跑进将他（哈日格勒·沙日）杀死的话，一个女人阿拉塔尼能做什么？孩子的生命就会被害了。救了孩子性命之功应该是我们的。”

阿拉塔尼说：“如果你们没有听到我的叫声，怎么会来？不是我跑过去抱住他，薅住他的头发，拉住他抽刀之手使刀丢掉，等吉代，哲勒莫二人跑来时，孩子的命早不就被害了吗？”这样说来，主要的功劳还是阿拉坦尼的。做为宝日呼勒的妻子不但是成为男人宝日呼勒的车辕，在帮助他的同时，救了拖雷的性命。

另外，在哈日哈勒赞山谷与克烈部的敌人作战时，窝阔台的脖颈动脉中箭受伤倒下后，宝日呼勒下马过

去，用口吸吮伤口流出来的血，并陪伴他住下来。

第二天，窝阔台因受伤不能骑马而将他扶上马抱在胸前，用嘴吸吮他脖马上已凝结的血块，嘴角满是鲜血，将我善良的儿子窝阔台活着带了回来。

你用救回我两个儿子的生命报答了我母亲哺育之恩。宝日呼勒与我同伴后，使我的号召力倍增，更加奋勇向前，因此，给予宝日呼勒犯九罪而免罚的恩赐。”

第二百一十五节、并下达了“将我们氏族的女儿世代赐与他们（家族）”的旨意

第二百一十六节、成吉思汗又对乌孙老人说到：“乌孙，呼南，呼和楚斯，德盖等人，将看到听到的事情记下来，不加掩饰地经常提醒说出来，蒙古的人习惯礼仪中有加封（摔跤手）头衔的风俗。

因为祖先有使人成为‘博黑’的习俗，所以叫以巴林部的尊敬亲族乌孙老人成为‘博黑’。受到‘博黑’封号的人，可以身穿白衣骑白马，坐在高位上选择开展此项活动的年月日。

第二百一十七节、成吉思汗又说到：“呼日达里安答有在血战中预先警告的功劳，因此，使其子孙承袭救济孤儿们的财产。”

第二百一十八节、成吉思汗又对查干挂的儿子那仁·陶日伊勒说："你的父亲查干挂，意志坚强，勇敢作战。在达兰·班朱日之战中，被札木合所杀。现在根据你父亲的功勋，你应承袭得到救济孤儿的财产"

对此，陶日伊勒说："我的亲族额古斯人被分散到了各部落，如果大汗恩准，我要聚拢额古斯部的兄弟们。"

成吉思汗下旨到："那么你聚拢额古斯部的人，世代统领管辖他们去吧。"

第二百一十九节、成吉思汗对索日洪·沙日说："在我年幼的时候，泰赤乌部的塔日古代·黑日勒图格兄弟们联合起来，嫉恨我而抓我的时候，索日洪·沙日的儿子楚伦，其木伯们认为，我因被他们兄弟们嫉恨被抓，而藏匿我，并让妹妹哈丹照料我。

对你那样的恩情，我夜里梦中都思念着，白天心里记挂着。以后，我这里有相当部分的泰赤乌人归附过来。现在赏赐给你们，你们希望得到什么样的的赏赐？"

索日洪·沙日和他的儿子楚伦，其木伯们说："我们希望在莫尔克德部的家乡色楞格河沿岸随意地生活，另外，给予我们什么样的赏赐成吉思汗你自己思量决定吧。"

对此，成吉思汗说："你们守在家乡，子子孙孙让莫日克德人的地方，色楞格河畔，成为你们的家园并统治它。可以随身佩带弓箭，举行着欢宴，举杯斟酒去吧。并恩赐他们可以犯九次罪而不惩罚。”

成吉思汗又赏赐楚伦，其木伯两人道：“我怎么能忘记从前楚伦，其木伯两人说过的话呢？楚伦、其木伯你们俩想说出自己想法，对要求不满足的话，不要叫别人去说，要自己亲自来，用自己的口说出想法，请求所需的赏赐。”

“索日汗·沙日，巴代，贺希勒格你们三个圣者：

冲锋杀敌缴财物，
所有财物均归尔。
捕猎设围杀野兽，
全部猎物都可拿。

索日洪·沙日过去是泰赤乌部图德格氏族的家人，巴代，贺希勒格两人是策仁的牧人，现在成为我的佩箭卫士，举起欢宴的酒杯，享受神圣的权力去吧。

第二百二十节、成吉思汗又对纳雅说：“希热特老人在同阿拉格，纳雅两个儿子一起将塔日古代·黑日勒图格抓往后送来的路上，到达呼特嘎勒家乡时，听了纳雅说：“我们怎么能忍心抓自己的汗主人而逃呢？”的话，而心生怜悯将塔日古代松绑放回去。

希热特老人与儿子阿拉格，纳雅一同到来后。纳雅说：“我们将自己的汗主塔日古代·黑日勒图格抓住而来的路上，因受到良心的责备而将其放回，只来为成吉思汗效力而来。”

如果，你们将汗主擒获而来，抓自己汗主的属民，怎么能得到信任呢？因为没有侵害自己的汗主。所以，他们是懂得爱护自己汗主道理的人们，一定要交付他们一件事情，博尔术成为了右翼万户侯，莫呼来成为了左翼万户侯并封国王，现在封纳雅为中部万户侯。

第二百二十一节、并叫哲别，苏勃台两人将自己得到的百姓编成千户管辖起来。

第二百二十二节、另外，将从各个地方收拢了的散落千户百姓，交给牧羊人德盖，使其成为他们的千户之长。

第二百二十三节、因为分封给手艺人木匠呼楚古日的百姓逃走了，又从其他头领的属民中，抽调出百姓，让扎答兰部的穆勒哈勒呼氏族们聚集起来，由呼楚古日，穆勒哈勒呼两人协管这个千户。

第二百二十四节、在建立国家中的做出贡献的人员均封赏了万户，千户，百户，十户长，对应赏赐的人员进行了赏赐，对应下达诏令的人员下达了诏令之后，成吉思汗又下圣旨到：

“从前，我拥有七十个人的宿卫队，八十个人的近卫军（帐前侍卫），现在，在苍天的仁慈下，大地的保佑下，力量强大起来，统一了全部的国家，使其统一在一个领导者之下。因此，请选出千名近卫军（轮值卫队）与我。连同宿卫军，佩箭卫士，锦衣卫军，总共编成为万人的队伍与我。”

同时，在选择委任近卫军的问题上，成吉思汗对千户的首领们下旨：在选任我的近卫军时，要从万户长，千户长，百户长的儿子和自由民的儿子们中选出聪明机灵，有教养，身体健壮的到我身边来。

加入我的近卫军时，千户长的儿子们中，每人带十个同伴士兵，领来一个兄弟（1）；百户长的儿子每人带五个同伴，领来一个兄弟（2）；十户长及自由民儿子们中，每人带三个同伴（3），领一个兄弟来服役。并让他们从家乡原地备好骑乘而来。

被选入我的近卫军的千户长们的儿子及十个同伴使用的器械，在自己所属千户中筹备抽调。不论父亲赐给的或自己获得的马匹，器物有多少，都要按照我们通知分配的部队中，应作战使用标准，准备好带来。

百户长的儿子们与五个同伴，十户长及自由民的儿子们与三个同伴，也要按指定分配队伍的所应使用的财物、马匹的标准，准备好带来。

千户，百户，十户的首领众人们，听到我们的这个旨意，要是有违反者，要严加惩处。在应加入我们近卫军的人，发生脱逃而造成来到我们身边的人，出现问题和困难的，要使其他人替换加入。并惩罚他们，要将他流放到边远的地区。“不要阻拦要来到我们身边，想在大汗帐内学习而来的人民”。

注 1、每个千户长要派出自己的两个儿子及十个服役士兵，共计十二人。

注 2、每个百户长要派出自己的两个儿子及五个服役士兵，共计七人。

注 3、每个十户长及自由民（应该排除了被征服部族的沦为奴隶的人们）派一个儿子及三个服役士兵。总之，这样计算起来，千户们的应征人数至少 1200 人以上；百户们的应征人数至少 7000 人；加上十户长及自由民则至少 4 万人以上。这些人组成的军队，除了成吉思汗的近卫军万人以外，其它应该是成吉思汗的核心主力军队。因为，其中主要组成人员中，都有各个层级军官的儿子们统辖自己的亲随士兵，形成了绝对忠心的军事力量。

第二百二十五节、成吉思汗按旨意及规则，选择了千户，百户，十户首领们的儿子们后，将原来的八十宿卫部队护充为八百人，在八百人的基础上，扩编为千人。并下旨参加宿卫军的人员不允许相互吵架打骂。

宿卫军由伊贺・额乌日因统领，下旨封为千夫长。并委任了四百名佩箭卫士部队。该队伍由哲勒莫的儿子也孙台为统领，图格的儿子布赫代为协助副统领。

锦衣卫队，侍卫军们分四班轮流值守警卫。

也孙台统领第一班轮值佩箭卫士警卫部队。

布赫代统领一个白日轮值佩箭卫士警卫部队。

浩日呼达格统领第三班轮值佩箭卫士警卫部队。

拉布拉赫统领第四班轮值佩箭卫士警卫部队。

将扩充为千人的佩箭卫士部队，由也孙代统领。

统领锦衣侍卫部队的将军们，也照此管理。

第二百二十六节、从前由月楞将军统领着的锦衣侍卫兵，在原来的基础之上，将锦衣卫增加到千人，仍由博尔术的嫡亲月楞将军统领。（1）

另外，由莫呼来的嫡亲布哈统领一个千人锦衣卫队。

由伊鲁盖的嫡亲阿勒其代统领一个千人锦衣部队。

由道代将军统领一个千人锦衣卫队。

由道高勒呼将军统领又一千人的锦衣卫队。

由照日其代的嫡亲查乃统领一千人的锦衣卫队。

一个千人锦衣卫队由阿勒其的嫡亲阿呼代统领。

还有一支千人勇士部队，由阿日海·哈萨尔统领，平时，可以替换做为锦衣卫队服役。而发生战争时，成为冲锋在最前面的敢死队伍。

将由各千户选出来的人员组成了八个千人锦衣卫队。两千人编为宿卫队和佩箭卫士队。全部人员组成了万人的侍卫军。

成吉思汗并下旨到："我们的万人侍卫军要加强，使之成为主力军队。"

注 1、月楞将军是锦衣卫队的总首领。

第二百二十七节、另外，成吉思汗下旨，将白天值班的锦衣侍卫部队分为四班轮换，委任的四个领班首领是：

布哈为第一班值班侍卫队的首领，管理，训练他们；

阿勒其代统领训练另一班值班侍卫队，

道代将军训练统领另一班值班侍卫队。

道高勒呼将军统领又一班值班侍卫队。

在下达了统领这四个轮值侍卫队首领的委任旨意后。另外，规定值班首领们，要将所属侍卫队训练整顿后，再换轮侍卫队进行训练，每三天换一批。

侍卫队士兵如果中断轮值，那个使轮值中断的人将受到鞭笞三杖的刑罚。如再次中断轮值则到七杖鞭笞的刑罚，又是那个人自己或未经值班首领准许第三次中断轮值，将受到三十七杖鞭笞的刑罚后，以不适合做我们的侍卫队的罪名，流放到边远的地方。

值班的首领们，要使这些轮值侍卫们都要听到关于这个情况的诏令。

如果他们没有听到的话，值班首领要承担错误责任，听到了诏令去违反或中断诏令规定的轮值任务，则将使侍卫队受到惩罚。

由于，值班首领只是单个人，没有我的批准，不得

惩罚在一块儿警戒的侍卫们。对出现问题的人要说服，该诛杀的人由我们诛杀，该鞭笞的使其躺下受笞。

如果统领们以首领的权力，擅自去用手脚，侵犯击打具同样权力侍卫的话，就要鞭笞的同样回应鞭笞，击打的同样回以击打。

第二百二十八节、成吉思汗又下旨到：因为尊重在外的千夫长，如同我的侍卫军的普通士兵，以及尊重百夫长，千夫长如同我的侍卫军的随从人员。所以，如果在外的千夫长与我的侍卫军发生争吵纠纷，就要惩罚千夫长。（1）

注 1、这里明确了侍卫军人们的特权，以防止高级军事将领，挟权自重，擅闯汗宫，威胁大汗的安全。

第二百二十九节、同时，成吉思汗发布命令给轮值侍卫军的首领们：“佩箭卫士，锦衣卫队，值班卫队进来，各就各位完成日间的警卫任务后，在日落之前，将夜间警卫工作交付给宿卫部队后去外面宿营。我们夜间的安全由宿卫部队保卫。

佩箭卫士要将弓箭，御膳官要将碗筷交付给宿卫队后，去外面宿营。住在外边的佩箭卫士，锦衣卫士，御膳人员们要在我们饮食（早餐）时等在门外拴马桩处，并通知宿卫队，待我们吃完饮食后，再进来。

佩箭卫士领到弓箭，锦衣卫士回到自己的岗位，御膳人员拿回炊具工作。所有轮值侍卫军，都要遵守这个已经确定的值班法令。

日落后，在宫廷幕帐前后走动的人员，被宿卫队抓住后，要在第二天早上盘查讯问。

宿卫队在接班时，只有交换确认了暗号后才能放行，换班的宿卫们才能可以出去。

宿卫们要守护好夜间帐幕的门，对要闯入的人；可以砍下他的臂膊，砍下他的头颅。

如果夜间来了报急事的人，要事先通报给宿卫，与室内宿卫一同，将要禀告的话在外边禀告。

宿卫的座位，任何人不得擅自坐。

任何人不得在宿卫附近走动，也不准在他们之间走动。

不得讯问探听宿卫人员的数量。

对在宿卫附近走动的人要抓捕，对讯问宿卫人数的人，要将那天他骑的马连同鞍具，马嚼及所有衣服全部交给宿卫队。

不管是怎样值得信任的人，如果在夜晚走动到宿卫附近，难道不要都被抓捕吗？

第十章 征服维吾尔人及森林之百姓

第二百三十节、成吉思汗说道：

乌云密布的夜晚，
门窗紧闭的家室。
经常守护这身躯，
使我安睡在床弟。
将我护送上宝座，
美好旧部宿卫们！
星光闪烁的夜晚，
守护在我宫殿旁。
摇篮床褥庇护者，
弱小身躯的依赖。
将我护送上高位，
吉祥幸福宿卫们。
似水倾盆雨水中，
刺骨冰冷的风里。
看护“哈纳”支撑屋，
保护热血之生命。
将我护送上汗位，
亲爱庇护宿卫们！
敌人追赶之肩上，
仇恨加害之手里。

不分白日与夜晚，
为了保卫我家园。
不曾合上自己眼，
侍服照料我全身。
值得信赖宿卫们，
远方飞驰弓射来，
加害之箭快如风。
迎身上前比箭快，
我所有的好宿卫。
新张弓箭如满月，
射出之箭簌簌响。
起身而立不移动，
我挑选的好宿卫。
随我初期征战早，
吉祥幸福老宿卫，
赐予尔等尊称号，
老宿卫们可称羡。
月楞将军诚可信，
八十锦衣卫士精。
如今可予众卫士，
称号即为大锦衣。
阿日海·哈萨尔之所属，
优秀慈恩勇士们。
而后即赐新称号，

勇士首领是尔名。
也孙泰、布和代统帅之，
佩箭卫士之旧部。
官升一级封名号，
人人统称总佩箭。

并以此内容为谕旨下达。

第二百三十一节、从九十五千户中挑选出来，来到我身边成为我贴身侍卫的万名侍卫军，成为我身后支撑着我的巨大基业的孩子们。

我们家族要世世代代思念记念他们，不使他们受到委屈和悲伤地关怀他们，如果没有这样的万名侍卫军，不给予‘尊贵的侍卫军‘的封号怎么能行？

第二百三十二节、成吉思汗又说道："宿卫们要负责宫庭帐幕将军们的女儿，家人，放驼人，牧牛人们的管理，还要掌握宫庭用的车辆。

旗帜，战鼓，鞍具，长矛由宿卫们指挥掌管。

炊具、碗筷也由其管理，我们的饮食由宿卫负责，祭祀的用品也由宿卫负责。如果饮食中出现短缺时，由负责的宿卫提供需求。"

"佩箭卫士在分配饮食时，没有负责饮食的宿卫的批准，不得擅自分发，分配食物时，要首先从宿卫军开始分配。"

“进出入宫庭的东西物品，要首先通知宿卫。

家中附近的门窗，均由宿卫军的警卫们守护，宫廷帐幕里要派进来两个宿卫士兵站在屋里的大柱旁侍卫。

宿卫还要选择驻扎安营的地方，负责安排宫庭帐幕的驻扎地方。”

“在我们猎捕飞禽的时候，宿卫们要同我们一同狩猎。但是要在帐幕和车辆附近，根据时间情况留下部分守护人员。”

第二百三十三节、成吉思汗又说道：“如果我们要去亲自征战时，宿卫军不得离开我们去参加其它部队的征战。”

“知道了这个诏令，还要妒嫉而违反诏令，让宿卫进行征战的，要追究并责罚指挥军事的将军（统帅）的责任”

“你们要是问不让宿卫军征战的原因：

宿卫们要照料看护我的金身；要同我一起为猎取禽兽而奔波操心；安营扎帐时要保护宫庭帐幕，照料运输车辆。照料侍服我的起居容易吗？还要保护房车大迁移等容易吗？因为担负这些双重工作，所以，才不让他们离我们而去，让其他队伍进行征战，原因就是如此。”

第二百三十四节、成吉思汗又下诏令：“宿卫们要参加和听取希吉呼图格进行的审判，诉讼活动。

宿卫们要指挥弓箭，箭袋，铠甲，武器的保管和分配工作。准备战马，配备驮乘物品。

宿卫们要分配赏赐给将军们的财物。

在迁徙移动时，佩箭卫士，锦衣卫士们要随时跟随行动。

也孙太，布和代们率领的佩箭卫士，阿勒其代，月楞，阿呼代们率领的锦衣卫士们，要行进在宫庭帐幕的右边。

布哈，道代将军，查奈们率领的锦衣卫士们，要行进在宫庭帐幕的左边。

阿日海率领的勇士们，行进在宫庭帐幕的前面。

宿卫军保护宫庭帐幕，家眷，车辆的安全，在宫庭帐幕附近的左侧行进”

“全部侍卫军，锦衣卫士都要在宫庭帐幕附近行进，宫庭帐幕家，孩子，牧马人，牧羊人，牧驼人，牧牛人在后面行进，由道代将军统领”

“道代将军跟在所有宫庭帐幕后边，吃着剩余物质，拾着马粪前进。（1）”

注 1、意为收容落下的人和遗留下的物品，为整个汗帐幕的后卫队伍。

第二百三十五节、随后，派呼必来首领去哈剌鲁格部。哈剌鲁格部的阿日思郎汗在呼必来首领招募下，随呼必来一同前来与成吉思汗会面。

因阿日思郎汗不战而归顺，成吉思赏赐他，并下旨将女儿嫁于他。将阿勒哈公主嫁给了哈剌鲁格部的阿日思郎汗后，成吉思汗下诏道：

跳跃之时是我腿，
倾斜之时支撑我。
失足之时为我掌，
亲爱阿勒哈要知晓。
虽然此身很弱小，
英名杰出永相传。
聪明智慧是好友，
愚笨发怒即敌人。
名誉威望虽然多，
不及已身可信赖。
喜爱之物虽然多，
只有生命最可贵。
坚强起来胜一切，
诚实之行可永恒。

成吉思汗如此教诲了她。

第二百三十六节、苏勃台勇士率领铁车军队向莫日克德部方向进发，去追赶陶格陶阿的儿子呼都，楚伦等人，在楚河那里将他们消天后，率军返了回来。

第二百三十七节、哲别追赶奈曼部的呼楚鲁克汗，

在萨里格的山谷将其歼灭。

第二百三十八节、畏吾尔人的伊都德汗，向成吉思汗派出阿德黑拉格，达日伯两人传话禀告道："您就像拨开乌云的明亮阳光，像冰雪融化后奔流的江水，如果成吉思汗您恩准，我将牵住您金腰带的扣环，抚摸您神圣汗袍的衣角，成为您第五个儿子，为您效力。"

听到这个禀告，成吉思汗恩准后，回话道："把女儿送给你，成为我的第五个儿子吧，请带着金银，珍珠，宝贝，锦缎，美衣，绸布等物品过来吧。"

伊都德汗因受到恩准赏赐而高兴。带上金银，珍珠，绸缎等物品来与成吉思汗会面。成吉思汗赏赐伊都德汗，将阿拉勒屯公主女儿嫁给了他。成吉思汗将阿拉勒屯公主嫁给伊都德汗的时候，教海她道：尊贵的女士应有三个丈夫。

第一个丈夫是金子般的权力（政权），其后的丈夫是神圣的名誉，这之后才是你所要的丈夫。牢固地掌握了金子般的政权，就会具备神圣的名誉，神圣的名誉牢固起来，你的丈夫就不会跑向其他方面。

第二百三十九节、兔年（1207 年），术赤带领右翼大军去征服森林中的百姓。

行进到布哈之地时，卫拉特部（林木中百姓）的呼都嘎・布黑带领图们（万户）卫拉特部众来归。

呼都嘎·布黑来到后，为术赤做向导，带他到图们（万户）卫拉特部的家乡。到了希格德河（希西格伊德河）。术赤将卫拉特，布里亚特，巴尔虎，乌日苏德，哈布哈纳斯，杭哈斯，图瓦等部族，纳入麾下。

在到达图们（万户）克尔克孜部时，克尔克孜部的首领额迪，伊纳勒，阿勒迪·额日，敖勒博格·特勤他们，前来迎接术赤他们入境。带上白色海青鸟，白马，黑貂与术赤见面。

（术赤）征服占领了巴雅格德（山之地）这边的西伯利（今俄罗斯西伯利亚地区），贺斯丁，巴雅德，图哈斯，腾力格，陶力斯，塔斯等林木中的百姓后。将克尔克孜部的万户长，千户长和林木中百姓的首领们带来见成吉思汗。他们给成吉思汗上献上了白海青鸟，白马，黑貂等礼物。

因为，卫拉特部的呼都嘎·布黑首先率万户卫拉特部归顺，为赏赐他，成吉思汗将女儿策策很，嫁与其子伊那勒其。将术赤的女儿敖勒威罕，嫁于伊那勒其德的哥哥图热勒其。

之前，成吉思汗的女儿阿拉嘎·布黑嫁给了汪古部。

成吉思汗赏赐术赤道：“你是我儿子中的长子，第一次离开家，路就走得很好，所有到达的地方，都人马无损地将幸福的森林中百姓归顺过来，因此将这些百姓赐给你吧。”（1）

注 1、这些部族，后来都成为成吉思汗封给长子术赤的金帐汗国部族和领地。

第二百四十节、成吉思汗又派宝日呼勒首领去征服浩里（二十）土默特部（二十布里雅特部）。

浩里·土默特部的首领代都忽勒·索浩日死之后，由其妻子胖子宝陶海掌管土默特部。

宝日呼勒首领到达那里，只带了三个人在大军之前，毫无防备地走在难辨黑白日夜的森林中行进时，浩里·土默特部的先锋人员，从他们身后出来封锁住道路，抓住宝日呼勒首领将他杀死。

听到宝日呼勒被杀的消息，成吉思汗十分震怒，要亲率大军征讨，被博尔术，莫呼来二人阻拦劝下。

然后，将此事托付给杜尔伯特部的杜日别·道格新，并嘱咐道："要严加管束军队，祷告苍天，去征服浩里·土默特部的百姓们。"

道日宝带领军队做先锋，在侦察探马找到的路径上，派出少量的部队，威吓欺骗敌人。

他自己则带领大部分军队翻越乌兰布哈山。在途中，为了鞭打所有士兵中胆怯者，他让每个人都身背十根棍棒，所有男人都装备了大斧，手斧，锯，凿子等工具，沿乌兰布哈山岭上，有人走过的踪迹，向前翻越攀爬前进。

他们将在行军途中遇到的树木砍倒，清理出部队前进的道路来。他们在到达山顶稍事休息之后，从山顶上向浩里·默特部发起了攻击。

第二百四十一节、从前，浩里其首领，呼都嘎·布黑两人曾被浩里土默特部抓捕过，曾待在胖子宝陶海那里。

浩里其被抓的原因是：在成吉思汗下旨，要从浩里·土默特部挑选三千名美女时，浩里其去浩里·土默特部选美女，于是，从前已经归顺了的浩里·土默特部百姓，又反叛成为敌人，将浩里其首领抓住了。

听到浩里其被土默特部抓住的消息，成吉思汗派了解土默特部情况的呼都嘎·布黑去解救，结果他又被抓。

在征服了浩里·土默特部后，为了告慰宝日呼勒的尸骨，将百名土默特人赐给其家族。将三十个姑娘赐给浩里其，将胖子宝陶海夫人赐给呼都嘎·布黑。

第二百四十二节、成吉思汗下旨分封母亲，儿子和弟弟们："为聚拢国家而奔波操劳的母亲听着，儿子中的长子术赤听着，弟弟们，幼弟特木哥·敖特其根（敖特根：火之汗王，祖业继承者）听着！"

就这样，成吉思汗分封给母亲和特木哥·敖特其根幼弟两人一万户百姓，母亲嫌少，没有吱声。

赐给长子术赤九千户百姓。

赐给次子察合太八千户百姓。

赐给三子窝阔台五千户百姓。

赐给四子拖雷五千户百姓。

赐给弟弟哈萨尔四千户百姓。

赐给阿勒其代两千户百姓。（1）

赐给弟弟勃勒古太一千户五百户百姓。（2）

因为叔叔达里代同克烈部同流合污，他生气地而要使其驱除，从眼前消失时，博尔术，莫呼来，希吉呼图格三个人劝说道："这样不就像是消天自己的族亲，破坏自己的家庭一样吗？他不是你的好父亲留下的家族中唯一的叔叔吗？怎么能使他消失呢？请原谅他的无知吧。请让他继承你父亲家乡家族的烟火去吧。"

因为，在他们用热烈的心情劝阻和保护下，及口干舌燥地说服下，成吉思汗回想到了，自己的好父亲。成吉思汗才听从了博尔术，莫呼来，希吉呼图格三个人的话，说："那么就这样（按你们说的做）吧。"

注 1、阿勒其代是成吉思汗的弟弟，又叫哈赤温。

注 2、勃勒古太是成吉思汗同母异父的弟弟。

第二百四十三节、"我给了母亲和幼弟敖特其根万户百姓，并把呼楚，呼和楚，准绍，阿日嘎孙四个首领托付给你们。

将呼南，蒙赫乌日，赫特三人托付给术赤。

将哈拉查日，蒙赫，伊道哈代三人托付给察合台。”

成吉思汗又说到：“因为察合台有脾气暴躁的性格，呼和楚斯要早晚服侍在其身傍，为其出谋划策。”

将伊鲁盖，德盖二人交给了窝阔台。

吉代，巴拉二人交给拖雷。

将吉勃格交给哈萨尔。

查乌海交给阿勒其代。

第二百四十四节、洪赫坦部蒙力克老爹有七个儿子。七个儿子当中的阔阔出为通天大萨满。

有一回，洪赫坦部的七个儿子们，将哈萨尔抓住揍了一顿，哈萨尔因无辜被七个洪赫坦人打，而向成吉思汗哭诉。当时，成吉思汗正在为别的事而烦恼，便生气地对哈萨尔说到：“你不是说所有的人都敌不过你吗？怎么被人战胜了？”

哈萨尔听到这话，擦干泪水起身走了出去。哈萨尔因受到委屈之下，一连三天没有来见成吉思汗。

正在这时，通天（萨满）对成吉思汗说：“苍天之意，铁木真执掌一次国家，哈萨尔执掌一次国家，这是上天的预兆。哈萨尔如果不谨慎，不知道将来会怎么样？”

于是，成吉思汗连夜策马，去抓哈萨尔。呼楚，呼和楚两人将此“铁木真去抓哈萨尔了”的事情，告诉了

月伦母亲。

月伦母亲急忙在车上套上白骆驼，坐车连夜赶去。

在日出之时，到达那里时。看到成吉思汗正将哈萨尔捆绑起来，摘下他的帽子，腰带讯问他。

成吉思汗见到母亲，惶恐地站在一边。月伦母亲生气地从车上下来，自己亲自将捆绑哈萨尔的绳子松开，把帽子，腰带还给他。

她因生气疲乏而盘腿坐下来，手托着露出的两个乳房，放在两膝之上说到："你们看见这个了吗？你们吸吮过的乳房在这里，撕咬肋骨的啮咬者，强行拉断脐带者！哈萨尔，你走！铁木真曾自己吃掉这一个乳房的奶汁，哈赤温，特其根两个人，都吃不完另一个乳房的奶汁。只有哈萨尔能吸完两个乳房的奶汁，而使我心情舒畅得到安宁，因此铁木真胸中有智慧，而哈萨尔力大无比，征战时，惩罚阻吓临阵脱逃者。

以开弓射箭之力，
将其一同拦回来。
将怯阵之逃跑者，
中箭之力使其返。

现在将敌人镇压降服完了，你就看厌了哈萨尔吗？"

待母亲的气消下来之后，成吉思汗说："对母亲说的话，我怕也很怕了，臊也大臊了，现在我们就这样（结束）吧！"

随后，没有同母亲说，就将哈萨尔的部分百姓夺回来，给哈萨尔留下了一千四百户百姓。

月伦母亲知道了这件事以后，心中非常忧郁，很快衰老下来。分给哈萨尔的札赉日部的吉勃格也离开那里，逃到了巴尔古津家乡。

第二百四十五节、自那以后，有九个部落的百姓，参加了通天（萨满）召集的会议，还有不少人，从成吉思汗的牧场到通天（萨满）那里被其管辖。

铁木哥·敖特其根首领和成吉思汗统辖的部分百姓，去投奔了通天（萨满）。铁木哥·敖特其根为召回逃去的百姓，派著名的使臣索和尔去那里索要自己的属民。

到了那里，通天（萨满）对使臣索和尔说："敖特其根你们俩，竟到了派了大使臣前来的地步？"

他欧打了使臣索和尔，并让其背负马鞍徒步赶了回来。

使臣索和尔被打徒步回来后的第二天，特木哥·敖特其根首领亲自来到通天（萨满）那里说："派来的使臣索和尔被你打完徒步回去了，现在我来取回我的百姓。"

他们七个洪赫坦人听完他的话，就起身，一起推搡着敖特其根说："是你派使臣索和尔来这里讨要属民，对吗？"并抓住他要揍他。

特木哥·敖特其根首领感到害怕，说到："派使臣来

是我的错。”

洪赫坦的七个儿子们说到：“如果知错了，就跪下。”

他们让敖特其根跪在通天（萨满）身后。结果，特木哥·敖特其根没有取回自己属下的百姓。

从他们那里返回后的第二天早上，在成吉思汗还没起床的时候，他来到床前哭诉到：“有九个部落的百姓都聚于图布·腾格尔（中天）萨满之处，为取回在他那里的百姓，我派使臣索和尔去讨要，使臣索和尔被欧打，并背负马鞍走了回来。

我亲自去讨要时，七个洪赫坦的人们四处拉扯推搡我，让我认错，并让我跪在图布·腾格尔身后。”

在成吉思汗说话之前，勃尔贴夫人从床铺上抬起身来，披着被子看到敖特其根哭泣，不禁落泪说到：“他们洪赫坦人怎么那么厉害。从前，他们将哈萨尔绑起来打过。现在，怎么又让这个幼弟特木哥·敖特其根跪在身后。这是什么道理？（在你还活的健康的时候）他们竟这样欺压你像松树一样多的好兄弟：

从今以后若如此，
视你身躯如云朵。
风吹来去无踪影，
如同无有而逃去。
空旷博大之国家，
交与儿孙孩子否？

从此往后之日月，
视你光辉之身躯，
如同影子可有无，
弃你而去却如何？
威严伟大之国家，
而临毁灭可知否？
恰似高山之松柏，
非常之好众兄弟，
仇恨压迫不弯腰，
茁壮成长无畏惧。
您的几个小幼儿，
至今难掌大国家。

为什么，洪赫坦的人们敢这么嚣张？你难道看到弟弟们被欺压，就这样胆怯了么？”勃尔贴夫人流着泪说到。

听到勃尔贴夫人这番话，成吉思汗对特木哥·敖特其根说：“图布·腾格尔现在就要来，怎样报仇你自己思量。”

这样，敖特其根起身拭干眼泪，出去找来三个摔跤手，做好准备站在一边。

不一会儿，蒙力克老爹领着七个儿子到来后，全部进了屋。图布·腾格尔坐在了桌子右边的位置。

这时，特木哥·敖特其根上去扯住他衣领说：“昨天不是让我忏悔了吗？现在我要让你看我的力量。”于是，

扯着他向门口走去。

图布·腾格尔反过来扭住敖特其根的衣领，在他们俩的撕扯中，图布·腾格尔的帽子掉在炉灶上，蒙力克老爹将掉下的帽子拣起来，吻了一下揣进怀里。

成吉思汗说：“你们去外边用角力来解决争斗吧！”

敖特其根将图布·腾格尔从门槛上拉出去，在门外准备好的三个摔交手迎上来，抓住他，将其摔倒后，把他的腰折断，扔到排列在东边的车辆傍。

特木哥·敖特其根进来说到：“图布·腾格尔让我忏悔，现在，让他显现出力量来，他不愿意，耍滑头地躺在那里了。”

蒙力格老爹知道了事情的原委后，流下泪道：

辽阔母亲大地上，
虽有众多山丘岗。
相互依存成朋友，
我曾与其做伴当。
波涛汹涌大江河，
潺潺溪流无数条。
无论何时与何地，
我曾与其共相识。

领着六个儿子关上门，围着炉灶、卷起袖子、准备耍蛮横的时候，成吉思汗被逼迫，从他们中间挤了出来，说到：“躲开！我出去吧！”

他从屋里一出来，站在附近的佩箭卫士，锦衣卫士们都过来，围住他守护起来。

看到被折断腰椎，扔在排列的车辆旁的图布·腾格尔，成吉思汗叫人从后边拿来一顶子帐篷，支在图布·腾格尔的尸体上边。说“准备好车辆，迁移！”将驻地从那里挪开了。

第二百四十六节、他将盖在图布·腾格尔身体之上的帐幕合上，把门关上，叫人把守住。第三夜，当雾散去时，打开帐幕一看，图布·腾格尔的尸体不见了。仔细查看他的尸体真的没有了。

对此成吉思汗说到：“因为图布·腾格尔对我的弟弟们动了手脚，并在我与弟弟之间说了无端的谣言，不符合上天的旨意，上天将他的生命和身躯拿去了。”

随后，成吉思汗斥责蒙力格老爹说：“你因为不阻止你儿子的暴躁任性脾气，想与我争斗，使图布·腾格尔丢了脑袋。如果，要知道你们做出这样的举动，早就让你们得到像札木合，阿勒坦，呼查日一样的下场了。”

斥责了蒙力格老爹的错误后，然后又对他说：“早上说的话晚上违背，晚上说的话早上违背的话，不可耻吗？坚守从前说过的话而行，不是很高尚吗。”

又下旨意诏告到：“如果控制自己的脾气秉性的话，谁会同蒙力格老爹的子孙们争斗呢？。”图布·腾格尔死之后，洪赫坦部族的孩子们才变得驯服起来。

第十一章 征服中国西夏、中亚、巴格达和俄罗斯

第二百四十七节、从那以后，成吉思汗于羊年（1211年）出兵去征服中国。

攻下抚州（1）。越过在楚拉勒（2）关口西边的野狐岭，攻下宣德府（3）。

派哲别、呼必来为先锋，到达查布查勒（4），在查布查勒山隘口，哲别说："要把敌人引诱出关隘再战。"

于是，哲别引军后退。看到哲别军队后退，金军发出"追击作战"的命令。

金国军队满山遍野地冲杀追击过来。当他们快追到宣德府的突出之地时，哲别返回来冲杀追兵，将其全部歼灭。

成吉思汗带领主力部队来到后，又从后面追击，压制了中国，契丹，金人的精兵猛将，一直追杀到查布查勒关口，杀戮消灭了大量中国军队。

哲别占领了查布查勒关口，越过山岭行进。成吉思汗驻扎在沙日·特格之地，派兵去占领中都（金朝的中部首都，现今的北京）及其他许多城市。

派出哲别去攻打东京城（金朝的东都现今的辽阳）。哲别到达东京城以后，没有直接攻达，而是向回走了六

个日程的路之后，突然返回率领带有备马的骑兵夜间迅速冲杀过来，在东京城守军没有想到的情况下，突袭攻占了该城。

注 1、在今中国河北张北县附近。哈日巴日嘎斯又称乌衣堡。

注 2、楚拉勒关口，似为中国所称的长城大境门关隘。

注 3、在今大同西北 80 公里处。

注 4、查布查勒关隘，应该指中国所称的长城关口居庸关。

第二百四十八节、哲别攻下东京城后，回来与成吉思汗会合。当蒙古大军包围中都时，金朝的大臣完颜襄对金朝皇帝提出建议，说到："天地之命运，难道到了改朝换代的时候了吗？蒙古人现在已经非常强大了。他们消天了我们精锐的契丹，金朝军队，并将其砍杀了殆尽，并夺取了牢不可破的查布查勒关隘。

虽然，现在我们还可以整军迎敌，但是，如果他们再次被蒙古人打败，他们就会溃逃到自己的城堡，再也无法将他们召集起来。另外，而且，他们会因对我们丧失信心而策动反叛。如果皇帝恩准，应该借此机会向蒙古大汗修好。如果结好后，他们返回去，再想其他办法。

听说，蒙古大军的马匹已经不堪这里的炎热气候了。请将皇帝的女儿送给大汗，送给其军队将领一些金银财宝。这个办法还不知道会怎样？"

金朝皇帝听了完颜襄的话，批准了他的建议，并下了以此规则去执行的旨意。

将公主嫁给成吉思汗，并从中都运出大量金银财宝及大量财物，散发给蒙古军队的将领士兵们，以达到他们可以带走的数量为准。

同时，派完颜襄为特使来见成吉思汗。对于他们求情议和请求，成吉思汗恩准了。

于是，将攻占了许多城市的军队都陆续撤回，完颜襄将成吉思汗一直陪送到著名的漠州一抚州之角后返回去。我们的士兵满载财物并用绸缎拽着车辆而归。

第二百四十九节、从那里，成吉思汗攻向河西的百姓（唐古惕或西夏的汗王。蒙古人中间将其称为‘河西’）。到达那里后，河西国的布尔罕（1）（国主）随之归降表示“愿成为您的右手为您效力！”

并将他的叫查嘎的姑娘送给成吉思汗。另外，布尔罕说：“我们听到成吉思汗的英名而感到惧怕敬仰，现在您威严的身躯来到这里，更加敬畏您的威严，在您的威严下，我们唐古惕国愿意做为您的右翼效力。”但是：

我们要为您效力，
我等定居在故土，
土城之中聚集住。
无法快速去征战，
不可迅速来行动。

紧张战争难适应，
立即出发赶不上。
成吉思汗如恩准，
各种礼品送给您。
全部唐古惕国中，
高高芨芨草丛生。
牧养众多肥骆驼，
做为礼品献给您。
自己动手织成的，
粗布纺织做礼物。
力尽所能训猎鹰，
从中选优送与您。

他按自己说的去做，将在百姓中征收来的许多骆驼驱赶送过来。

注 1、此处，蒙古人将西夏国主成为布尔罕，意为佛，或佛家之主。应该与西夏源于鲜卑人有关，因为鲜卑北魏以尊崇佛教著称于世。而且，称其为“唐古惕”，蒙古语意为：唐朝之人或唐氏族之人。这也与西夏国之祖被唐朝赐姓李氏有关。这也从不同的角度映证了西夏国的民族渊源。

第二百五十节、成吉思汗在这次征战中，使中国的金朝皇帝降服，得到大量财物，并招降归顺了河西之国（唐古惕）的布尔罕。得到许多骆驼。就这样，成吉思汗在那个羊年（1213 年），征伐降服了中国金朝有名的皇帝阿骨打，降服了唐古惕百姓的伊拉呼（1）布尔汗后，回到了萨里草原驻下。

注 1、这里提到的西夏国国主的姓氏，似乎是契丹人的移剌（伊烈），后被称为耶律的部落氏族姓氏。

第二百五十一节、自那以后，由于金朝皇帝杀了赵扩（宋朝的赵皇帝）派往金朝求和的以朱布杭为首众使臣。成吉思汗在狗年（1214 年）再次向中原发兵。

他说："已经同我们讲和，为什么还要残害赵扩派去的使臣们？"于是，再次发动了战争。

成吉思汗向东光关隘方向，派哲别攻占查布查勒堡垒。金朝皇帝听到成吉思汗向东光（1）关卡进犯的消息，让伊勒，哈达，霍布格图日三人指挥军队并组织了援兵，以乌兰德格楞先锋，据守东光关卡，下令不得使敌军越过山岭。并迅速调集伊勒，哈达，霍布格图日的军队增援。

成吉思汗到达关卡时，金国军队满山遍野据守着。成吉思汗与他们大战，将伊勒，哈达，霍布格图日们击退，拖雷，其古女婿二人从侧面进攻，压制了乌兰德格楞的反攻后，又从侧面攻击伊勒，哈达的军队，彻底粉碎了中国军队抵抗。

金朝皇帝知道自己的军队快被砍杀消灭光了，慌忙离开中都逃往南京（金朝皇帝的南部都城，又叫汴梁，现在的河南省开封府）。剩下的军队，因无粮草，饥饿死伤，自相残杀，甚至发生吃人肉的情况。由于拖雷，其古二人的赫赫战功，成吉思汗大加赏赐。

注 1、东光关卡一长城上的一个关卡。

第二百五十二节、成吉思汗在河西布（1）驻下后，随后又到中都附近的沙日之野（2）驻下。

哲别破坏了查布查勒（居庸关）关卡城堡，从那里领军到成吉思汗处与他会合。金朝皇帝从中都逃走时，任命中都著名的将领哈达为留守官，并丢弃下他。

成吉思汗派翁古尔司膳官，阿日海·哈萨尔，希吉呼图格三人去清点中都城的金银，财物。

他们三人到达时，哈达将军前来迎接，拿着金子做的有花纹图案的财物从城里出来与他们见面。希吉呼图格对哈达说“过去，这个中都城和中都的财产都是金朝皇帝的。现在，这个中都城都是成吉思汗的了。你为什么随便偷拿成吉思汗的财物来送人呢？我不要这些东西”希吉呼图格没有要这些财物。

翁古尔司膳官，阿日海·哈萨尔两人却收取了。他们三人将中都的财物清点后回来，成吉思汗向翁古尔，阿日海，希吉呼图格三人询问道：“哈达给了你们什么东西吗？”

希吉呼图格说：“他将有花纹图案的黄金物品拿来送给我们。我说到：过去这个中都是金朝皇帝的，现在是成吉思汗汗的，哈达你为什么随便偷拿成吉思汗的东西送人呢？我没有要。翁古尔，阿日海两人要了送给他们的那几样东西。”

成吉思汗狠狠地责备了翁古尔，阿日海两人，夸赞希吉呼图格道：“你是个考虑周全，明白大道理的人”并下诏道“你难道不是我的能审视的眼睛，能倾听的耳朵吗？”

注 1、河西布，汉语音译之词。具体地点尚未确定。应该在长城之外，今中国河北省之地。

注 2、蒙古语意为黄色之野。

第二百五十三节、金朝皇帝到了南京（南京都城为汴梁）后，自己俯首求和，将天子和百名同伴派往成吉思汗处充当侍卫军。成吉思汗恩准了他们的求和请求，下令军队“返回！”

他自己沿查布查勒（居庸关）关口向回返。叫哈萨尔指挥左翼军队，沿大海岸边向东北行进，征服金朝叫北庭的后都大宁城堡（1），降服了这座城市后驻下。从那里，再向女真人的福哈努（2）方向进发，如果想在福哈奴作战的话，就在那里战斗！如果招募归顺了，就路过他们边界的城市，横渡过乌拉·纳温江（即今黑龙江省及内蒙古境内嫩江），渡过洮儿河，翻越兴安岭，到我的大后方宫庭帐幕会合。

同时，将照日其代，阿勒其，陶伦将军三个统领派给哈萨尔。哈萨尔接收了北庭城，随后收纳了女真人的福哈奴，将路上是遇到的城市都占领后，渡过洮儿河，越过大兴安岭来到了成吉思汗山上的宫庭帐幕汇合驻扎下。

注 1、该路线是从金朝的中都（今北京）东行至今天津渤海湾海岸线，向北至今辽宁省营口地区（金朝宁州）地区后，再向北直达今中国黑龙江省和内蒙古交界的嫩江地区，再折向西南抵达今内蒙古自治区东北部大兴安岭南麓的今兴安盟地区的洮尔河，进入今蒙古国东方省境内，返回肯特山的汗庭营地。

注 2、福哈努—今中国内蒙古自治区东部地区。

第二百五十四节、自那以后，由于，成吉思汗派往西域的，以乌呼纳为首的百名使臣被杀。成吉思汗说：“金缰绳被西域的人们断掉（1），能就这样轻易地扔下行吗？”

在为乌呼纳为首的百名使臣的复仇，去同西域（中亚突厥斯坦）国进行战斗出发前，也遂夫人对成吉思汗提醒告诫道：大汗，

当要翻越山岭时，
将要渡过大江河。

出发长途征战中，
统辖国家百姓日。
一切都要细恩量，
所有均应从长计。
生身之躯受阻碍，
万民之法善思考。
如同高山之身躯，
一旦倒塌倒下去。
国家众多蒙古民，
交与谁人来统辖？
如同擎天柱身躯，
如要散乱怎奈何？
威严精神之大旗，
交与谁人来举起？
您所生下四子中，
执掌政权将是谁？
汗王弟弟儿子们，
众多军民和我们。
聆听教诲与回答，
汗王诏令要知道。

成吉思汗下诏道：“虽然夫人是个女子，也遂说的话却十分正确，弟弟们，儿子们，博尔术，莫呼来你们谁也没有提醒我这个话。

我像已经忘记了，我老了以后不会逝去，似乎觉得死亡对我来说真的像绕着走。所以，我的确没有去想它。”

“儿子中的长子是术赤，想说什么，你就说吧。”

在术赤没开口之前，察合台抢着说道：“叫术赤说话，就是要任命术赤成为什么职务吗？难道要让这个被丢在莫日克德部的人来统辖我们吗？”（针对勃儿贴夫人在莫日克德部被找回时怀孕的事而说）。

听到此话，术赤起身扭住察合台的胸襟说：“汗父没有拿我当外人看，你怎么会这样另眼看待我？你的什么智慧，能力比我多？只是暴躁的脾气比我多。如果射箭比不过你，我将抛下权力，如果摔跤被你胜出的话，将不会从倒下的地上起来！要明白地理解汗王父亲的诏令。”

术赤，察合台两人相互扯住衣襟时，博尔术拉住术赤的手，莫呼来抓住察合台的手，成吉思汗见此默不做声地坐在那里。

呼和楚斯坐在左边说道：“察合台你在说什么？你汗父在儿子里，对你是信赖的，在你们出生前：

满天星斗的夜空在翻转，
众多的国家在争斗。
人们没有安枕睡觉的时间。
整个世界的土地在翻转，
所有的国家在对抗，
没有在被窝里安眠的机会，

都在相互伤害和争斗中。
无可怀疑和犹豫之时机，
只有努力跟随时势向前走。
没有后退逃跑的地方，
只有勇敢战斗冲向前。
因为无法安宁与幸福，
只好厮杀争斗朝前行。
（如今）使夫人与您们的好母亲，
使她火热肝胆凉如冰，
让她爱怜的心脏受蹂躏，
如奶油一般纯洁的思想凝固，
似牛奶一样洁白的心情变酸。
喋喋不休的恶语，
从你察合台的口中说出。
暖心的肝胆只有一个，
难道你不是孛尔贴夫人的孩子？
火热的心肝只有一副，
共同生于此腹孩子里没有你吗？
将充满爱心母亲的，
艰辛痛苦忘脑后。
不恰当之言来冒犯，
即使悔恨也已迟。
怀胎十月母亲苦，
忘记感谢不知恩，

这些冒犯的无知话语，
将会使她永远不会欢乐。
你神圣的大汗父亲啊，
为创建伟大的国家，
不爱惜自己的黑发头颅，
不顾惜自己的热血流淌，
从来都不曾完全闭目休息，
枕着自己的衣袖胳膊，
铺着自己的衣服卧寝。
口渴时吞咽口水来解渴，
饥饿时牙缝肉渣也充饥。
额头经常汗水流淌，
为了寻找食物而奔忙，
直到汗水浸泡至脚掌。
为了聚拢离散的国家，
你们亲爱的母亲夫人，
也共同承担着忧愁和困苦。
您们聪慧而坚强的母亲，
卷起缝补过的衣袖，
挽起长袍裙边的衣摆，
为了抚育孩子们成长，
竭尽自己的所有力量，
将自己咀嚼的营养和所得，
都送给自己亲爱的孩子们。

将自己饮下浆汁的能量，
最先喂养他们快长大。
为了哺育未来的主人，
奔波饥渴又如何？
抚摸着你的脖颈，
使你获得男子汉地位，
要经常想着这个恩情。
拉扯着你的臂膀，
让你顺利长大成人，
要常常感激尊贵的情谊。
她揩净你污秽的臀部，
她舒展你幼嫩的身体，
使你进入男人的行列。
扶你坐上了马鞍之上，
想要看到心爱的儿子们，
至高无上的好样子，
这才是母亲现在想要的。
要像太阳一样有智慧，
像叶子一样舒展的胸怀，
不要去令这样的好母亲，
受到莫名的天大委屈。
（有星天空在旋转，
众多国家在征战。
没有铺位安睡时，

相互掠夺无安宁。
世界土地在翻转，
所有国家在对抗。
没有拥被入睡时，
毁坏争斗无尽休，
只能随意努力走，
后退逃跑没有路，
只有征战冲向前。
幸福安宁没办法，
杀戮争斗走前面。
让您母亲好夫人，
火热肝脏凉如冰。
爱怜之心遭委屈，
思想似油被凝固。
如奶之心已变酸，
闲言乱语被你讲。
察合台你怎么说？
完整肝脏只一个，
勃尔贴之子无尔乎？
火热肝脏就一只，
同生儿子没你吗？
母亲怜爱之心情，
哺育恩情已忘记。
无理之言伤她心，

忏悔为时已经晚，
抱在怀中母亲情，
无限恩情不能忘。
强横之语委屈她，
何时可使其愉快？
神圣大汗你父亲，
创立统一之国家，
从不爱惜黑发头，
也未关心热血洒，
眼不闭来目不眨，
头枕衣袖作卧榻。
渴咽口水来解渴，
饥餐牙缝之肉渣。
额头热汗流不尽，
努力攀登向前进。
脚掌汗水流淌着，
聚拢国家而奔走。
亲爱夫人你母亲，
共同操劳尽此心。
聪明智慧你母亲，
撩起衣襟挽起袖。
为使孩子成长大，
竭尽全力去哺育。
咽下饭食之营养，

全部送给吉祥子。
所饮饮料之精华，
首先你们面前送。
哺育成长之儿孙，
饥饿劳累又为何？
从小即始引导你，
使你成长为男人。
崇高恩情不应忘，
时时刻刻记心怀。
扶颈引你成人后，
尊贵恩情常思念。
揩臀松腿育成人，
双手送你上马鞍。
可亲可爱儿子们，
渴望你们快成长。
母亲现在想看到，
你们如何都卓越。
睿智清明似太阳，
心胸开阔如茂叶。
如此夫人好母亲，
不要委屈伤她心。

第二百五十五节、到了这时，成吉思汗说到：“你那样说术赤怎么行呢？孩子们，术赤难道不是儿子中的长子吗？以后谁也不许说那样的话。”并要求以此为谕旨遵循。

对于这个话语，察合台微笑着说：“不可小看术赤的力量和能力：

用口杀死的（猎物），
不能驮在（马背上）。
用话语说死之物，
不可以有病在身。
父亲儿子的年长者，
就是术赤和我二人。
要为父亲的事业，
竭尽全力去辅佐。
躲闪逃避的想法，
彻底斩断接受惩罚。
将导致相互分离的谬误，
像树木的枝叉一样砍断它。
因为窝阔台的仁慈善良，
可以继承大汗位。
跟随父亲您身边，
保持亲密的关系，
将能看见的大汗（皇）冠，
可以握在手里去体会。

（口杀猎物不能驮，
说死之物病难脱。

父亲儿女之长者，
术赤与我还有何？
我等辅佐汗王父，
理应效力无他说。
躲闪回避之念头，
彻底断开来解决。
分离歪念之想法，
完全抛弃抛弃掉。
因为窝阔台仁慈，
可予加封继汗位，
汗父身边共同在，
王者之冠可授他。

对此，成吉思汗说：“木赤想说什么就说吧！”术赤说：“按察合台说的道理，我们俩辅佐你效力，册封窝阔台为继位人吧！”成吉思汗下旨到：

辅佐是什么话呢？世界之上江河众多，将征服占领统治的国家，各自分开来。

你们各自去扩展和发展自己的家乡吧！但是，术赤，察合台你们俩要遵守自己的诺言，不要成为人民的笑谈，闲话的傀儡，要懂谨言慎行。

从前，阿拉坦，呼查日两人说了相似的语言，却没有遵守诺言，任性而为，他们后来的结果，你们是知道的。现在将阿拉坦，呼查日两个所属的（百姓）们分给你们，看着他们，引以为鉴地行事吧！

又对窝阔台说："窝阔台，你想说什么，就说什么吧！"

窝阔台说到："汗父恩准让我说，可我说什么呢？我怎么能说不胜任呢？只要努力去做会适应的！只是以后，在我的后代儿孙中生出'用草捆绑起来，牛也不喜欢吃，包在油脂里扔出去，狗也不喜欢吃'（1）的东西，就会成为想射罕达盖（麋鹿）而中了田鼠（2）。除此以外我还能说什么呢？"

听到这样话，成吉思汗下旨到："窝阔台既然说了这样的话，可以了。另外，拖雷还有什么话说，就说吧！"

拖雷说："我要在汗父加封的哥哥身边，忘记责任的时候的提醒他，睡觉时不忘叫醒他。为在他的呼唤声中喝彩，成为他坐骑的鞭子，远征中同行，近战时，帮助支援他。"

成吉思汗同意后下诏到："那么，哈萨尔的子孙中的一个可做为继承人，阿勒其代子孙中的一个可做为继承人，特木哥・敖特其根的子孙的一个可做为继承人，勃勒古太的一个子孙可做为继承人。让他们如同我的一个子孙做为继承人一样看待。

对我的这个旨意，不得改变，曲解，怠慢和丧失地牢牢把握住，按窝阔台所说，如果，窝阔台等子嗣，出现缠绕在草中，牛也不喜欢吃，用油脂复盖在上，狗都不喜欢吃的东西时，我的亲族中的其它儿子们就不会出生一个好样的继承人吗？。"

注 1、这句话的意思是，如果继承汗位后，自己的家族中没有适合当大汗或不能承担此大任的后代，就要把位置让给其他兄弟族裔的人。而后来，确实有这样的举动。

注 2、此话比喻，如果自己的后裔中，有不能胜任继承汗位的无用之辈，也即常说的“黄鼠狼下田鼠，一代不如一代”的时候，就要自动让出大汗的位置，让给其他的兄弟子孙来继承。不能为了占据这个位置而耽误国家大业。

第二百五十六节、成吉思汗向西方去征战时，派使臣到唐古惕（西夏国）对国王布尔罕传言道：“你不是说过要成为我的左右手吗？现在西域国割断了我的金缰绳（1），我去向萨日图勒（花剌子模国）讨个说法去，请你们派兵，做我的右翼出发！”

在布尔罕国王说话回答之前，他的大臣阿沙・汗布说：“力量不足，还称什么汗？”于是，他们没有派出援军，并说了一些傲慢的话，将使臣打发回来。

对此，成吉思汗说：“阿沙・汗布为什么要这么说？之前他们不是同意，要随时辅助我们作战。但是，这时先去与他们作战，是不合适的，不是吗？因为，现在是我们在同别人发生矛盾的时期，所以这回就算了吧。在苍天保佑下，将金缰绳牢牢掌握在手中后，那时，也许会有可能（去与他们算帐）。

注 1、这里的金缰绳指的是蒙古与西域之间的贸易通道被花剌子模国所断绝。

第二百五十七节、兔年（1219 年）成吉思汗从王妃中选带着忽兰王妃，弟弟们中，将幼弟特木哥·敖特其根留在后方宫庭帐幕，越过阿莱大岭，去同西域国作战。

他派哲别为前锋，派苏勃台紧随其后，苏勃台之后让陶高查日率军断后。

临行时对他们三个嘱咐到："在进入苏丹汗（摩诃末）的领土后，要与我们到达后的军队，一同会合在一起。"

哲别在行进中，根本没有惊扰摩诃末汗的城堡，从外围边上绕过去了。随后，苏勃台也照此没有惊扰走过去。而在其后的陶高查日却袭扰了摩诃末汗边境城堡，抢掠农民们而去。摩诃末苏丹汗因城堡被毁，而逃往儿子札兰丁处与其会合，为抵抗成吉思汗的军队而准备作战。

成吉思汗的前锋是希吉呼图格。摩诃末苏丹汗和札兰丁两个与希吉呼图格展开激烈的战斗。

当成吉思汗到达时，哲别，苏勃台，陶高查日三个人正在札兰丁，摩诃末苏丹汗两人身后追击他们，追杀中没有使他们进入布哈拉城，塞瑟吉布城，讹答拉城中的任何一座城市。一直追杀到锡尔河，西域国军队士兵逃入锡尔河流域，大部分都溺死了。札兰丁，摩诃末苏丹汗两人保住性命，渡过锡尔河逃走了。

成吉思汗向锡尔河方向前进，路过巴特克森，到达鄂和溪水，宫溪水处，在巴鲁草原驻下。随后，派出札赉日部的巴拉率军，继续追击扎兰丁，摩诃末苏丹汗。

成吉思汗对哲别，苏勃台二人大加赞赏说："哲别，你的名字原来叫朱日嘎代，从泰赤乌部归顺过来后改叫哲别。"

陶高查日因为随意按自己的意愿，毁坏摩诃末苏丹汗的边境城堡，使苏丹汗成为迅速成为敌人。虽说按要军法应该杀死他，但是，之后后并没有杀他，而是狠狠地责斥了他，并削减了他的军权。

第二百五十八节、成吉思汗自己从巴鲁草原返回，让术赤，察合台，窝阔台三个儿子指挥右翼军队渡过阿姆河，到达乌日根奇城。

派拖雷去占领伊鲁，伊斯布尔等众多城市。成吉思汗自己在讹答剌城驻下，术赤，察合台，窝阔台三个儿子到达后，往回传信询问到："军队整备好了，已到达乌日根奇城，我们相互之间听谁的命令行动？"成吉思汗下诏令回话道："你们要听从窝阔台的话行动。"

第二百五十九节、从那里，成吉思汗再次从讹答剌城出发，到塞瑟吉布城驻下。随后，从那里出发驻到布

哈拉城。在那里成吉思汗等待巴拉首领时，他在阿勒坦小溪山梁上的（花剌子模国）苏丹汗的夏营地渡过夏季。

他派使臣对拖雷说："已到了夏季炎热季节。要让军队休整安顿下来。你到此与我们会合。"

拖雷攻下了伊鲁，伊斯布尔诸城后，在他正准备攻破西斯腾城，楚赫策仁城时，成吉思汗派出的使臣到来。于是，他又攻破了楚赫策仁城后，返回与成吉思汗会合。

第二百六十节、术赤，察合台、窝阔台三个儿子们，进入乌日根奇城市后，三人将众多城市和百姓分封到自己属下，没有留出给成吉思汗的份额。

所以，当三个儿子返回后，成吉思汗因对术赤，察合台，窝阔台三个儿子生气，连续三天没有召见他们。

对此，博尔术，莫呼来，希吉呼图格三人劝说到："镇压征服了与我们争斗抵抗的西域（花剌子模）国的苏丹，我们夺取了他们的城市和百姓。已经分配了的乌日根奇城和分配给儿子们的，不都是成吉思汗的吗？借天地之力量，就这样镇压征服了西域的百姓，我们众多的士兵，军队，骑兵们全部都非常高兴满足，大汗为什么这样生气呢？儿子们都已经知错而惧怕了。（让这件事）成为他们以后的教训吧！现在，儿子们已经没有脾气而且心烦意乱了。如果大汗恩准，请召见儿子们可以吗？”

这样，成吉思汗平息了愤怒，叫术赤，察合台，窝阔台三个儿子来见，斥责他们要把祖辈的教诲变成遗产，把过去的格言当成法令。他训斥时，一直使他们站立在地，筋疲力尽，擦拭额前汗水并不断认错时，洪海，洪塔哈日，绰日马干三个佩箭卫士对成吉思汗禀告到：像刚刚出猎的雏鹰一样，儿子们才出征战场就这么威武，怎么能这样责备他们，消磨压制他们的意志呢？儿子们已经从心里害怕而心神不定了。从日出之地到日落之处，还有众多的敌人百姓。如果指使（派）我们这些猛獒出去，我们去镇压敌国，以天地庇护之力量，将其金银财宝等，全部拿来贡献于你！如果说去哪个国家的话，听说在巴格达人有哈里发苏丹（巴格达在印度和伊朗西部，锡尔河岸边的大城市），让我们去攻占那里去吧！

听到这个话，成吉思汗仔细思考后，才平息怒火，同意称赞了洪海，洪塔哈日，绰尔马干三个佩箭卫士的想法，下令阿达日部的洪海，道楞吉日部的洪塔哈日两人“留在我身边！”乌德格部绰尔马干去远征巴格达的哈里发苏丹。

第二百六十一节、并另外派杜尔伯部的杜日伯•道格辛去远征。征服占领在印度百姓和巴格达百姓两者之间的阿如•马鲁之地（1），马达萨里国的阿布图城。

注 1、此地应该是指当时小亚细亚塞尔柱帝国马鲁，即今亚美尼亚地区。

第二百六十二节、派苏勃台勇士向北方向远征。到达康里，钦察（黑皮查克）、巴什基尔、俄罗斯、马扎日（匈牙利）、阿苏、萨苏、车日克斯、克什米尔、保加尔及保加利，拉拉等十一个部落及国家。渡过伊吉勒（伏尔加），雅伊克-乌拉尔河，到达了基辅、赫日门等城市。

第一百六十三节、征服领了西域（花剌子模）国后，按成吉思汗的旨意在各个城市设置官员时，从乌日根奇城，来了一位姓科洛姆希，名字叫雅拉瓦奇，马舒德的西域父子二人。

他们对成吉思汗讲述城市的规则，习俗。因为他们熟悉城市的规则，习俗，成吉思汗便让其子科洛姆希·马舒德同蒙古官员一起管理布哈拉，塞瑟吉布，乌日根奇，乌丹，喀什噶尔，乌梁，古桑达日勒等城市。

派他的父亲科洛姆希·雅拉瓦奇管理中国的中都（北京）城。因为他们非常懂得管理城市的规则道理，在统治中国的蒙古官员们的身边委任了许多西域国的人员为参事。

第二百六十四节、成吉思汗征战西域七年。他在那里等待札赉日部的巴拉首领时，巴拉首领已经渡过恒河将札兰丁，摩诃末汗两人追到印度，在追击他们俩的征途中间，俘获许多印度边界地方的百姓，骆驼、山羊返回。

从那里返回时，成吉思汗途中在额尔齐斯河边渡夏季后，于第七年的鸡年（1225 年）秋回到了图拉河黑森林的大宫庭帐幕。

第十二章　成吉思汗逝世及窝阔台即大汗位

第二百六十五节、那一年，冬季。成吉思汗在冬营地，为征讨唐古惕（西夏）的百姓而重新整顿军队。

狗年（1226 年）秋，成吉思汗出发征战不遵守诺言的唐古惕（西夏）的百姓。在王妃中，他带了也遂王妃随同出发。征战途中，他们在阿日布哈进行狩猎活动。

在一次猎取许多野骡时，成吉思汗所乘骑的紫花斑点马，被冲过来的野骡群惊吓，将成吉思汗摔了下来，使大汗的身体感到很不适。

他们来到一个叫绰日哈的地方驻扎，当天晚上住下后，第二天早晨，也遂夫人说："请通知王子，首领们，大汗夜里身体发烧得很厉害。"

王子，首领们召开会议商议时，洪赫坦部的陶伦将军说："唐古惕百姓们在所居之地聚集而居，都居住在土城中，他们抛弃土城能去哪里？我们还是回去，使大汗的身体好起来后再重新来征战吧！"

王子、首领们都赞同他的话，将此意禀告成吉思汗时，他说道："如果那样，唐古惕人该以为我们因胆怯而退回去了。我们派使臣去，等使臣返回来之前，在绰日哈休养身体，听听唐古惕人说什么，然后再返回去。"

于是，便派使臣执‘牍’（公文中的格式样赋文，为简便易记，取名叫牍）声讨道：“从前，布尔罕汗曾说过：要让唐古惕人成为我们的右手支持我。根据你说的规矩，我们在进行征讨时，唐古惕人应该成为右手支持我。

可是，后来我们根据你所说的规矩，我们在征讨西域国时通知了你。布尔罕汗，你没有遵守你的诺言，不但没有派军队支援，还说了一些大话冒犯我。那时候，因我们与其它国家较量，约定再会面时，说清原委。所以，先去了西域征战。在苍天的保佑下，现在，我们使西域的百姓归于治下。现在我们来与布尔罕汗你来说清事情原委。”

布尔罕汗回答说：“我没有说冒犯你的坏话。”

丞相阿沙汗布说：“冒犯的话是我说的，现在你们蒙古人想学习打仗的话，我的阿拉善部全体都有帐蓬，有全体骆驼骑士，请你们到阿拉善部落来吧！在那里战斗，如果想要金银财宝，发泄愤怒的话，请到雅日盖（今宁夏）、额日济乌（西凉）城里来吧！”

听到这个回答，成吉思汗身体发着高烧说到：“果真不是那样么！他们说这样的大话，我们怎么能返回去？就是死去，也不能忘记这个他们这样的大话，请苍天记住他们所说的话语”。

成吉思汗亲自率军，到达阿拉善地方，同阿沙汗布作战。包围了阿拉善部落，抓住了阿沙·汗布，将其帐

幕的百姓和骆驼骑士们打击消灭得烟飞灰灭。并下诏："砍杀不驯服的唐古惕姓氏的人，凡是投降归顺的人，我们的军队可以随意俘获驱使！"

第二百六十六节、成吉思汗在雪山（查斯特山）避暑，派出军队，收编跟随阿沙·汗布逃到山里帐房中的骆驼骑士们。

在那里，他对博尔术，莫呼来下诏到："你们可以从唐古惕（西夏）百姓中最大限度的获取，得到他们。"

并下旨到："没有赏赐博尔术，莫呼来两人中国的百姓。现在分配给你们二人相同中国乣军数量的人。你们从他们中间挑选优秀的男子，叫他们执掌猎鹰跟随你们吧！挑选美好姑娘们为夫人们，整治酒席去吧！做为中国金朝皇帝的可靠亲兵们，他们的黑乣军们不是曾危害过蒙古氏族父亲吗？现在我最可靠亲密的同伴，不就是博尔术，莫呼来（木华黎）你们二人吗！"

第二百六十七节、成吉思汗从雪山出发，驻扎在雅尔盖城，从那里出发，在攻破图热莫城（灵州）时，西夏的布尔罕汗前来，与成吉思汗见面。

在那里与布尔罕汗见面时，布尔罕汗在金寺之首庙堂门外，摆上九十九个金银碗筷，九十九个童男童女，九十九匹马、骆驼，其它各种东西全部的九十九数为准，摆放做为礼物。

在那次会面时，成吉思汗身体内伤变得不好起来。自那时起第三天，他下诏，赐予伊拉呼·布尔罕汗以“忠诚直率之子”的称号。伊拉呼·布尔罕汗到来之时，下诏让陶伦将军亲自去接侍伊拉呼。

陶伦转告已经亲自接到了伊拉呼，成吉思汗下诏到：“在同向唐古惕国说清事情原委的路上，因在阿日布哈之地猎野驴时，让我受伤的身体得到休养而提出建议，爱护我生命身躯的是你陶伦。

由于憎恨敌人的恶语而征战，在苍天之力的恩惠保佑下，我们将敌人降服于手中并报了仇。

现在，伊拉呼·布尔罕汗带来的移动宫帐，碗筷等物品，陶伦你拿去吧。”

第二百六十八节、占领了唐古惕（西夏）国，赐予伊拉呼·布尔汗忠诚直率的国主之名，并赦免了他的罪过。为让唐古惕的百姓们，世代要以没有改变自己的愚蠢行为而后悔，（使他们世代的后代。为了记住这个事件）在每次饮食吃喝时要以祈念“愚蠢无是非曲直”做为餐食结束语。由于唐古惕国说了保证过的话，而没有遵守自己的诺言，导致了蒙古国对他们的第二次战争。

消灭了唐古惕（西夏）国的第二年，猪年（1227年）七月十二日在图热莫（灵州）城堡，成吉思汗归天了。逝世之前，将众多唐古惕百姓赐给也遂夫人。

在装运圣主金身的灵柩的车返回的时候，苏尼特部

的吉鲁格台勇士作诗赞颂到：

普天之下国家之主的大汗啊，
已经化为雄鹰的翅膀飞腾而去。
一路飞向天堂一去不复返，
像鸣叫的鸟儿的翅膀一样，
似排列整齐的车辆一样驶去。
（普天之下的大汗，
国家之主的圣主，
身插鹰翼腾飞去，
化做车轮驰它方，
像啼叫之鸟飞走，
似成列车队走远。）

在他这样颂扬歌唱后。行进路上，灵柩车在一个松软的地方，沦陷至车轮，五头公牛拉不出来。全体人们都忧愁时，苏尼特部的吉鲁格台勇士祷告到：

生于永恒之苍天吉祥，
英明杰出的圣主啊。
您抛下了所有的大国而去了么？
您所创建平安稳固的政权，
您完美幸福的夫人儿子们，
生育您的母亲大地的山水，
都在迎接您铁木真主人的到来。
您所建立的神圣政权啊！
您所统辖的众多国家啊，

平安无事的夫人儿子们，
您的黄金宫殿大帐，
都在那遥远的地方。
您领导建立的王朝，
您所遇到的夫人孩子们，
与您肝胆相连的亲族-蒙古人，
您的众多国人百姓们，
您所沐浴的德伦-宝力道格泉，
都在那远方等待您。
那用野马鬃尾制成的，
威风凛凛的大纛苏勒德旗呵！
时刻咚咚擂响的全部之战鼓，
您那全部天下无敌的帝国，
克尔伦河原野之岛屿，
就在那里啊，我的主人！
大业成功之前相遇的，
聪慧贤善的勃尔贴夫人，
在幸福的故乡之地等着您，
您的同伴博尔术，
亲密朋友莫呼来（木华黎），
所有泱泱的大国，
都在那里啊，我的主人！
动荡之中相遇的，
美丽娇媚呼兰妃，

胡琴琴师与胡笳琴，
众多普天之下的国家，
庄严神圣的土地及河川，
都在那里，圣主啊！
恰如那高山知其暖，
统属西夏国嫌其多，
赞叹夫人姑娘多美貌，
难道忘记大蒙古国？
可亲可爱的圣主啊！
虽然您热爱的生命已逝去，
您那如玉似宝一样的尸身，
我们要保卫来看护，主人啊！
要使您的勃尔贴夫人亲眼见，
送回您的大蒙古国。
就这样，
就似得到了大汗我主的蒙恩，
灵车从沦陷之地向前行。
举国上下都欢呼，
汗王即将回故里。
永垂不朽地葬在那，
大汗是所有宰相大臣之依靠，
成为所有大国的崇拜之人。
所以建筑了八个白色祭祀寺，
向全国上下传公告。

大汗所穿之衣物，
供奉在这里共拜祭。
真身及其余下物，
葬在阿尔泰山之北。
（青色苍天之祈福，
生下神明之圣主。
抛下全部之大国，
撒手而去堪可悲。
创立平安之政权，
幸福坚强之妻儿。
养育母亲之山水，
等您回去铁木真。
建立神圣之王朝，
众多统辖之国家。
心爱娇妻与儿女，
金壁辉煌之皇宫，
您所领导之国家，
都在遥远的地方。
相遇贤妻与后代，
所有亲族之蒙古，
国之众多百姓们，
您曾沐浴之泉水，
均在遥远之地方。
野马之鬃来制成，

九旄大纛真威风，
战鼓全部都擂响，
天下无敌之国家。
克尔伦之野河中岛，
归还那里我圣主！
创业之初之所遇，
清明聪慧之夫人。
幸福吉祥之故乡，
博尔术、莫呼来好同伴，
所有泱泱之大国，
全在那里等我主！
动乱之中相遇的，
忽兰夫人在等您，
胡琴胡笳与歌手，
普天之下众国家，
神圣崇高之山水，
都在那里等着您！
曾望高山谓其暖，
也嫌异国如此多。
赞叹妇人姑娘美，
难道忘却大蒙古？
可爱可敬的圣主。
虽然生命之火熄，
尊贵之躯如宝石。

平安而回无阻碍，
保佑英明我圣主。
让您清明夫人见，
送您返回故国行。
如若汗主下宝谕，
所陷灵车即可行。
举国上下皆欢喜，
护送我汗回故里。
永垂不朽故国葬，
成为群臣之所依。
成为崇拜之神位，
八间白寺供奉您。
在此大国发公告，
所穿衣饰及什物，
供奉衣冠在宫殿，
真命之身及他物，
宝日罕・哈拉敦山中葬。

肯特山脉的宝日罕哈拉敦南，一个叫做大沃特格的地方。某些东西葬于在阿尔泰山脉之后和肯特山脉之内叫伊贺・沃特格之名的地方。（《黄金史》）注 1

注 1、该章节应该出于另一部蒙古史书《黄金史》或称《金册》的书籍。

第二百六十九节、鼠年（1228 年）察合台，以巴特

（拔都）为首的统领子孙们，成为执掌右翼（西部）地方的征服者。

以铁木哥·敖特其根首领，哲乌，也孙黑为首的将军们的子孙们，成为执掌统领左翼（东部）地方的征服者。

以拖雷为首的占领主要地方的儿女们，万户长，千户长们，全体到达克尔伦原野之岛（今蒙古国的叫白音乌兰之处）聚会。

以成吉思汗黄金家族的礼仪，推举窝阔台为大汗。在推举弟弟窝阔台为大汗时，将成吉思汗父亲金口赐封的宿卫，佩箭卫士，千人锦衣卫士跟随父亲的忠诚亲侍，万人侍卫军，察合台，拖雷二人都交给了窝阔台汗。他们就以这样的礼仪把宗主国交给了窝阔台汗。

第二百七十节、窝阔台汗在亲自掌管了身边亲侍的万名近卫军和宗主国之后，首先同哥哥察合台商议，派格特尔和孟和特二人，前往由父亲成吉思汗派去，未能完成征服巴格达城哈里发苏丹任务的将军绰日马干那里。

并且，接到了苏勃台勇士占领，攻战到达了康里，钦察（黑皮查克），巴什基尔，俄罗斯，阿苏，萨苏，马扎尔，克什米尔，吉尔吉斯，保加利亚，克尔特等国家，渡过伊吉勒（伏尔加）河，雅伊克河攻战莫克特门，赫日门，克伯等城市，那些国家的反抗非常剧烈的消息。

因此，随后在苏勃台勇士军队之后，又派出了以巴特（拔都），布里，蒙哥为首的成吉思汗家族的长孙们率军增援。并命令，去往那里的所有皇子及官员将领都由巴特指挥统领。并下诏由宗主国派出去的军队均由贵由统领。

在此次征战中，所有统辖国家、百姓的大汗的儿子们，要派出自己儿子中的长子去征战！没有掌管国家的大汗的儿子，万户，千户，百户，十户长们及众人，不论是谁，同样都要派出自己的长子出征。

汗王的女儿，女婿也同他们一样派出自己的长子出战。

同时，窝阔台汗说：“让长子们去征战的主意是察合台哥哥出的，察合台哥哥说：如果在苏勃台之后派所有长子们去，儿子们中的长子去征战，军队会节省军队装备，军队人多了看上去会很威风。那里的敌人很高大，但是国家很多，那些边界上的国家很厉害，发起怒来，有用刀剑剖杀自己的身体而死的国家，听说有他们有非常锋利的刀剑。

察合台哥哥提醒警示大家的这个话的意思，是要委任这些长子去征战，向各处发布公告，让巴特，布里，蒙哥等统帅军队去远征的原因即如此。”

第二百七十一节、另外，窝阔台汗还同察合台兄商

议，发布诏令道："我坐上了成吉思汗父亲的现成汗位。以何德何能坐上汗王位呢？我不是说过这样的话吗？如果察合台兄同意的话，我们要去征战汗父没有完成，中途丢下的中国金朝皇帝。"

察合台兄赞同到："为什么要忍受他们呢？将宫庭帐幕托付给可靠的好人后，从这出发，我从这里派兵出征。"

他们将大宫庭帐幕托付给佩箭卫士勒德哈日。

第二百七十二节、兔年（1231 年）窝阔台出战中国，派哲别为先锋，就这样，将中国军队打得落花流水般，越过了查布查勒岭向各处派兵围攻城市。那时候，窝阔台汗身体染病不能说话，请来巫师，占卜者来祈祷，他们说中国之地的土地水神，因被毁坏了人财，破坏了城堡而生气，使汗王中邪。占卜者们用人，财，金银，牲畜供品来祭祀求，赎罪。可是，大汗的病情不仅没有好转反倒更沉重起来。

又祈告用身边的亲族人来做替身赎罪时，大汗猛然睁开眼要水喝并问道："怎么了？"巫师说到："中国之地的土地水神因土地财产被毁坏蹂躏，而使你中邪染病，用各种东西去祈祷赎身都不灵验，反而更愤怒了，可是只提到用身边亲族的人来赎替，就马上灵验，并使您的病好起来，现在看您怎么下诏令了！"

对此，窝阔台下诏到："大汗的子孙，谁在我身边？”在身傍的托雷说：“英明的成吉思汗父亲，在您的上面有哥哥们，下面有弟弟们时，视汗兄您如马群中的骏马一样考验您，如羊群中的羯羊一样抓住您，使您坐上了高位。承担了掌管众多国家的重任。让我在汗兄的身边，提醒忘记责任。睡着时随时叫醒着。如果，现在我失去汗兄您，我去提醒、叫醒谁？如果，汗兄身体真的变坏，众多的蒙古国家无主，中国会高兴。

因此，汗兄，请让我去顶替你赎罪。我去沉下白鳟鱼的脊梁、我剁下鲟鱼的后背，明辨是非，镇压阴谋。我的脸庞英俊，身躯高大，巫师们为我祷告吧。”

巫师们祈祷祝福后，将祝福的水让拖雷喝下去。过了一会儿，他说到：“我迷醉了，在醉与清醒之间看到了孤单幼小的弟弟们和丧偶守寡的妻子们，汗兄要知道抚养和照顾他们！我说了所要说的话，我迷醉了”说完出去身体不适起来。

第二百七十三节、这样，窝阔台消灭了金朝，封金朝皇帝为小厮（仆人）搜集了金银，金缎彩绸，马匹、工匠，任命了官员们。在南京，中都等城市分别派驻了官员后，回到了哈日和林城驻下。

第二百七十四节、绰日马干征服了巴格达的国家，知道了那里土地肥沃，物产丰富后，窝阔台汗下诏令到：“绰日马干，浩里其统辖着这里那里的地方，每年要把

黄金珍珠，锦缎蟒缎，薄纱，绸子，东珠，长脖高腿良种马，骆驼，骡子等物品送过来。”

随苏勃台勇士之后而去的巴特，布里，贵由，蒙哥为首的众儿孙们，降服了康里，黑皮查克，巴什基尔等国，渡过伊吉勒（伏尔加河）、雅伊克河，攻破莫格德城堡，砍杀消天了俄罗斯人，占领征服了阿苏，萨苏，保加利亚，赫日门，基辅等城市的百姓，并派驻了管理的官员们后返回来。从前，在征服女直人，朝鲜的战争中，在派出的札赉日部佩箭卫士们之后，也随后派出苏德日部的佩箭卫士们，驻扎在那里，使他们成为那里的统治者。

第二百七十五节、巴特（拔都）从钦察（黑皮查克）之地，秘密来见窝阔台汗，禀告道：“在长生天之力，汗兄的威严下，攻破了莫格德（1）城，占领了俄罗斯，降服归顺了各个方向的十一个国家（公国）。

当拉着金缰绳即将分别时，我们支起了大帐，举行了欢庆胜利的宴会。在这个盛宴上，因为我是众汗王儿子们的头领而先饮了一、两碗酒。于是，布里，贵由两个人同我交恶，从盛宴退出来走掉了。

走出之前，布里说道：“巴特同我们是一样的身份，为什么他先喝酒？他像一个带胡须的妇人似的，在用脚底碾压我们，用脚面踢开我们。”

贵由说：“我们俩射那个佩箭带胡须的妇人吧！”

额勒吉根的儿子阿日嘎孙说："给他们戴上木头尾巴才是。"

在那里，我们是异族人，在征服敌国行动中，应该以理服人才对。布里，贵由二人说了那样可以引起争执吵架的话，使宴会不欢而散。现在该怎么办请汗王叔叔自知！"

注 1、此处应该是指当时俄罗斯大公国中最重要的城市诺夫哥罗德。

第二百七十六节、听了巴特说的话，窝阔台很生气，没有让贵由前来拜见。

并说到："这个专横的古怪之人，不知听了谁的谗言，说出轻视兄长的话来？就像一个坏鸡蛋将即将腐烂掉了一样，竟敢反对兄长。"

把他派往遥远的地方去巡查，使其十指指甲都开裂地去攻占山一样多的城市。让他去边远的地方做指挥官，把五个指头的指甲都耗光去战斗，攀登牢固结实的城堡。

肮脏，可恶，专横的阿日嘎孙，跟谁学的！对我们家族的人开口说出蔑视的话来？

把贵由和阿日嘎孙派往一处，理由是那里有阿日嘎孙适合的公差。但是，如果你们认为不公平，你们可以说。

关于布里的问题可以同巴特说！将此事告知察合台

哥哥！察合台哥哥应该知道怎样处理这些事！”

第二百七十七节、汗王儿子们中的芒盖，阿勒其代，洪赫尔代将军们劝告说：

“您的父亲成吉思汗曾有诏令：原野之事在原野化解，家中之事家里解决（1）。大汗现在对贵由生气，这是原野之事，如果汗恩准，可以把这件事交付给巴特去做行吗？”

听了这些人的这话，大汗恩准许后，气消了，才让贵由晋见。并斥责了他的错误，教诲他道：“听说你在征途中，没留下有完好屁股的人，还剥下士兵脸上的皮，你以为俄罗斯国是害怕你那狂怒的气才降服你吗？你以为是你一个人降服归顺了俄罗斯人，而拿出了狂妄的样子，反对哥哥们了？

成吉思汗父亲的诏令中不是有：人多力量大，水深不安全的话吗？

你是在苏勒台，布吉格二人的羽翼保护下，才能够行进着。在众人的帮助下才归顺了俄罗斯。

在征服钦察草原（黑皮查克）之时，你首次从家出战，一个俄罗斯人，黑皮查克人也没抓住，连一只羊羔的蹄脚都没得到。

现在就显出专横的脾气来，说一些不三不四的话出来，使自己出风头是什么道理？只是阿勒其代，洪赫尔代将军们将我激动的心平复了，将沸腾的水平稳了，使我怒火平息。

原野之事由巴特去解决。贵由，阿日嘎孙二人怎样处理，由巴特去知晓，布里之事由察合台哥哥去解决。”

注 1、此处话语的意思是，自己家里的事情，自己去解决。发生在外边或其他家族的事情，由他们自己出面去解决。

第二百七十八节、同时，窝阔台汗又下诏令，诏告跟随保护成吉思汗父亲的全体宿卫，佩箭卫士，锦衣卫士，全部侍卫军们：要继续执行汗父以前制定的诏令，按过去的规则实施。佩箭卫士，锦衣卫士要按从前制定的规矩，日间轮值警卫，日落之前将任务交给宿卫后去外边住宿，我们宫庭的夜间的安全由宿卫宫内佩箭卫士照看！夜间走动的人员由宿卫警卫抓住后留宿，众人散去之后，除宿卫以外，如果有人擅自到内宫，宿卫可以砍下他的头。

如果夜间有急报的人来，与宿卫一同到寝宫后边禀报，有关进宫出宫的全部事项由洪赫尔代，希日罕二人共同商议通报。额勒吉格代虽然是值得信赖的人，但因夜里在宿卫附近走动而被抓住，他们同样的执行了法令。

所以，不管是多么值得信赖的人，都不能走近宿卫，不得打听宿卫的人数，

不要在宿卫附近走动！不要在宿卫中间走动！对走

进宿卫附近，走进宿卫中间的人员，宿卫们要抓住他们。

对探听宿卫数量的人，宿卫们要留下他当天骑的带鞍具的马和所有衣物，谁也不准坐在宿卫的屋顶上；

宿卫照料保管战鼓，旗帜，长矛，鞍具，炊具等。食物，饮料，酒类，肉食也由宿卫负责管理；宫庭帐幕的车辆由宿卫照看。

如果我们不亲自出征，宿卫们不得跟随任何其他部队行进！我们狩猎时，部分宿卫照看宫庭帐幕车辆，部分跟随我们共同行动！宿卫要查看好驻扎的地方，移居宫庭帐幕！宫庭门卫由宿卫担任，全体宿卫由万户长哈丹统帅。

另外，轮换宿卫的侍卫军的首领哈丹，布勒哈达尔二人，要让一个轮值队协助下，另一个轮值队巡逻，在宫庭帐幕的东西方面，要各分配一半人员警戒护卫。

阿马勒，查那尔二人，协助一个轮值队在宫庭帐幕东西方向，各分配一半人警戒巡逻，哈代，浩里查日二人，协助一个轮值队，在宫庭帐幕东西侧，各分配一半人员警戒巡逻。

雅勒巴格，哈拉乌达日二人，协助一轮值队进来，在宫庭帐幕西边分配一半人照看巡逻，另外，哈丹，布勒哈达日的轮值队，阿马勒，查那尔的轮值队，这两个轮值队的巡逻士兵们在宫庭帐幕的东西扎营而驻，哈代，浩里查日二个轮值队，雅勒巴格，哈拉乌达日的轮值队，这两个轮值队的巡逻士兵们在宫庭帐幕的西边札营驻下，这四队轮值队的宿卫由哈丹统领指挥，同时宿卫要守卫在我自住的宫庭帐幕四周，看守门户，还要有两个宿卫进入宫庭帐幕倚柱而立。

同时，让统领佩箭卫士的也孙台，布和代，浩日呼达格，拉布拉哈四人将佩带弓箭的锦衣卫队编为四个轮值队，轮值队统领指挥全体佩箭卫士们。

同时锦衣卫队的轮值队首领，由从前指挥过的锦衣卫队人员的后代担任，过去担任过职务的阿勒其代，洪赫尔代二人协助去指挥一个锦衣卫轮值队，特木德日，哲呼二人协助指挥一个锦衣卫轮值队，芒古代指挥一个增援锦衣卫轮值队。

大汗又下诏令：所有司膳将官由额勒吉格代为首，听从他的号令。轮值巡逻士兵如果迟到，按从前的诏令鞭笞三棍，此人如果再次来晚就鞭笞七棍，如果还是那个人没有任何理由，未经队长批准而中断值班，就看作是不胜任我们随从的工作，鞭笞三十七棍后，发配到遥远的目不能及的地方去。另外，如果轮值队的队长没有整顿列队所属的侍卫军，而进入巡逻值班，轮值队首领要受到惩罚。

另外，轮值队首领要向其他三个轮值队的侍卫军传达这个诏令！如果不让侍卫军们听到这个诏令，那就是轮值队首领的错。

另外，轮值队的首领们不能以首领的身份，惩罚所

属的共同巡逻值班的我的侍卫军们，他们违犯了规则，应让我们知道，该杀的我们杀，应惩罚的我们惩罚。如果首领们在不让我们知道的情况下，对我的侍卫军动手动脚，那么相应地要报以手、脚，使用棍杖的回应是棍杖惩罚。在外的千户长要比我的侍卫军尊贵，但如果千户长与我们侍卫军争吵，就惩罚千户长。

第二百七十九节、同时，窝阔台汗又说："成吉思汗父亲操劳创立的国家，不要让它痛苦，让脚踏之原野，手触之土地充满幸福。坐上父汗现成的基业之上，不让所统辖的人民痛苦是崇高神圣的。要从成为饮食供应所属国家的羊群中，每年拿出一部分羊来，百只羊中抽一只羊，做为给国家里，没有财产的穷人们援助。

另外，在征集众多兄弟、男丁、士兵马匹时，把征集时，所用马匹的负担，都向全体人民征收是不合适的。应由各个方面的千户们提供母马，委派放牧的当地人做挤奶人，让他们用服役以偿还债务后成为骑士。

另外，首领们要赐给集合起来的兄弟们以赈济品，为此，要将财物，钱，斧头，弓箭，铠甲等保管在房屋地下室里，并看管好房屋，城堡。所以各地都要委派城堡守护人员，粮食保管人员（口粮员）看管好这些。

另外，要将国家百姓的土地、水源分封下去，分封到到领地之后的千户们要在择地而居时，要清点区分出全部的居民数量。

另外，还有沙漠戈壁之地，除野兽外无其他生命。所以，希望有人民在那辽阔的地方居住，要将察奈，维吾尔太两部族为首的居民派往那里，在沙漠壁上掘井而居。

还有，如果按现在的制度派遣使臣们，由于使臣们不但行动的慢，而且给人民千万许多困难和痛苦，还有非常大的负担拖累。

现在我们建立长期的规则（制度）。在各方的千户中选出道路向导，驿站公役，设置在各自的驿站里，使臣们可以随便骑乘由当地人民当中征用的驿马，不能随便游荡行进，只允许沿着驿路路线行进。

这件事情现在就实行。察奈，布勒哈达日两人的想法向我们提出，虽然是正确的，但是要通报察合台哥哥！刚才所讨论的事项，正在组织实施安排，赞同与否请察合台哥哥决定！”　马上派人传报察合台。

不久，传来同意全部所议之事的回信，并说：“按那些规则去做。”同时，察合台哥哥派人转告说：“我从这里修筑接应的驿路、驿站，并派使臣去巴特那里，让巴特修建驿站。把驿路同我们联接起来”并说道：“在全部区域之间建立相互联系的驿站，驿路是十分正确的建议。”

第二百八十节、在那里，窝阔台汗说：“这件事，由察合台兄出面，要获得以巴特为首的右翼（西部地区）

的孩子、兄弟们全体，以特木哥·敖特其根首领、哲呼为首的左翼（东部地区）的孩子、兄弟们全体，中心地区的姑娘，女婿万户，千户，百户，十户长全体人员的同意。

要同意的事项是："达赉汗（大海汗）（窝阔台汗为了与小汗王们区别开来意为大海汗或大汗）所需饮食之物，每年，要从每个部族中抽出税赋。以百只羊为单位抽取税赋羊，即每百只羊中，抽取二岁母羊一只，分配给贫穷的人们帮助他们生活的更好。

建立驿站，设置向导，驿差，对百姓人民是好事，可以的使他产生安宁，而且，方便使臣们，请大家全体赞同支持。

对此，大汗下诏令，因为是与察合台汗兄商议后，经察合台兄同意的，所有国家的各个千户们，按汗的诏令：每年从羊群中抽出税赋羊，每百只羊中抽出二岁母羊一只来进贡。

并要将征集时聚起来的母马，安排骑士们看护。

委派抽调骑士，城堡卫士，粮草官。

选出道路向导，驿差并确定其居住地点。

修建驿路，由阿拉浅，陶古查日二人指挥。

按规定在一个驿站上安置 20 名驿差，要保证使每个驿站都拥有 20 名驿差，驿差所用之马，羊，奶马，役牛，役车等按确定的数量备齐，如果鬃毛绳短了，就割下管理者一半儿的嘴唇。勺子、车幅条少了，就割下另一半儿的鼻子。

第二百八十一节、窝阔台汗说："坐在父亲的基业之上，在汗父之后做成功的事业是：

第一件事是，彻底征服占领了金朝。

第二件事是，为在我们相互之间遣返使臣，加强联系，设立传送各类事件信息的驿站、驿路交通。

第三件事是，在特殊环境的地方挖掘水井，让国家的百姓保证水草充足。

第四件事是，在驻守各个国家的城市中，设置统辖者们通报情况（信使）的制度。

让各个国家的百姓人民，脚踏大地，手抚田野，使之安宁祥和。我在汗父之后完成了这四件事。

同时坐在父汗的大基业上，承担了管辖众多国家百姓的重任之时。沉缅于酒中是我的第一个错误。

第二个是，听从了不懂礼仪的妇人的话，从特木哥·敖特其根叔叔所辖的属民中，选取了姑娘成为我的另一个错误。

做为国之大汗，被他人错误的行为所影响也是我的错。

第三，暗中猜疑道格勒呼格又是一个错误，如果为什么说是错误？在父汗眼前，听信别人的谗言，将始终冲杀在前的道高勒呼格处死，现在谁会象他那样在我前面，率先冲杀呢？使在汗父前忠义有功勋的人，在毫不知觉的情况下报复了他，使我内心谴责自己。

第四、为了怕以天地之命运生养的野兽，跑到其他兄弟那里去，而吝啬地建起狩猎围墙。因此，听到了兄弟们传来的怨言，这也是一个错误。汗父，我在您之后完成了四项事业，也留下了四个错误。”

第二百八十二节、开完黄金家族族裔会盟大会，于鼠年（1240 年）忽兰（七）月，驻于克尔伦原野之北的道劳宝力道格（蒙古语意为：七个高岗丘陵之处）和希勒黑因策格两地之间的汗王宫庭帐幕之中时，写毕此书。

《蒙古秘史》人名、地名、专用名词译名对照表

类别：地名

原　文	罗马文对译	中文译名	章节索引	备　　注
Айл харгана	Ail khargana	阿伊勒·哈日格纳	3—107	在黑木日嘎小河附近的一个地方。大蒙古国推举大汗后在此欢宴庆祝。
Абжия хүдгэр	Abjiya khudeger	阿布吉雅·呼德格日	7—187	成吉思汗的冬营地之一。
Абту хот	Abtu city	阿布图城	12—261	位于印度和巴格达地区之间的阿鲁-马鲁 曼的萨尔国的城市之一。忽必烈汗派遣杜尔伯特部的杜尔伯将军前去征服之地。
Агу нуга	Agu nuga Bay	阿古湾	4—141	在今中国内蒙古自治区呼伦贝尔市境内额尔古纳河支流根河附

				近。是札答兰部落首领，成吉思汗的结拜兄弟(安答)扎木哈1201年，称古尔汗之地。
Алагууд уул	Alaguud mountain	阿拉古德山	4—129	在今中国内蒙古自治区呼伦贝尔草原额尔古纳河畔，扎木哈为首的札答兰部落驻牧地附近，大兴安岭山脉的山岭。
Алхуй булаг	Alkhui bulag	阿勒辉・布拉格	4—141	额尔古纳河附近地名。蒙古语意为：阿勒辉之泉。
Алаша нутаг	Alasha	阿拉善	12—265	西夏国宰相阿沙・汗布的部落驻地。即今中国内蒙古自治区阿拉善盟地区。
Ашиг балгас	Ashig Castle	阿希格城堡	7—188	蒙古西部地区的城堡。王汗的儿子僧衮经过此城堡进入吐蕃（今中国西藏地区）。
Ариг ус	Arig River	阿日格水	1—19	二十土默特部之地。蒙古语意为：洁净之水。阿伦・高娃出生于此。

Арай даваа	Arai dava Mountain	阿日艾岭	8—198	阿尔泰山脉南坡的一座山岭。1205 年春季，成吉思汗翻越该岭追击莫尔克德残部和奈曼部王子呼楚鲁格。
Аргала хохи	Argala khokhi	阿日嘎拉 •霍和伊	6—183	克尔伦河附近的地方。蒙古语意为：有干牛粪的地方。
Алтай өлгий	Altai ölgii	阿尔泰 •乌勒给	7—193	蒙古语意为：阿尔泰的摇篮。
Алтай өвөр	Altai övör	阿尔泰 •沃布日	8—198	蒙古语意为：阿尔泰山南坡或阳坡。
Ауралг уул	Aurag mountain	阿乌拉格山	8—198	成吉思汗的老营（宫廷帐幕驻地）。在成吉思汗出征帮助金朝追击塔塔尔部族时，朱日和部袭击了该地，并杀死留驻的人。在克尔伦河源头附近
Аму мөрөн	Amu River	阿姆河	11—258	位于中亚地区的大河流之一。阿姆河长 1415 公里；从源头起算，

				全长 2540 公里，流域南北宽 960 公里，东西长 1400 公里，面积 46.5 万平方公里。流经今阿富汗、塔吉克斯坦、乌兹别克斯坦、土库曼斯坦四个国家。
Алтан горхи	Altan Creek	阿勒坦小溪	11—259	中亚地区位于布哈拉城附近的一条小河流。是成吉思汗西征时的夏营地。
Ару-мару Мандсаары улс	Aru maru mandsaari Country	阿鲁一马鲁曼德萨尔国	11—261	中亚地区古塞尔柱帝国，位于印度和伊拉克之间。似为古塞尔柱鲁姆国。
Асу улс	Asu country	阿苏国	11----261	成吉思汗西征抵达中亚地区后，派遣苏勃台将军进攻西北方向的中亚、东欧等地十一个城市国家，该国是其中之一。
Ар буха	Ar bukha	阿日·布哈	12—265	成吉思汗征西夏途中猎野驴时，从马上摔下受伤之处。蒙古语意

				为：公牛之背。此次受伤导致成吉思汗逝世。
Алтай даваа	Altai davaa	阿尔泰大岭	5—158	阿尔泰山脉。成吉思汗联合克烈部攻打奈曼部贝茹格汗时，贝茹格汗翻越该大岭逃跑之地。
Байдраг гол	Baidrag River	拜德拉格河	5—159	西部阿尔泰山脉一带的河流。。今蒙古境内。又译：拜达尔河。成吉思汗和王汗追击奈曼部呼楚鲁格汗（屈出律），并在乌伦古河附近的贺希勒巴西湖将其消灭后，回军时，奈曼部著名将军呼格色乌·萨巴拉格勇士，在此率军截击他们。此次，在双方开战前，王汗连夜抛下成吉思汗独自离去，造成成吉思汗与克烈部的联盟关系分裂。
Балжийн арал	Baljiin island	巴拉津岛	1—24	克尔伦河发源地的一个草场牧地冬营地。成吉思汗第十世祖先宝

				敦查日离开家族独自栖身之处。
Балжун нуур	Baljun lake	巴勒珠湖	6—182	成吉思汗与克烈部第一次发生分裂后，从驻扎在通赫勒格小溪东岸的驻地迁往这个湖畔。并在此与众多追随者盟誓的地方。即历史上著名的“巴勒朱湖盟誓”事件。
Баргужин тохим	Bargujin tokhim basin	巴日古津盆地	1—8	位于今俄罗斯与蒙古国北部边境之处的地方。也是巴尔虎蒙古部族祖源之地。
Баруан хээр	Baryan kheer	巴日扬原野	11----257	1219 年，成吉思汗征讨西域的花剌子模国等地追击花剌子模国王父子摩诃末和札兰丁二人时，抵达印度附近所驻扎的草原。
Бат хэсэн	Bat khesen	巴特-合森	11----257	同上，在追击逃亡印度方向花剌子模国王父子时，所经过的地方

				名称。
Ботохан боорж	Botokhan boorj	包陶汗 •宝日吉	3—106	敖嫩河之源头的一个地名。是成吉思汗为攻打抢走他的妻子勃尔贴夫人的莫尔克德部落，与克烈部王汗、札答兰部扎木哈二人联合出兵时，三方征战队伍集结之地。
Буйр нуур	Buir lake	贝尔湖	1—53	位于今中蒙东部边境呼伦贝尔市境内和蒙古国东方省境内的跨边境湖泊。
Бурхан халдун	Burkhan khaldun mountain	宝日汗 •哈拉敦山	1—1	蒙古国大肯特山三河发源地（敖嫩、克尔伦、图拉河）的山峰。是成吉思汗祖先和他早期驻牧的地方。
Бурги эрэх	Burgi erekh	布日吉 •额日格	2—96	克尔伦河的源头之地。位于今蒙古国境内肯特山脉。铁木真早期驻牧地之一。

Буур хээр	Buurgi wilderness	布里之野	3—109	色楞格河附近。是莫尔克德部落的领地。后被成吉思汗联合王汗、札木合攻打占领。在今蒙古国境内。
Бухдэрэмэ	Bukhdereme	布赫德日莫	8—198	额尔齐斯河附近的地名。1205 年奈曼部被成吉思汗攻打后，其汗王达延汗之子呼楚鲁格（屈出律）逃亡至该地后，与莫尔克德部的首领陶格陶阿会合之地。位于今蒙古国境内。
Бухар хот	Bukhar city	布哈拉城	11—257	1219 年，成吉思汗率军西征花剌子模国，该城为其境内城市之一。位于今乌兹别克斯坦西南部。唐代被称为“捕喝”、安国。是昭武九姓地之一。
Багда	Bagda city	巴格达	11—261	今伊拉克首都。位于印度和伊朗西部地区。坐落于底格里斯河畔。1219 年成吉思汗西征时，派将军

				绰尔马干去征服巴格达城。
Бажид улс	Bajid Country	巴吉德国	11—262	成吉思汗西征时，派将军苏勃台向西北征讨中亚、东欧地区国家（或部落联盟）的国名之一。
Баян сум	Bayan sum	白音苏木		蒙古语意为，富裕的寺庙或地方。今中国河北省张家口地区。
Болар улс	Bolar Country	保拉尔国	11—262	成吉思汗西征时，派将军苏勃台向西北征讨中亚、东欧地区国家（或部落联盟）的国名之一。其名与今位于黑海沿岸的保加利亚有历史渊源。
Болгар улс	Bolgar Country	保加利亚国	11—262	成吉思汗西征时，派将军苏勃台向西北征讨中亚、东欧地区国家（或部落联盟）的国名之一。今保加利亚地区。
Бэдэр хошуу	Beder khoshuu	布德尔之崖	2—88	今蒙古国三河之一的敖嫩河支流黑木日嘎附近的地方。铁木真被

				泰赤乌人抓捕后，只身逃回来，在那里与家人团聚。
Бэрхэ элтэм	Berkhe eltem	博日和 •额勒特木	5---166	1203 年，扎木哈与克烈部王汗的儿子僧衮会面的地方。在哲哲尔高地山梁旁边的地名。
Битуу модот уул	Bituu modot mountain	毕图毛道特山	1—28	成吉思汗的祖先宝敦查日流落之地的名字。大约在今蒙古国肯特山敖嫩河附近。
Гацуурт сувчид	Gatsuurt pass	嘎楚日特隘口	3—115	成吉思汗联合克烈部、札答兰部击败莫尔克德部落后，克烈部王汗返回自己的驻地黑森林时路过的一个隘口名称。
Гүсэүр нуруу	Güseür nuruu	古色乌日山	6—177	王汗被自己的弟弟额尔赫汗打败后，逃亡到铁木真处时，双方见面的地点。
Гурван тэл	Gurvan tel	古尔班特勒	6—177	铁木真出兵帮助克烈部王汗征服古尔汗之地。意为：三岔口。

Гүүн горхи	Güün Creek	宫小河	11—257	成吉思汗西征追击花剌子模国的国王至印度河后，返回途中抵达该地驻扎的小河流之一。
Дэлүүн болдог	Deluun boldog	德伦宝力道格	1—59	敖嫩河畔的一个小湖泊。是成吉思汗出生地。位于肯特山麓。
Далан балжуд	Dalan baljud	达兰巴拉珠德	4—129	成吉思汗与札木合进行十三翼之战之地的湖泊名。意为：有七十丛红柳树的地方。
Далан нэмурэг	Dalan nemureg	达兰额木日格	5—152	1202 年秋季，成吉思汗与白塔塔尔部、阿勒其塔塔尔部、图塔乌塔塔尔部、阿鲁海塔塔尔部作战的地方位于达赉（呼伦）湖出口小河处。今中国内蒙古呼伦贝尔市满洲里市扎赉诺尔区附近的地名。
Долон болдог	Dolon boldog	道劳宝力道格	4—136	今肯特山克尔伦河发源地附近。是《蒙古秘史》作者写毕此书的

				地名。蒙古语意为：有七个山丘之地. 有蒙古学者推测该书，是由成吉思汗贴身琴师或口头蒙古说唱者—乌勒格尔（讲故事者）阿尔嘎孙根据口头历史传说，在十三世纪整理写出的历史书籍。
Дидиг сахал	Didig sakhal	迪地格 •萨哈拉	7—188	奈曼部边境之地，也是 1203 年，克烈部首领王汗陶日伊勒被成吉思汗打败逃跑途中到达的地方。在这里他被奈曼部守边将领浩里苏・博齐抓住，并杀害。
Дэрсуд	Dersud	德日苏德	5—149	蒙古语意为：有芨芨草的地方。
Дун чан	Dun chan	东京	11—247	金国的东部都城今中国辽宁省辽阳市。
Дун гуан боом	Dun guan boom	潼关	11—251	今中国境内长城的一个关口。
Жалама уул	Jalama mountain	扎拉玛山	4—128	成吉思汗驻牧地之一。

Жэжээр өндөр	Jejeer öndör	哲哲日高地	5—166	1203 年，扎木哈得知成吉思汗与克烈部王汗之子僧衮发生矛盾后，纠集一些人前去克烈部与僧衮见面的地方。
Жэр хавчил	Jer khavchil pass	哲日隘口	6—185	是位于哲哲日高地附近的一个峡谷隘口。成吉思汗在此与克烈部决战，并征服了克烈部。
Жунду	Jundu city	中　都	11—247	1211 年，成吉思汗征战中国。在野狐岭打败金军后，占领金朝首都中都。即今中国北京市。
Зээрэн хавцал	Zeeren khavtsal canyon	哲仁峡谷	4—129	敖嫩河畔的一个峡谷。蒙古语意为有黄羊的地方。成吉思汗与扎木哈发生十三翼之战后，被扎木哈打败撤退到该峡谷。
Зоргал хоны	Zorgal khoni	照日嘎勒浩尼	6—177	成吉思汗与王汗曾经相互盟誓之地。蒙古语意为：有六只羊的地方。

Индус	Indus	印度	11--261	即古印度名称。
Иру хот	Iru city	伊鲁城	11—258	成吉思汗西征时派托雷前去征服的城市之一。
Исэбур хот	Isebur city	伊色布日城	11—258	同上。
Их өтөг	Ikh ötög	伊贺 •奥特格	12—268	阿尔泰山脉的肯特山附近据说是埋葬成吉思汗真身的地方。
Инжил мөрөн	Injil River	伏尔加河	11—262	俄罗斯的著名河流之一。
Байшин хот	Baishin city	拜兴城（归化城）		今中国内蒙古首府呼和浩特市。蒙古语意为：有房屋的地方。
Шар-хот	Shar city	大同右卫		蒙古语意为：黄色之城（siro-khoto）。
Кишилбаши нуур	Kishilbashi lake	克西勒巴西湖	5—158	成吉思汗打败奈曼部，追击呼楚鲁格贝茹格汗至该地，将其消灭。
Кашгар	Kashgar	喀什噶尔	7—188	今中国新疆维吾尔族自治区最西部城市喀什。克烈部王子僧衮被

				成吉思汗追击，逃到这里后被杀。
Кэши мир	Keshimir	克什米尔	11—262	成吉思汗西征派速不台征服的十一个国家、地区之一。今印度、巴基斯坦等国有争议地区。
Кива мэн	Kiva men	基瓦门	11—262	即今位于乌克兰中北部第聂伯河中游，是乌克兰首都，基辅州首府城市。
Кэрт улс	Kert country	克尔特国	12—270	成吉思汗西征派速不台征服的十一个国家、地区之一。
Кэйбэ хот	Keibe city	克伊伯城	12—270	同上
Лала улс	Lala country	拉拉	11—262	指中亚和中东地区的回教或伊斯兰教国家。
Мау өндөр	Mau öndör	马乌高地（山）	6—170	成吉思汗前去克烈部参加会亲宴时，得知克烈部王子曾衮要暗害他的消息后，快速返回驻地时所经之地。

Мажар улс	Majar country	马扎尔	11—262	国名。即今匈牙利国。
Муруч сүүл	Muruch süül	穆如其 •苏勒	6—177	哈迪格力格山之地名。是成吉思汗帮助王汗打败莫尔克德部落，夺回他被抢去的领地，还给他的战役之地。蒙古语意为：似弯曲的尾巴的地方。
Мэкэтмэн хот	Meketmen city	莫克特门城	12—270	成吉思汗西征派速不台征服的十一个国家、地区之一。
Нарату шитуэн	Naratu shituen	那拉图 •希特温	4—133	成吉思汗与王汗帮助金朝打击塔塔尔部落时的地名之一。
Наху гун	Nakhu zalley	纳呼山谷	7—195	奈曼部塔阳汗与成吉思汗作战时，渡过鄂尔浑河路过的峡谷名称。也是奈曼部被成吉思汗打败的地方。
Нэхун ус	Nekhun River	额浑水	7—188	王汗与儿子僧衮被成吉思汗打败逃跑时，经过位于迪地格萨哈拉之地的河流名称。

Нан жин	Nan jin	南京	11—251	金朝之开封府、古称：汴梁。
Онон мөрөн	Onon River	敖嫩河	1—1	今蒙古国境内源于肯特山的三大河流之一。
Орхон мөрөн	Orkhon River	额尔浑河	3—115	蒙古境内最长河流，长 1124 公里，汇入色楞格河。古汉语称：頞根河、额昆水。
Оршуун мөрөн	Orshuun River	乌尔逊河	1—53	连通呼伦湖与贝尔河的河流，位于今中国内蒙古呼伦贝尔境内。
Ор нуга	Or nuga Bay	敖日湾	6—175	位于中蒙界河哈拉哈河之上。
Отрад хот	Otrad city	讹答拉城	11—257	古中亚重镇之一。位于今哈萨克斯坦国南哈萨克斯坦州奇姆肯特市阿雷斯河（阿如斯）与锡尔河交汇处。
Өхөрт шугуй	Ökhört shugai	乌赫日特森林	3—115	王汗与成吉思汗、扎木哈联合打败莫尔克德部落后，由宝日汗哈拉敦山返回图拉河黑森林时所经

				之地。
Орос	Russia	俄罗斯	11—262	蒙古帝国被称为“长子西征”时要征服的今俄罗斯地区。
Өлгий булаг	Ölgii bulag	乌力盖布拉格	4—128	蒙古语意为：‘摇篮之泉’。扎木哈的弟弟泰查尔驻牧地。因他抢掠成吉思汗属下的马群被杀，而引发扎木哈与成吉思汗的十三翼之战。
Өргэнэчи хот	Örgenchi city	乌日根奇城	11—258	是花刺子模国的城市之一。是今乌兹别克斯坦花刺子模州首府城市。位于今乌兹别克斯坦和土库曼斯坦边境地区。也叫玉龙杰赤城。
Сааль хээр	Saali kheer	萨里草原	4—128	蒙古语意为：黄色的草原或原野。是成吉思汗早期的驻牧地之一。
Сартул	Sartul	萨日塔乌勒	5—152	指西域地区的人们，即突厥语族部落。

Сариг гун	Sarig gun valley	萨里格山谷	10—237	哲别追杀奈曼部王子呼楚鲁格（屈出律）并将其消灭之地。
Сохог ус	Sokhor River	索浩格水	5—158	位于乌鲁格一塔格山之处的河流名称。成吉思汗与奈曼部作战之地。
Сэлэнг морон	Stleng River	色楞格河	3—109	蒙古国境内北部河流。
Сэнгур горхи	Sengur Creek	曾古日小河	2—89	敖嫩河源头支流。是成吉思汗早期驻牧地之一。
Сюнь дэ фу	Syuni de fu	宣德府	11—247	位于大同府西北八十里。今中国河北省宣化县。
Сэмисгяб хот	Semisgyab city	瑟米斯布城	11—257	中亚城市之一。1219 年成吉思汗西征时的城市。
Систэн хот	Sisten city	西斯腾城	11—259	1219 年成吉思汗西征，命令托雷征服的城市之一。
Сасу улс	Sasu country	萨苏国	11—262	1219 年成吉思汗西征，命令苏勃台（速不台）征服的国家之一。

Тана горхи	Tana Creek	塔娜小溪	3—107	位于敖嫩河支流通赫勒格小河附近。
Талхун арал	Talkhun island	塔勒浑岛	3—115	铁木真与王汗、扎木哈联合进攻莫尔克德部时，集聚军队出发之地。
Тамир	Tamir mountain	塔米尔	7—195	阿尔泰山脉西部塔米尔山。
Тогоцог ондор	Togotsog öndör	陶高朝克高地	1—12	成吉思汗的十一世祖道布狩猎时，遇到乌梁海部人猎杀三岁母鹿的地方。
Туул гол	Tuul River	图拉河	2—96	俄罗斯、蒙古国境内河流，是鄂尔浑河的支流。
Тунхлэг горхи	Tunkhleg Creek	通赫勒格小河	1—5	位于宝日汗哈拉敦山附近，敖嫩河支流。
Тургагуд уул	Turgagud mountain	图日嘎古德山	4—129	扎木哈发动征讨铁木真的十三翼之战，出发时路过的山岭之一。
Тулхин чэуд	Tulkhin cheud	图勒赫车乌	7—190	位于骆驼川附近。

		德		
Тэлэту ам	Teletu pass	特勒图山口	4—136	成吉思汗杀死朱日黑部首领之地
Тэмээ хээр	Temee kheer	特莫草原	7—190	蒙古语意为‘骆驼之野’或骆驼川。
Тэнгис далай	Tengis sea	腾汲斯海	1—1	似为今中国内蒙古自治区呼伦贝尔市境内古称：达赉诺尔，蒙古语意为海一样的湖泊。今亦称呼伦湖。今面积仍有 2300 余平方公里，是中国第四大淡水湖。
Тэлэгэту амсар	Telegetu pass	特勒格图隘口	5—162	奈曼部的将军呼格色乌·萨巴拉格打败克烈部僧衮，并劫掠了他的属民，家人和财物后，又与僧衮的父亲王汗作战的地方。
Тайхал шивээ	Taikhal shiibee	泰哈勒一西博	8—198	1204 年，成吉思汗打败莫尔克德部落后，部分人员逃到这个地方筑墙抵抗。

Танлу уул	Tanlu mountain	唐鲁山	8—200	今唐努山。即扎木哈离开奈曼部时与随从的五个手下抵达这个地方，被其手下抓住送至成吉思汗处。
Тоур гол	Tour River	洮儿河	11—253	今中国吉林省与内蒙古境内的洮儿河。1214 年，成吉思汗再次征讨金朝后，派弟弟哈萨尔沿渤海岸向北经过今中国东北地区返回蒙古草原时，路经该河流。
Тэргүүн өндөр	Tergüün öndör	特日衮高地	2—79	铁木真小的时候，泰赤乌部的人去抓他时，他们全家躲进森林里的地名。
Тангуд улс	Tangud country	唐古惕国	12—266	西夏国的古称或蒙古人的称呼。蒙古语意为：唐朝人的国家。
Тамир гол	Tamir River	塔米尔河	7—196	奈曼部被成吉思汗打败后，塔阳汗战死。其子呼楚鲁格汗逃至该地纠集残部进行抵抗。失败逃走。

Түрэмгий хот	Türemgii city	图热莫城	12--267	古灵州。今中国宁夏回族自治区灵武县。西夏国陪都西平府。
Улаан бургад	Ulaan burgad	乌兰布日嘎德	6—170	马乌高地南边的地名，蒙古语意为：有红柳丛的地方。是成吉思汗躲避克烈部追兵时的地方。
Улаан бух уул	Ulaan bukh mountain	乌兰布和山	10—240	成吉思汗派杜尔贝将军征服二十土默特部时路过的山岭。
Улаан хос	Ulaan khos	乌兰浩斯	5—163	克烈部被奈曼部追杀，王汗向成吉思汗求救。成吉思汗派出四员大将前去救援他，在这个地方王汗之子僧衮马匹受伤，就要被抓时，被前来的救兵救出。
Улиастай сувчид	Uliastai pass	乌里雅斯台隘口	3—115	王汗与成吉思汗、扎木哈联合进攻莫尔克德部获胜后，返回图拉河黑森林驻地时路过的地方之一。
Улз	Ulz River	乌力吉河	4—132	蒙古国东北部河流之一。金国派

				兵与塔塔尔部作战，促使塔塔尔部迁徙至该地驻扎。
Улуг-таг	Ulug tag	乌鲁格一塔格	4—144	阿尔泰山脉南的山岭。
Улхуй шилугэлжид	Ulkhui shilugeljid River	乌勒辉一希鲁格吉德河	5—153	1202 年，秋季，成吉思汗与塔塔尔部落开战。并在此地将其征服。该地应在今中国内蒙古东部呼伦贝尔草原境内。
Ураг цөл	Urag tsöl	乌拉格一朝勒	2—94	克尔伦河附近的地名。成吉思汗迎娶勃尔贴夫人时，岳父德策臣送他们到此地后返回。蒙古语意为：亲人的荒野。
Утхияа	Utkhiya	乌特黑亚	4—142	十三翼之战时，前锋队伍准备在此地驻扎时，接到了前方前哨人员传来的“敌人已经到来”的警报。
үрүнгү гол	Ürüngü River	乌伦古河	5—158	克烈部王汗与成吉思汗追击奈曼

				部贝茹格汗时，经过阿尔泰山位于呼穆辛吉格之地的河流名称。
Улаан болдог	Ulaan boldog	乌兰宝力道格	6—177	照日嘎勒浩尼附近的地名。蒙古语意为：红色的山岗。是成吉思汗与王汗盟誓的地方。
Улаан бух	Ulaan bukh	乌兰布哈	10—240	蒙古语意为：红公牛。征服二十土默特人时的地方。
Унэгэн даваа	Unegen Ridge	野狐岭	11—247	位于今中国河北省长城居庸关附近的山岭。是成吉思汗征讨金朝时，双方激战之地。
Ула нау мөрөн	Ulanau River	乌拉一纳温江	11—253	今中国境内内蒙古自治区与黑龙江省嫩江。
Хадиглиг нуур	Khadiglig lake	哈迪格里格湖	6—177	成吉思汗与莫尔克德部作战的地方。
Халх гол	Khalakh River	哈拉哈河	6—175	中蒙东北部界河。位于呼伦贝尔市与蒙古国东方省边境地区。

Ханхархан	Khankharkhan	杭哈日汗	7—193	又叫杭盖汗。
Хан морон	Khan River	汗河。亦称刊河	4—141	今中国内蒙古呼伦贝尔市额尔古纳河支流根河的古称。
Хархонаг хөдий	Kharkhonag	哈日浩纳格山谷	1—57	敖嫩河源头之地。
Химурга горхи	Khimurga Creek	黑木日嘎小河	2—88	敖嫩河的支流。是成吉思汗早期的驻牧地之一。
Хар зурх	Khar zurkh	哈日朱日赫	2—89	蒙古语意为‘黑心脏’之地。是成吉思汗早期驻牧地之一。
Хар шугай	Khar shugai	哈日苏盖	3—115	图拉河畔。意为‘黑森林’是克烈部的驻地。
Харилт нуур	Kharilt lake	哈日伊勒特湖	4—136	成吉思汗的后方大营。蒙古语意为：归来之湖。
Хар сүүл гол	Khar süül River	哈日苏勒河	5—159	蒙古语意为‘黑尾巴’ 之河。克烈部王汗与成吉思汗准备与奈曼部作战时，王汗夜里丢下成吉思

				汗，自己向这个河流方向撤离。
Хараун хавчал	Kharayn khabchal Canyon	哈拉温峡谷	5—150	克烈部王汗为了专权，杀死自己的兄弟，并与叔父古尔汗分裂，被古尔汗追杀，逃到该地被围困。只带了百余人逃出来，向成吉思汗的父亲也速该求救。也速该亲率军队打败古尔汗，夺回土地财物还给王汗。
Хараун жидун	Kharaun jidun mountain	哈拉温一吉都山	6—183	成吉思汗的弟弟哈萨尔从王汗处，撇下妻子儿女前来寻找成吉思汗时，所经过的一个山峰的名字。
Хархалзан элээт	Kharkhalzan Sand	哈日哈勒赞沙地	6—170	蒙古语意为：黑色的沙地。克烈部王汗之子僧衮设计杀害成吉思汗的阴谋被告发后，成吉思汗迅速返回之时，午饭休息的地方。
Хар талын	Khar talin uzuur	哈日塔拉一	7—197	意为‘黑色草原之角’

узуур		乌珠尔		
Харлуг	Kharlug	哈剌汗国亦称疏勒国	8—198	位于中亚地区的阿尔泰语系游牧帝国，约于9世纪上半叶建国，10世纪开始强大。奈曼部被打败后，其王子呼楚鲁格汗逃亡过程中到过该地区。其国名明显是蒙古语组成。意为：黑色或骇人之国。据称其军队组成力量来自于蒙古、突厥、契丹等部族。最早活动地区是额尔齐斯河流域的游牧民族。该河发源于阿尔泰山脉东南部。而疏勒河附近有哈拉（哈剌）湖。也许该国名称即源于此。否则，为什么中国史书称其为疏勒国。
Хашин	Khashin	河西	5—150	指中国甘肃、青海等西部河西走廊地区。而历史上西夏国即建于此地区。

Хилго мөрөн	Khilgo River	黑勒高江	3—109	成吉思汗、王汗、扎木哈三人联合攻打莫尔格德部时，该部落驻地的一条河流名称。
Хорчухуй болдог	Khorchukhui boldog	浩日楚辉 •宝力道格	2—88	敖嫩河附近向北流向的黑木日嘎小河逆流方向的博德尔之崖的一个地名，蒙古语意为：弯曲的丘陵。铁木真从泰赤乌部逃出来后，寻找家人聚会的地方。
Хөх нуур	Khökh nuur	呼和诺尔	2—89	蒙古语意为意为‘青色的湖’。位于宝日罕哈勒敦山南部的曾赫尔小河哈日朱日赫旁边的湖泊。也是成吉思汗早期驻牧地。
Хулуун нуур	Khuluun lake	呼伦湖	1—53	今中国境内内蒙古呼伦贝尔市境内的最大湖泊，现面积 2300 余平方公里。亦称为达赉诺尔。蒙古语意为：大海一样的湖泊。似为成吉思汗族谱最早的祖先宝日特・奇诺和妻子马日阿勒，从古

				称大鲜卑山北麓的室韦（鲜卑）之地（今大兴安岭）向西南部的蒙古高原肯特山迁徙时，必经的呼伦贝尔草原的最大湖泊。蒙古秘史第一章所称的“腾吉斯海”。该地区是东部蒙古语族（包括：东胡、鲜卑、契丹、女真等部族）的发源祖地。也是后世西方学者称为“东鞑靼”帝国的最北部地区。疆域涉及范围东达朝鲜半岛，南抵中原秦长城最东部，西至与蒙古高原分界的哈拉哈河、额尔古纳河发源地呼伦湖一带，北至今俄罗斯西伯利亚地区。
Хорхонаг жубур	Khorkhonag jubur	浩日哈纳格·朱布日	3—104	扎木哈与王汗、铁木真联合攻打莫尔克德部时，他所驻牧的地方。也是大蒙古国哈布勒汗被推举为汗时聚会的地方。

Хумшингир	Khumshingir	呼姆辛格日	5—158	阿尔泰山脉乌龙古河附近的一个地名。即成吉思汗与王汗追击奈曼部贝茹格汗经过的一个地方。
Хэ-си-фу	Khe-si-fu	河西府	11—252	今中国境内古地名。成吉思汗进攻金朝时驻扎之地。即古西夏国。
Хипчак улс	Khipchak Country	黑皮查克，亦称钦察国	11—262	钦察草原是指欧亚大草原中亚与东欧相连的钦察草原之地。也是中亚地区西部与东欧接壤地区的泛称。并称该地区的阿尔泰语系游牧民族为钦察人（今指土库曼人）。
Ханлы улс	Khanly Country	康里	11—262	又被称为康居。是指中亚古代游牧民族部分族裔居住地区。也是钦察草原的部族之一。
Хэрмэн хот	Khremen city	赫里门城	12—270	蒙古军队西征时攻占的一座城市名称。位于伏尔加河和雅伊克河西岸。蒙古语意为：有城墙的城

				市。
Хубахаяа	Khubakhaya	呼巴哈亚	5—148	又叫乌哈哈亚。成吉思汗消灭了泰赤乌部后，来此地驻扎，渡过冬天。
Хусуту шитуэн	Khusutu shituen mountain	呼苏图一西特温山	4—133	乌力吉河附近。成吉思汗和王汗援助金朝追击塔塔尔部时，塔塔尔部在此地驻守堡垒顽抗。
Хүрэлх уул	Khürelkh mountain	呼日勒和山	4—129	敖嫩河附近。成吉思汗的驻地之一。扎木哈以弟弟被杀为由，组织十三个部族与成吉思汗作战，史称“十三翼之战”。其时，成吉思汗就在此地驻扎。
Хуйтэн	Khuiten	辉 腾	4—143	扎木哈与成吉思汗双方进行十三翼之战的战场。似为今中国内蒙古呼伦贝尔草原南部鄂温克族自治旗南部的辉腾河之地或再向南部的锡林郭勒辉腾草原。

Хөдөө арал	Khödöö island	呼德一阿日勒	4—136	意为‘原野之岛’现叫巴颜乌兰，位于克尔伦河之源。
Хутухул нуга	Khutukhul Bay	呼图胡勒湾	5—149	巴林部的希热特老人和其子们抓住了自己的主人黑日勒图，并打算将其送到成吉思汗处。来到此地后考虑到成吉思汗厌恶背主之人，而将其释放。
Хэлтгий хад	Kheltgii khad	赫勒特格哈达	6—175	哈拉哈和沿岸的一个叫敖日湾地方的地名。在此，成吉思汗手下大将乌如德部的首领辉勒达尔因伤死亡，将其葬在此处。
Хачир ус	Khachir River	哈其尔水（河）	7—195	位于杭盖山脉的一个地名。奈曼部首领塔阳汗在此处出发与成吉思汗作战。
Хянган даваа	Khyangan mountain	兴安岭	11—253	古代北方山脉之一。位于今中国东北黑龙江、内蒙古呼伦贝尔及今俄罗斯境内西伯利亚地区。满

				语、蒙古语均称“夏恩阿林”，意为“白色山岭”。古称大鲜卑山。兴安岭是其音译讹化词。分大小兴安岭和外兴安岭。
Хэрлэнмөрөн	Kherlen River	克尔伦河	2—94	源于今蒙古国肯特山的河流之一。流经蒙古国东部进入今中国内蒙古呼伦贝尔草原境内入达赉湖中。
Цэцэр уул	Tsetser mountain	策格策日山	1—61	位于今中国内蒙古呼伦贝尔大草原境内的山岭之一。位于弘吉剌部的驻牧地附近。
Цахир могод	Tsakhir mogod	查黑日 •毛高德	7—195	1204 年夏季，奈曼部与成吉思汗交战时，从哈其日水出发，向塔米尔方向行进，渡过鄂尔浑河，经过那呼谷的东山脚下，到达这个地方。(蒙古语意为：有燧石和蛇的地方）在那里与成吉思汗的先头部队相遇。

Цавчаал Хаалаг	Tsavchal pass	居庸关	11—247	今中国长城北京附近的关口之一。
Цоорха	Tsoorkha	朝日哈	12—265	成吉思汗西征西夏国的时候，在行军路上的阿日布哈之地狩猎，遇见许多野驴造成坐骑受惊，从马背上摔伤后养伤之地。
Цаст уул	Tsast mountain	雪山	12—266	该雪山应指今中国境内贯穿宁夏、陕西、甘肃的六盘山之地。也是成吉思汗征讨西夏国时受伤逝世之地。
Чихургу уул	Chikhurgu mountain	其呼日古山	4—142	1201 年，成吉思汗与克烈部王汗与扎达兰部的扎木哈进行十三翼之战时，安排先头前哨的位置。应在呼伦贝尔大草原的克尔伦河畔弘吉剌部驻牧地附近，与策格策日山相对的山岭。
Чуй морон	Chui River	楚河	5—152	中亚著名的河流之一。源于天山

				西部，流经中亚进入哈萨克斯坦和吉尔吉斯斯坦境内，成为两国界河。
Чухэцэрэн хот	Chukhetseren City	楚河策仁城	11—259	成吉思汗西征花剌子模国时，派托雷征服四座城市之一。
Чэркэс улс	Cherkes Country	策日克斯国	11—262	成吉思汗西征派苏勃台征服十一个地区国家之一。
Шигшид гол	Shigshid River	希格希德河	9—239	1207 年，术赤征服森林中百姓部族时，抵达的地方。又称希西吉德河。
Шисгис	Shisgis	西斯吉斯	4—144	卫拉特部驻地之名称。又称“森林中百姓”。卫拉特，蒙古语意为：森林之人。
Шар тэзг	Shar teeg	沙日一特格	11—247	今中国长城外之地。蒙古语意为：黄色障碍。是成吉思汗进攻金朝中都（今北京）时，驻军的地方。

Шин мөрөн	Shin River	辛河	11—257	按照当时追击花剌子模国王和其子札兰丁至印度北部地区的路线，似乎是今阿富汗境内的蓝代辛河。
Эргунэ мөрөн	Ergune River	额尔古纳河	4—141	今位于中国内蒙古东北部和俄罗斯西伯利亚地区的界河。为扎木哈驻牧地。
Энэгэн гуйлэту	Enegen guiletu	额讷根一归勒图	4—142	成吉思汗与扎木哈进行十三翼之战时，派出前进哨兵的地方之一。
Эдэр алтай	Eder Altai grassland	额德日一阿勒泰草原	5—161	王汗与成吉思汗准备与奈曼部在拜达尔河畔作战时，王汗受到扎木哈的挑唆，独自抛下成吉思汗撤出战场驻地。因此，早晨成吉思汗发现此事，感到危险，立刻经过此地撤出战场。同时，也留下了与王汗产生矛盾的裂痕。
Эрчис мөрөн	Erchis River	额尔齐斯河	8—198	汉语古称：曳咥河、也儿的石河，

				发源于阿尔泰山脉南部。
Эх горхи	Ekh Creek	额和小河	11—257	蒙古语意为：母亲河。1219 年成吉思汗西征追击花剌子模军队，抵达辛河路经巴特合申到达这条小河和另一条宫小河之处的巴里扬原野驻下。
Эржиу хот	Erjiu city	额日吉乌城	12—265	中国的西凉州。今中国甘肃省武威市、辖境在甘肃、宁夏两地之间。1278 年被废。
Яик урал гол	Yaik River	雅伊克一乌拉尔河	11—262	今俄罗斯境内乌拉尔河。古称雅伊克河。
Яргай хот	Yargai	雅日盖城	12—265	今中国的宁夏回族自治区的古西夏国都城。

《蒙古秘史》人名、地名、专用名词译名对照表

类别：人名

原　文	罗马字母	译　名	索 引	备　　注
Алага бэхи	Alaga bekhi	阿勒嘎 •博黑	10–239	术赤的女儿，嫁给卫拉特部的翁古德。
Алхуй	Alkhui	阿勒辉	4–141	弘吉剌部人。拥戴扎木哈为汗，十三翼之战参加者
Аучу баатар	Auchu baatar	阿乌楚 •巴特尔	4–141	浩杜・敖日参部人。十三翼之战参加者。似为古契丹族部族敖勒沁人部族（今称鄂伦春人）。蒙古语意为：山岭之人。
Алга	Alga	阿勒嘎	5–149	赤贫巴林部人。希热特之子。首批任命的千户之一。
Ажай хан	Ajai khan	阿翟汗	5–152	塔塔尔部汗王之一。曾经将克烈部贝茹格汗的儿子陶日伊勒抓去

				做牧羊人。即后来成为克烈部汗，因受封金国的王之称号，而被称为王汗的首领。
Ажинай	Ajinai	阿吉乃	8-202	首批任命的千户之一。
Алтан ашуг	Altan ashug	阿勒坦 •阿舒格	5-152	克烈部人。向王汗告密其兄弟和大臣私下议论他的暴政和杀害兄弟们的罪行。因他的告密，导致这些人被王汗抓捕。
Алун гуа	Alun gua	阿伦高娃	1-7	成吉思汗先祖第十一代祖道布智者的妻子。他在丈夫道布逝世后，又生了四个儿子。并以天人入来怀孕来解释。实际应为其丈夫用鹿肉换来的巴牙德部孩子做家仆有关。因此，真正的黄金家族族谱血统应从这里开始计算。
Амбагай	Ambagai	俺巴该	1-47	其日海莲花的次子。泰赤乌氏族的始祖。被选为大蒙古国哈布勒

				汗的继承人选后，被塔塔尔部人抓住送到女真人金朝。被金国以“木驴”的刑罚处死。这也是蒙古部与塔塔尔人结成仇怨的原因之一。
Алтан	Altan	阿勒坦	3-122	呼图剌汗的儿子。是成吉思汗叔祖父的儿子。先跟随成吉思汗，后在十三翼之战中，因不遵守战场法令而被处罚，叛逃到扎木哈处。后被成吉思汗抓捕处死。
Архай	Arkhai	阿日海	3-120	扎莱日部人。首任探马。在成吉思汗征讨三姓莫尔克德部后，与扎木哈分开时，首批追随成吉思汗的人之一。
Архай хасар	Arkhai khasar	阿日海 •哈萨尔	4-127	成吉思汗称汗后，派往扎木哈处的使臣。
Алчи	Alchi	阿勒其	4-141	古尔汗扎木哈联盟部族之一的塔

				塔尔部首领。参加与成吉思汗进行的十三翼之战。
Алчи	Alchi	阿勒其	8-202	首批任命的千户之一。
Алчи	Alchi	阿勒其	8-202	女婿，首批任命的千户之一，给了他 3 千名弘吉刺部族统辖。
Алчидай	Alchidai	阿勒其代	9-226	伊鲁该的氏族，被任命为锦衣卫的首领之一。
Алахчит	Alakhchit	阿拉赫其德	5–169	阿勒坦的弟弟伊赫策仁的妻子。阿勒坦投奔扎木哈后，他们又到克烈部，参与了企图设计谋害成吉思汗的阴谋。伊赫策仁回家时对她讲了此事。阿拉赫其德警告他小心其他人听见。结果，被送奶来的他们的牧马人贺希勒格听见，前去告诉了成吉思汗。
Ачиг ширун	Achig shirun	阿其格 •希润	6–170	图们图勃根部人。克烈部与成吉

				思汗发生分裂的第一次战争时，作为第二批作战编队的将领。
Аяа хан	Aya khan	阿雅汗	7-190	原奈曼部汗的汗。当塔阳汗和其王妃说出一些对蒙古部的狂妄之语时，其老将军呼格色乌·萨巴拉格斥责他们时，提到他。
Алахуш Дигитхури	Alakhush digit khuri	阿拉呼什·迪吉格·护里	7-190	汪古部首领，成吉思汗的女婿之一。奈曼部在与成吉思汗作战前，派使者前去拉拢他联合作战，被他拒绝。并反过来派使者告知奈曼部的情况。首批任命的千户之一，给他 5 千名汪古部族统辖。
Алан тайж	Alan taij	阿兰太子	7-192	克烈部人。是部落首领之一。克烈部灭亡后，带部分残部逃至奈曼部，参加了奈曼部与成吉思汗的战争。
Ашиг төмөр	Ashig tömör	阿什格特穆	8-208	克烈部扎哈汗布送给女儿伊巴

		尔		该•博黑的厨师。后来，成吉思汗将伊巴该•博黑嫁给昭日其代时，他也随伊巴该•博黑去了那里。
Алчиг	Alchig	阿勒其格	8-208	克烈部扎哈汗布送给女儿伊巴该•博黑的两个厨师之一。
Алтани	Altani	阿拉塔尼	9-214	宝日呼勒的妻子。救拖雷之人。塔塔尔人哈日吉勒•沙日逃跑途中，来到成吉思汗母亲处讨吃的时候，劫持了成吉思汗的 5 岁幼子托雷。并要抽刀杀他。是她看到后一边呼救，一边奋身与其搏斗，救下了托雷。
Амал	Amal	阿马勒	12-278	宿卫轮值队首领之一。
Арслан хан	Arslan khan	阿尔斯郎汗	10-235	哈剌鲁格部汗。成吉思汗派呼必来前去该国。他不战而降。成吉

				思汗将女儿阿勒哈·博黑嫁给他。
Алха бэхи	Alkha bekhi	阿勒哈•博黑	10-235	成吉思汗女儿，嫁于中亚哈剌鲁格国的阿日斯郎汗。
Алхираг	Alkhirag	阿拉黑拉格	10-238	维吾尔使臣。维吾尔汗亦都护派他和另一位使者去见成吉思汗要求归顺。成吉思汗准许其归顺，并将女儿阿勒屯·博黑嫁给他，并允许他提出成为成吉思汗第五子的要求。
Алалтун бэхи	Alaltunbekhi	阿拉勒屯•博黑	10-238	成吉思汗女儿，嫁于维吾尔国的汗亦都护。
Алдиэр	Aldier	阿勒迪额日	10-239	1207 年，术赤征服卫拉特部（森林中百姓）时，作为图们·克尔克孜部首领之一的他，归顺蒙古帝国。
Алчидай	Alchidai	阿勒其代	10-242	成吉思汗庶出弟弟。成吉思汗分封给他 2 千户属民。第二宿卫军

				首领。
Аргасун	Argasun	阿日嘎孙	10-243	著名琴师。铁木哥、月伦的属下。据说，是他编撰了《蒙古秘史》
Архай хасар	Arkhai khacar	阿日海 •哈萨尔	9-226	首批跟随成吉思汗的人，被任命为勇士军队首领。
Ахудай	Akhudai	阿虎代	9-226	阿勒其的氏族，被任命为锦衣卫首领之一。
Аша ханбу	Ashakhanbu	阿沙•汗布	12-266	西夏国宰相。因他拒绝了参加成吉思汗的西征，违背了之前西夏国王承诺要服从成吉思汗的随时征召的诺言，导致成吉思汗西征回军后，征讨西夏国，导致灭国。他也战死于阿拉善家乡。
Ашиг	Ashig	阿希格	8-202	女婿，首批任命的千户之一。
Ашиг төмөр	Ashig tömör	阿希格 •特穆	8-208	王汗的弟弟陪嫁给伊巴嘎妃子的

		尔		厨师。后赐给照其日代将军。
Арулад	Arulad	阿如拉德	1-47	查乌金·斡日特盖的三子。阿如拉德氏族的始祖。
Баарьдай	Baaridai	巴林代	1-41	包敦查日妾所生之子。是巴林氏族的世祖。
Багу чорхи	Bagu chorkhi	巴古 •绰日黑	4-141	哈塔斤部首领。拥戴扎木哈为汗，十三翼之战参加者。
Байшинхор догшин	Baishinkhor doushin	拜兴浩日 •道格辛	1-47	海都的长子。成吉思汗第五世祖。
Бала	Bala	巴拉	8-202	首批跟随成吉思汗的人，首批任命的千户之一。
Бала чэрби	Bala cherbi	巴拉 •扯日毕	8-202	首批任命的千户之一。
Балхачи	Balkhachi	巴勒哈其	1-53	勃苏德部人。俺巴该被金朝杀害前，嘱托回去传口信的信使。

Баргудай	Bargudai	巴日古代	1-8	莫尔根智者。居于巴日古津盆地部落的首领，阿伦高娃的父亲
Баргужин гуа	Bargujin gua	巴日古津 •高娃	1–8	阿伦高娃的母亲。二十土默特部（二十布里亚特）的首领巴日古代智者的妻子。
Бадай	Badai	巴代	1–51	伊赫策仁的奴隶。因及时向成吉思汗告知克烈部曾衮设计杀害他的阴谋，被成吉思汗封为达尔汗王。首批任命的千户之一。
Барим ширату Хабич	Barim shiratu	巴力姆希拉图 • 哈必其	1–43	包敦查日之长子。成吉思汗第 9 世祖。
Бартан	Bartan	巴日坦	1–48	勇士。哈布拉汗次子。成吉思汗的祖父。
Баруладай	Baruladai	巴如拉代	1–46	哈赤温之子。巴如拉斯氏族始祖。后世征服南亚，印度，建立莫卧儿（蒙古）帝国的著名皇帝帖木

				儿就是该氏族的后裔。
Бат	Bat	巴特	12—275	术赤的次子。蒙古帝国王子西征的领导者。后继承金帐汗国汗位，并将版图扩张到中亚、俄罗斯等地。
Батцагаан	Battsagaan	巴特查干	1-1	包日特·其诺的儿子，成吉思汗第 21 世祖。意为：皮肤非常白皙的人。
Бидугун	Bidugun	毕杜衮	9-209	因不服从成吉思汗的旨意，没有任命千户。协助呼必来总管军队事务。
Билгэ бохи	Bilge bokhei	毕力格·博黑	4-142	十三翼之战先锋队伍将军。
Бодончар	Bodonchar	包敦查日	1-17	成吉思汗第 10 世祖。阿伦高娃五子。包日吉格氏族（即黄金家族）始祖。
Боорчи	Boorchi	博尔术	2-90	成吉思汗幼时朋友。跟随其一生

				征战，被成吉思汗封为右翼万户。
Боржигдай	Borjigdai	包日吉格代	1-3	哈日楚的儿子。成吉思汗第 13 世祖。
Борогчин гуа	Borogchin gua	包日高沁 •高娃	1-3	成吉思汗的第 12 世祖陶日高勒津巴颜的妻子。
Боролдой	Boroldoi	包日勒代	4-129	伊赫热斯部人。古尔汗扎木哈因弟弟被成吉思汗的属下杀死而准备向成吉思汗发起攻击。伊赫热斯氏族的他与另一个人，及时向成吉思汗传递信息，使其提前做好了应战准备。
Боролдай Суялби	Boroldai suyalbi	宝日勒代 •苏亚勒毕	1-3	成吉思汗第 12 世祖陶日高勒津的仆人。
Борохул	Borokhul	宝日呼勒	4-137	朱日赫部人，月伦养子之一。是哲别在朱日黑部捡到的弃儿，送给月伦夫人作为养子。后来成为大将，在征服卫拉特部森林中百

				姓时战死。
Бортэ чино	Borte chino	宝日特 •其诺	1-1	成吉思汗始祖。蒙古语意为：青色之狼或苍狼。
Бортэ	Borte	勃尔贴	1-66	弘吉剌部人。成吉思汗的妻子。一生生了四个儿子，后来三个成为蒙古帝国的汗王。即术赤汗、察合台汗、窝阔台汗。
Ботохой	Botokhai	宝陶海	11-240	二十土默特（二十布里亚特）部首领代杜呼勒的妻子。他死后，妻子宝陶海统领该部。
Бөгэн	Bögen	勃根	8-202	首批任命的千户之一。
Бүгүнутэй	Bugunutei	布古讷太	1-10	成吉思汗第 11 世祖道布的长子。成为布古努的氏族始祖。
Бужир	Bujir	布吉日	8-202	首批任命的千户之一。
Буйруг хан	Buirug khan	贝如格汗	4-141	奈曼部首领。拥戴扎木哈为汗，十三翼之战参加者。

Булуган	Bulugan	布鲁干	8-202	首批任命的千户之一。
Бури	Buri	布里	12-271	王子西征时的黄金家族王子之一。即察合台的长子。
Бури бөхө	Buri bökhö	布里布赫	1-50	呼图格图·蒙和尔的儿子。成吉思汗的表兄弟。
Бүрьбүлчиру	Buri bulchiru	布里布勒其如	1-40	图古代之子
Буту	Butu	布图	3-120	伊贺热斯部人,女婿，首批跟随成吉思汗的人。首批任命的千户之一，给他 2 千伊贺热斯部族统辖。
Буха	Bukha	布哈	4-137	扎莱日部首领宫挂的次子。女婿，首批任命的千户之一。第一宿卫军首领。
Бухаар	Bukhaar	布哈尔	9-226	莫呼来的氏族，锦衣卫千户首领。
Бухатай	Bukhtai	布哈太	5-168	成吉思汗的属下

Буха хатагин	Bukha hatagin	布哈·哈塔斤	1–17	阿伦高娃之三子，哈塔斤部始祖
Бухату салжи	Bukhatu salji	布哈图·萨勒吉	1–17	阿伦高娃之四子，萨勒吉部始祖
Бүхэдэй	Bukhatei	布赫台	9–225	图格的儿子，被任命为佩箭卫士的副首领。
Бучаран чэрби	Bucharan cherbi	布查兰·扯日必	7–191	成吉思汗的大将。
Бэгтэр	Begter	勃格特尔	1–60	成吉思汗同父异母弟。因争执被铁木真和哈萨尔射死。
Бэлтэчу баатар	Beltechu baatar	勃额勒特楚·巴特尔	1–48	色木色楚勒之子。
Бэсудэй	Besüdei	勃苏代	1–47	其日海莲花之子。勃苏德氏族始祖。
Бэлгүнүтэй	Belgunutei	勃勒古讷太	1–10	成吉思汗 11 世祖，道布之次子。成为布勒古努氏族始祖。

Бэлгүтэй	Belgutei	勃勒古太	1-60	成吉思汗同父异母弟。第一任军马官。
Ван хан	Bankhan	王汗	2-96	名：陶日伊勒。克烈部首领，也速该义弟。
Гал	Gal	嘎勒	8-199	莫日格德人，陶格陶阿的儿子。
Гилугэтэй	Gilugetei	吉鲁格太	12-268	苏尼特部人，成吉思汗逝世后，唱诵诗歌的勇士。
Гуа марал	Gua maral	高娃 •马日勒	1-1	蒙古族祖先包日特-其诺的妻子
Гун гуа	Gun gua	宫挂	4-137	扎莱日部特勒格图 •巴彦的长子。
Гурбэсу	Gurbesu	古日勃苏	7-189	奈曼部塔阳汗的母亲。
Гучуд	Guchud	古楚德	4-141	奈曼部人。拥戴扎木哈为汗，十三翼之战参加者。
Гуюо	Guyo	贵由	12-269	窝阔台汗的儿子，后接任蒙古大汗。

Гүчүгүр	Güchügür	古楚古日	3-124	首批跟随成吉思汗的人，首任司车官。
Гэүги	Geügi	格乌吉	8-202	首批任命的千户之一。
Дайдухул	Daidukhul	代杜呼勒	10-240	浩里·土默特部首领。
Дайр	Dair	代日	8-202	首批任命的千户之一。
Дайр усун	Dair usun	代日·乌孙	2-102	乌瓦斯-莫日克惕部首领。忽兰王妃的父亲
Дамачи	Damachi	达玛奇	8-202	首批任命的千户之一。
Далдур хан	Daldur khan	达勒杜日汗	3-120	达尔汗部人，首批跟随成吉思汗的人，哈丹的弟弟。首任伺膳官
Дарбай	Darbai	达日拜	10-238	维吾尔汗向成吉思汗派出的使者之一。
Даридай отчигин	Daridai otchigen	达里代·敖特其根	1-50	巴日坦幼子。成吉思汗的叔叔。

Даун	Daun	达乌恩	8-202	首批任命的千户之一。
Дахай баатар	Dakhai baatar	达海 •巴特尔	5-151	成吉思汗的将军，曾派往王汗出任使者。
Даян хан	Dayan khan	达延汗	5-165	奈曼部汗。意为辽阔土地上的汗。
Добу	Daobu	道布	1-3	陶日高勒津巴颜的次子。成吉思汗第 11 世祖。
Доголху чэрби	Daogolkhu cherbi	道高勒呼 •扯日毕	3-120	芒古德部人。首批跟随成吉思汗的人，扎泰的弟弟。首任佩箭卫士。被任命为锦衣卫首领之一。兼任第四宿卫军首领。
Дөрбэй догшин	Dörbei dogshin	杜尔伯 •道格辛	10-240	杜日伯部人，宝日呼勒征服二十土默特被杀。派他再次带兵征战。
Додой чэрби	Dodoi cherbi	道代 •扯日毕	3-124	首批跟随成吉思汗的人，首任管家。被任命为锦衣卫的首领之一。兼任第三宿卫军首领
Долоодай	Doloodai	道老代	8-202	首批任命的千户之一。

Дори бөхө	Dori bökhö	道里 • 布和	8-202	首批任命的千户之一。
Дува сохор	Duva sokhor	杜瓦 •索和尔	1-3	陶日高勒津的儿子
Дөргэнэ	Dürgene	都日格额	8-198	莫日克德部人，陶格陶阿的大儿子的夫人。后嫁给窝阔台汗。
Дэгэй	Degei	德盖	3-120	勃苏德部人。首批跟随成吉思汗的人。首任牧羊官。
Дэй сэцэн	Die setsen	德贤者（策臣）	1-61	弘吉拉部人。勃儿贴的父亲，成吉思汗岳父。
Еди тоблуг	Yedi toblug	也迪 •陶布鲁格	5-158	奈曼部人，著名将官，被成吉思汗抓获。
Есухэй	Yesukhei	也速该	1-50	巴日坦勇士的第三子。成吉思汗的父亲。
Есүгэн	Yesugen	也苏根	5-155	塔塔尔部人。伊赫策仁之女，成吉思汗的王妃之一。
Есүй	Yesui	也遂	5-155	塔塔尔部人。伊赫策仁之女，成

				吉思汗的王妃之一。
Есунтэй	Yesuntei	也孙台	9-225	哲勒莫的儿子，被任命为佩箭卫士的首领。
Ехэй хонтагар	Yekhei khontagar	也黑 •洪塔嘎尔	6-180	呼和楚・黑日桑的儿子，陶日伊勒的父亲。
Жажирдай	Jajirdai	扎吉日代	1-40	扎达兰部始祖。宝敦查日掠来之妾所生之子。
Жалалдин	Jalaldin	扎剌勒丁	11-257	花剌子模国的皇子，抵抗成吉思汗军队的人。
Жали буха	Jali bukha	扎里・布哈	1-58	塔塔尔部首领。拥戴扎木哈为汗，十三翼之战参加者。
Жалман хан	Jalman khan	扎勒曼汗	5-149	随成吉思汗的将军。
Жамуха	Jamukha	扎木哈	1-40	扎木哈是宝敦查日妾生之后裔。扎达兰部哈日・哈丹之子，也是成吉思汗的“安达”。后来成为古尔汗，成为成吉思汗的敌人。

Жарчиудай	Jarchiudai	扎日其乌代	2-97	乌梁海部人。铁匠，哲里蔑的父亲
Жатай	Jatai	扎泰	3-120	芒古德部人。首批跟随成吉思汗的人。首任佩箭卫士。
Жаурьдай	Jauridai	扎乌日代	1-43	包敦查日妾所生之子。扎乌热德姓氏之始祖。
Жаха хамбу	Jakha khanbu	扎哈·汗布	3-107	克烈部人。王汗的弟弟。
Жидай	Jidai	吉代	8-202	首批任命的千户之一。
Жибгэ	Jibge	吉布格	8-202	首批任命的千户之一。
Жидэр	Jider	吉德日	8-202	首批任命的千户之一。
Жочи дармала	Jochi darmala	照其·达日马拉	4-128	成吉思汗的牧马人。
Жорчидай	Jorchidai	照日其代	8-202	首批任命的千户之一。
Жунсо	Jonso	准梢	3-120	诺依洪部人，首批跟随成吉思汗的人。首批任命的千户之一。

Жүрчидэй	jürchidei	朱日其代	4-130	乌如德部人。十三翼之战后，离开扎木哈，跟随成吉思汗的人。
Жэгэй хондгор	Zegei khondgor	哲盖 •洪德噶尔	3-120	苏赫根部人。
Жэху	Jekhu	哲呼	12-278	轮值锦衣卫队首领之一。
Зочи	Zochi	照其	1—51	呼图拉汗的长子。
Зургаан	Zurgaan	朱日干	3-120	敖日那日部人，首批跟随成吉思汗的人。
Зүтгэл бөхи	Zutgel bökhi	朱特格勒 •布黑	1-41	巴林代之子。马南巴林氏族的世祖。
Зучи	Zuch	术赤	5-165	成吉思汗长子。金帐汗国大汗。
Зэвэ	Zeve	哲别	4-147	泰赤乌部人。神射手，原名：朱日噶代。首批任命的千户之一。

Зэвгээ	Zebgee	哲布格	4-137	扎莱日部特勒格图巴彦的三子。
Зэлмэ	Zelme	哲勒莫	2-97	乌梁海人，成吉思汗“四獒”将军之一。
Ибаг бэхи	Ibag bekhi	伊巴格	8-208	成吉思汗的妃子，赐给照日其代将军。
Идохадай	Idokhadai	伊道哈代	8-202	首批任命的千户之一。成吉思汗赐予次子察合台的部属之一。
Илаху бурхан	Ilakhu burkhan	伊拉呼 布尔汗	11-249	西夏国主之称。
Илугай	Ilugai	伊鲁盖	8-202	首批任命的千户之一。
Инанча хан	Inancha han	伊南查汗	5-151	奈曼部首领。
Инал	Inal	伊纳勒	10-239	克尔克孜部的首领，向术赤投降。
Иналчи	Inalchi	伊纳勒奇	10-239	呼都嘎·博黑的儿子，由于他率先归顺了成吉思汗，成吉思汗便

				把女儿策策很嫁给他儿子。
Итүргэн	Iturgen	伊图日根	6-184	克烈部人，派往成吉思汗处的使臣，后被杀。
Илэ	Ile	伊勒	11-251	金朝将军。
Их нүд	Ikh nüd	伊贺・努德	1-2	萨里・哈查乌的儿子。成吉思汗的第 15 世祖。
Их нэүр	Ikh neür	伊贺 •额乌日	9-225	任命为成吉思汗宿卫军的首领。
Их чэрэн	Ikh cheren	伊赫策仁	1-51	呼兰勇士的儿子。
Их чэрэн	Ikh cheren	伊赫策仁	5-154	塔塔尔部人。
Келж	Kyelj	科勒吉	7-188	喀什噶尔的国王。抓住王汗的儿子曾衮，并杀死他，送给成吉思汗。
Кишилиг	Kishilig	克什力格	8-202	首批任命的千户之一。
Лаблах	Lablakh	拉布拉赫	9-225	被任命为第四班轮值佩箭卫士的首领。

Малиг	Malig	马力格	1–15	阿伦高娃家仆人。巴牙乌德部人。
Мангудай	Mangudai	芒古代	1–46	那沁巴特尔次子。芒古德氏族始祖
Марал	Maral	马拉勒	8–202	首批任命的千户之一。
Мочи будуун	Mochi buduun	莫其・布敦	3–120	杜尔伯特部人
Монголжин гуа	Mongoljin gua	蒙古勒津 •高娃	1–3	包日吉格代智者的妻子
Мороха	Moroha	莫日哈	8–202	首批任命的千户之一。
Мөнх	Mönkh	蒙和	8–202	首批任命的千户之一。成吉思汗赐予次子察合台的部属之一。
Мөнх	Mönkh	蒙和（蒙哥）		成吉思汗的孙子。托雷的儿子。蒙古帝国大汗。
Мөричи бүдүүн	Morichi buduun	莫日其	3–124	杜尔伯特部人。首批跟随成吉思汗的人。首任牧马官。

Мулхалху	Mulkhalkhu	穆勒哈勒呼	3-122	扎达兰部人。首批跟随成吉思汗的人。首任牧马官。
Мухулай	Mukhulai	穆呼来	4-137	扎莱日部宫挂的长子。封左翼万户，国王。
Мүнхэүр	Munkheur	蒙和乌日	10-243	成吉思汗赐给术赤的部属之一。
Мулхэ тогтаг	Mulkhe togtag	穆勒赫 •陶格塔格	4-129	伊赫热斯部人。传信给成吉思汗，扎木哈聚集十三翼，3 万兵马准备侵犯的信息。
Мүгэ	Müge	穆格	8-202	首批任命的千户之一。
Мүнгүүр	Müngüür	蒙古日	8-202	首批任命的千户之一。
Мэгүжин сүүлт	Megüjin süült	莫古金 •苏勒特	4-132	塔塔尔部首领。
Мэгэтү	Megetü	莫格图	8-202	首批任命的千户之一。
Мэнлиг	Menlig	蒙力格	1-68	洪霍坦部人。成吉思汗家世仆其日哈老人之子。

Мэнлиг эцэг	Menlig etseg	蒙力格 老爹	4-130	洪霍坦部人。跟随扎木哈，十三翼之战后，跟随成吉思汗。
Мэнгиту хиян	Mengitu khiya	蒙给图·乞颜	1-50	巴日坦勇士的长子。
Мэнэн	Menen	莫恩	3-120	巴林部人
Мэнэн тудуун	Menen tuduun	莫恩·图敦	1-45	哈必其的儿子，成吉思汗第 8 世祖
Намулун	Namulun	那木伦	1-46	哈其·呼鲁格的妻子，海都的母亲。
Нарийн гэгээн	Nariin gegen	那仁·格根	5-169	伊赫策仁的儿子。蒙古语意为：阳光。
Нарин тоорил	Narin tooril	那仁·托日伊勒	9-218	查干挂的儿子，额古斯部的首领。
Наху баян	Nakhu bayan	纳呼·巴颜	2-90	博尔术的父亲。
Начин батаар	Nachin baatar	那沁巴特尔	1-45	莫恩图敦的第七子。

Наяа	Naya	纳雅	5-149	赤贫巴林部人。希热特的次子。后成为大将军。首批任命的千户之一。
Ноёгидой	Nouogidoi	诺依格代	1-46	哈沁之子。诺依洪氏族始祖。
Нэгүүн тайж	Neguun taij	捏昆太子	1-50	巴日坦的次子。
Нялха сэнгун	Nyalkha sengun	纳莱哈-曾昆	5-165	克烈部王汗的儿子。
Овогжин ноёхон	Aobogjin nouokhon	斡勃格金 •诺依洪	5-165	中国金朝人
Огда	Ogda	敖格达	6-180	屯必乃，其日海二人，作战时抓住的奴隶。他的后代是苏博黑。
Өгэдэй	Ögedei	窝阔台	6-172	成吉思汗三子。大元帝国的始皇帝
Олар	Olar	敖拉日	8-202	女婿，首批任命的千户之一。
Олуйхан	Oluihan	敖勒威汗	10-239	术赤的女儿，嫁给了呼都嘎 • 博黑的儿子图如勒其。

Онгууд	Onguud	翁古德	10-239	卫拉特部人，因其归顺术赤，术赤的的女儿，嫁给了卫拉特部翁古德。
Орбай	Orbai	敖日拜	2-70	俺巴该汗的夫人之一。
Оронор	Oronor	敖日那日	1-47	查乌金斡日特盖的长子。敖日那日氏族的始祖。
Оронартай	Oronartai	敖日那日太	8-202	首批任命的千户之一。
Охин бархаг	Okhin barhau	敖很巴日哈格	1-48	哈布拉汗的儿子。成吉思汗的第世祖。
Өлэбэг тигин	Ölebeg tigin	额勒贝格·特勤	10-239	克尔克孜部的首领，向术赤投降。
Өэлун	Öelun	月伦	1-55	敖勒呼诺乌德部人。也速该的妻子，成吉思汗铁木真的母亲。
Өэлэн	Öelen	月楞	9-226	博尔术的氏族，锦衣卫的首领。

Өнгүр	Öngür	温古尔	3–124	首批跟随成吉思汗的人。被任命为首任厨师官。
Сайхан тодэ	Saikhan tөde	赛汗·陶德	5–167	克烈部人。曾昆的部下。
Саль хачау	Sali khachau	萨里·哈查乌	1–2	乌吉木-布拉热的儿子。成吉思汗的第 16 世祖。
Сача бэхи	Sacha bekhi	萨查博黑	3–122	朱日黑部人。索日哈图·朱日黑的儿子，首批跟随成吉思汗的人。
Сачуур	Cachuur	萨楚日	8–202	首批任命的千户之一。
Сэмсэчулэ	Semsechule	色木色楚勒	1–48	屯必乃次子。
Сэчэ бэхи	Seche bekhi	色彻·博黑	1–49	呼图格图朱日黑的长子。朱日黑氏族的始祖。
Сонид	Sonit	苏尼特	1–47	查乌金斡日特盖的四子。苏尼特氏族的始祖。
Сорхагтани	Sorkhagtani	索日哈格塔尼	7–186	王汗的女儿，被成吉思汗俘获后，赐予幼子托雷为妻。即后来的著

				名的监国夫人。
Сорхату журхи	Sorkhatu jurkhi	索日哈图 •朱日黑	3-122	朱日黑部人，是哈布勒汗的长子敖很因巴日哈格的长子。是朱日黑部的始祖。
Сорхо шар	Sorkho shar	索日浩 •沙日	2-82	苏勒杜斯部人。曾经在成吉思汗被泰赤乌人抓住时，救了他的命。
Сохатай	Sokhatai	索哈太	2-70	俺巴该汗的夫人之一。
Сохо сэцэн	Soho setsen	索浩 • 策臣	3-120	巴如拉斯部人，首批跟随成吉思汗的人。
Сохор	Sokhor	索赫尔	10-254	著名的使臣，曾经替铁木哥去通天巫处索要逃到那里的百姓。
Сочигэл	Sochigel	索其格勒	1-60	也速该的妾妻。成吉思汗同父异母弟弟勃格特尔、勃勒古太的母亲。
Сүбээдэй	Subeedei	苏勃代	3-120	哲勒蔑的弟弟。首批任命的千户之一。

Сүбээхэй	Subeekhei	苏勃黑	6–180	被抓的奴隶敖格达的儿子。他的儿子是呼和楚·黑日桑。
Сүйхэтү чэрби	Suikhetu	绥和图	3–120	洪霍坦部人，首批跟随成吉思汗的人。首任伺膳官。首批任命的千户之一。
Сүхэхэй	Sükhekhei	苏和黑	3–126	使者。曾经派往王汗处作使者。
Сүхэхэй жаун	Sukhekhei jaun	苏贺黑 •扎乌恩	3–120	苏和很部人，首批跟随成吉思汗的人，哲盖的儿子。首任探马。
Сэнгүн	Sengun	曾衮	4–142	克烈部首领王汗陶日伊勒之子。
Сэнгүн билгэ	Sengun bilig	曾衮毕力格	1–47	其日海莲花的儿子。
Сэчиур	Sechiur	色其乌日	3–120	郭尔罗斯部人，首批跟随成吉思汗的人。
Сэцэ домог	Setse domog	色策 •道莫格	3–120	扎莱日部人。首批跟随成吉思汗的人。
Тайхар	Taikhar	泰哈日	3–124	首任探马。

Тай төмөр	Tai tömör	泰·特穆尔		王汗的弟弟，为抢夺汗位被王汗杀死。
Тайчар	Taichar	泰查日	4-128	扎木合的弟弟。被照其·达日马拉所杀。
Тайчу	Taichu	泰楚	3-122	朱日黑部人。索日哈图·朱日黑的次子，首批跟随成吉思汗的人。
Тайчиудай	Taichiudai	泰其乌代	3-120	苏勒都斯部人。首批跟随成吉思汗的人。其勒古太·塔黑的弟弟。
Тамача	Tamacha	塔马查	1-2	巴特查干的儿子。成吉思汗第19世祖。
Таргудай хирилтуг	Targudai khirltug	塔日古代·黑日勒图格	2-72	泰赤乌部首领之一。也速该死后，他抛弃成吉思汗母子，率部族离开他们。 拥戴扎木哈为汗，十三翼之战参加者。
Тататунга	Tatatunga	塔塔统阿	7-196	奈曼部掌印官。后归顺成吉思汗，

				创制蒙古文字者。
Тахай	Takhai	塔海	3-126	使者，曾派往王汗处。首批任命的千户之一。
Тобсаха	Tobcakha	陶布萨哈	8-202	首批任命的千户之一。
Тобуха	Tobukha	陶布哈	8-202	首批任命的千户之一。
Тогтоа бэхи	Togtoa bekhi	陶格陶阿 •博黑	2-102	乌堆-莫日克惕部首领。
Тогоон төмөр	Togoon tömör	陶高 •特穆尔	8-202	首批任命的千户之一。
Тодойн гиртэ	Todoin girte	陶代 •格日特	2-72	泰赤乌部人，曾抛弃月伦夫人及她的孩子们率部族离开。
Толуй	Tolui	托雷	9-214	成吉思汗的四子。后来的蒙古帝国继承人蒙哥汗的父亲。
Толун	Tolun	陶伦	8-202	首批任命的千户之一。
Торбиташи	Torbitashi	陶日必塔什	7-190	克烈部人，著名的使者，派往汪古部做使者。

Торголжин баян	Torgoljin bayan	陶日高勒津・巴颜	1-3	包日吉格代的儿子。成吉思汗的第 12 世祖。
Тодой отчигин	Todoi otchigen	陶代・敖特其根	1-48	哈布勒汗的七子（幼子）。
Төгс бэхи	Togs bekhi	图古斯・博黑	5-157	莫日克惕部首领陶格陶阿的长子。被王汗所杀。
Төрөлчи	Törölchi	图如勒其	10-239	呼都嘎的儿子，伊纳勒其的哥哥，将术赤的女儿敖勒汗嫁给他。
Тугудай	Tugudai	图古代	1-40	宝敦查日妾生的儿子扎吉日代之子。
Түгэ	Tüge	图格	8-202	首批任命的千户之一。
Түгэ маха	Tuge makha	图格・马哈	4-141	伊贺热斯部首领。十三翼之战参加者。
Тумбинай	Tumbinai	屯必乃	1-47	贤者。拜兴浩日道格辛之子。成吉思汗第 4 世祖。
Тунхуйдай	Tunkhuidai	童辉代	8-202	首批任命的千户之一。

Тунгэ	Tunge	童格	4-137	楚伦•海其的长子。
Туру хан	Turu khan	图如汗	9-212	陶伦将军的副手。
Тусаха	Tusakha	图萨哈	5-165	克烈部曾昆的儿子。
Тухай	Tukhai	图海	8-198	莫日克德部人，陶格陶阿的大儿子呼都格的夫人。
Түйдхэр	Tüidkher	推德赫日	8-202	首批任命的千户之一。
Тэлэгэту баян	Telegetu bayan	特勒格图巴彦	4-137	扎莱日部人。
Тэмудэр	Temuder	特木德尔	12-278	轮值锦衣卫队首领之一。
Тэмугэ	Temuge	特木哥	1—60	也速该幼子。成吉思汗三弟。又名：敖特其根（继业者）
Тэмулун	Temulun	特木伦	1—60	也速该的女儿。成吉思汗的妹妹。
Тэмужин	Temujin	铁木真	1-59	也速该长子。蒙古大帝国的缔造者，封号：成吉思汗
Тэмужин угэ	Temujin üge	铁木真•兀格	1-59	塔塔尔部首领。被也速该勇士擒

				获杀死。回来时，恰逢成吉思汗出生。按照游牧民族习俗，以征服敌人的名字命名新生儿，就给成吉思汗取名铁木真。
Тэрхэг	Terkheg	特日和格	4–141	弘吉剌部人。拥戴扎木哈为汗，十三翼之战参加者。
Унжин сахайт	Unjin sakhait	温金 •萨海特	3–122	首批跟随成吉思汗的人。
Уруудай	Uruudai	乌如代	1–46	那沁巴特尔之子。乌如德氏族始祖
Уужим буурал	Uujim buural	乌吉木 •布拉勒	1–2	浩里查日的儿子。成吉思汗第 17 世祖。
Угэлэн чэрби	Ugelen cherbi	乌格楞·扯日毕	3–12–	博尔术的弟弟。阿茹拉斯部人，首批跟随成吉思汗的人。首任佩箭卫士。
Удутай	Udutai	乌都太	8–202	首批任命的千户之一。
Үнгур	Ungur	翁古尔	3–120	蒙赫 • 黑牙的儿子。首批跟随成

				吉思汗的人。首任伺膳官。统领陶呼拉乌德部，塔日古德部，常希乌德部，巴雅德部的首领。
Усун	Usun	乌孙	3-120	巴林部人。首批跟随成吉思汗的人。首批任命的千户之一。
Хабтур хас	Khabtur khas	哈布图日 •哈斯	1-47	查乌金斡日特盖的五子。哈布图哈斯氏族的始祖。
Хаадай дармал	Khadai dermal	哈代 •达日马拉	2-102	哈德・莫日克惕部首领
Хабич баатар	Khabich Baatar	哈必其 •巴特尔	1-43	包敦查日之次子。成吉思汗的第 9 世祖。
Хабул хаан	Khabul khaan	哈布勒汗	1—48	屯必乃的长子。大蒙古国汗王，成吉思汗第 3 世祖。曾祖父。
Хада	Khada	哈达	11-251	金朝将军。
Хадаан	Khadan	哈丹	1-48	哈布勒汗的六子。亦称哈丹太子。
Хадаан	Khadan	哈丹	2-84	索浩日・沙日的女儿。成吉思汗

				的救命恩人。后成为成吉思汗妃子之一。
Хадаан	Khadan	哈丹	3–120	达尔汗部人。首批跟随成吉思汗的人。首批任命的千户之一。
Хадаан далдурхан	Khadaan daldyrkhan	哈丹·达勒杜日汗	3–124	首批跟随成吉思汗的人。首任司膳官。
Хадаг баатар	Khadag baatar	哈达格·巴特尔	6–182	朱日黑部人，为保护王汗而战。后投降成吉思汗。
Хадагиар	Khadagiar	哈达吉亚日	6–170	克烈部人。
Хадай	Khadai	哈代	8–202	女婿，首批任命的千户之一。轮值宿卫队首领之一。
Хайду	Khaidu	海都	1–46	哈其·呼鲁格的儿子。成吉思汗第 6 世祖。
Халжа	Khalja	哈勒扎	8–202	首批任命的千户之一。

Хар хирүгэ	Khar khirüge	哈日•黑如格	5-149	卫拉特人，曾经与哲别、索日洪•沙日一起留住在大本营。
Харалдай	Kharaldai	哈日拉代	1-45	莫恩图敦的五子。
Харалдай тохураун	Kharal tokhuraun	哈日勒代•陶呼拉温	3-120	扎莱日部人。哈日海的弟弟，首任军马官。
Хачиун тохураун	Khachiun tokhuraun	哈其温•陶呼拉温	3-120	扎莱日部人。首批跟随成吉思汗的部族。首批佩箭卫士。
Хараудар	Kharaudar	哈拉乌达日	12-278	轮值宿卫队首领之一。
Харачар	Kharachar	哈拉察日	3-120	巴如拉斯部人，色浩•策臣的儿子，首批跟随成吉思汗的人。成吉思汗赐予次子察合台的部属之一。
Хар хаадан	Khar khadan	哈日•哈丹	1-40	布里布勒其如的儿子。扎木哈的父亲。
Хархай тохулаун	Kharkhai Tokhulaun	哈日海•陶呼拉温	3-120	扎莱日部人。首批佩箭卫士。哈其温•陶呼拉温的弟弟。

Харчу	Kharchu	哈日楚	1-2	新索其的儿子。成吉思汗第 13 世祖。
Хасан	Khasan	哈桑		西域商人。参加了成吉思汗的班朱尔湖盟誓活动。
Хасар	Khasar	哈萨尔	1-60	也速该次子。成吉思汗大弟弟。小名：照其.
Хасар Бала	Khasar bala	哈萨尔 •巴拉	3-120	扎赉日部人。首批跟随成吉思汗的人，色策 • 道莫格的儿子。
Хауран	Khauran	哈乌冉	8-202	首批任命的千户之一。
Хачин	Khachin	哈沁	1-45	莫恩图敦的次子。
Хачи хулуг	Khachi khulug	哈其 •胡鲁格	1-45	莫恩图敦的长子。成吉思汗的第 7 世祖。
Хачиу	Khachiu	哈其乌	1-45	莫恩图敦的三子

Хачиун	Khachiun	哈赤温	1-45	莫恩图敦的六子。
Хачиун	Khachiun	哈赤温	1-60	也速该第三子。成吉思汗二弟。小名：阿勒其哈
Хачиун бэхи	Khachiun bekhi	哈赤温 •博黑	4-141	杜尔奔部首领。拥戴扎木哈为汗，十三翼之战参加者
Хачула	Khachula	哈楚拉	1-45	莫恩图敦的四子。
Хаши	Khashi	哈希	4-137	楚伦・海其的次子。
Хингиадай	Khingiadai	新吉亚代	3-120	敖勒呼诺温部人，首批跟随成吉思汗的人。首批任命的千户之一。
Хиратай	Khiratai	黑拉太	5-168	成吉思汗的属下。
Хирмау	Khirmag	黑日马乌	1-51	呼图拉汗的次子。
Хишлиг	Khishlig	贺喜力格	1-51	伊赫策仁的奴隶。后成为达尔汗王
Ходүн	Khodün	浩敦	4-141	拥戴扎木哈为汗，十三翼之战参加者。

Хожин бэхи	Khojin bekhi	浩金·博黑	5-165	成吉思汗的女儿。
Хонтахар	Khontakhar	洪塔哈日	11-260	成吉思汗的佩箭卫士。
Хонгиран	Khongiran	洪吉冉	8-202	首批任命的千户之一。
Хонхордай	Khonkhordai	洪浩日代	12-278	轮值锦衣卫队首领之一。
Хонхтан	Khonkhtan	洪赫坦	1-47	查乌金斡日特盖的次子。洪霍坦氏族的始祖。
Хонхай	Khonkhai	洪海		
Хоргасун	Khorgacun	浩日嘎孙	8-202	首批任命的千户之一。成吉思汗的琴师。
Хоржин	Khorjin	浩日金	4-130	朱日黑部首领的夫人。因朱日黑部与成吉思汗部族发生矛盾而被抓，后被释放。
Хори буха	Khoribukha	浩里·布哈	1-59	塔塔尔部人，被也速该俘获。
Хорилардай	Khorilardai mergen	浩里拉日代智者	1-8	阿伦高娃的父亲；二十土默特部的首领

Хори субэчи	Khori subechi	浩里 •苏博其	7-188	奈曼部人，戍边官。抓住逃跑的王汗并杀死他的人。
Хоричар мэргэн	Khorichar mergen	浩里查日智者	1-2	塔马查的儿子。成吉思汗第 18 世祖。
Хоричи	Khorichi	浩里其	3-120	巴林部人。首批跟随成吉思汗的人。轮值宿卫队首领之一。
Хоридай	Kholidai	浩里代	4-141	郭尔罗斯部人，传递扎木合举兵攻打成吉思汗的消息之人。
Хоришилэмун тайж	Khorishilmen taij	浩里西勒门太子	6-170	克烈部锦衣军首领。
Хорхудаг	Khorkhudag	浩日呼达格	9-225	被任命为轮值第三班佩箭卫士首领。
Хотон бараг	Khoton barag	浩腾 •巴拉格	1-58	塔塔尔部首领。
Х өвэгэтүр	Khöbegetür	霍布格图日	11-251	金朝将军。
Хөхө	Khökhö	呼和	8-202	首批任命的千户之一。

Хөхөчөс	Khökhöchös	呼和楚斯	3-120	马南·巴林部人，首批跟随成吉思汗的人。首批任命的千户之一。
Хөхөчу	Khöhöchu	呼和楚	7-188	克烈部人，曾衮的护卫，后背叛曾衮。被成吉思汗杀掉。
Хөхөчү	Khökhöchu	呼和楚	3-119	泰赤乌部勃苏德氏族人。月伦养子之一。
Хөхөчу хирсаан	Khökhöchu khirsaan	呼和楚·黑日桑	6-180	即奴隶苏勃黑的儿子，他的儿子是也黑·洪塔嘎日。
Хуагчин	Khuagchin	花格沁	2-98	月伦夫人家中的仆人。
Хубилай	Khubilai	忽必来	3-120	巴如拉斯部人。首批跟随成吉思汗的人。首任佩刀卫士。
Хүгсэу сабраг	Khugseu sabrag	呼格色乌·萨巴拉格	7-189	奈曼部大将，曾经打败克烈部。
Худуга бэхи	Khuduga bekhi	呼都嘎·博黑	10-239	卫拉特部（森林中百姓）的首领，投降术赤。
Худус	Khudus	呼都斯	3-120	巴如拉斯部人，忽必来之弟。首

				批跟随成吉思汗的人，首批任命的千户之一。
Худус халчан	Khudus khalchan	呼杜斯 •哈勒查	7-191	首批锦衣卫士的副将。
Хуйлдар	Khuildar	辉勒达日	4-130	芒古德部首领，成吉思汗手下大将。在与克烈部的战斗中被朱日和部族杀伤。在班珠尼之战后，沿哈拉哈河行军狩猎时，伤势复发逝世。被葬于哈拉哈河畔的歪头崖。
Хулан	Khulan	呼兰	1-48	哈布勒汗的五子。
Хулан	Khulan	呼兰	7-197	成吉思汗四大妃之一。莫尔克德部乌孙首领之女。
Хулбари	Khulbari	呼勒巴里	5-152	克烈部人。
Хунан	Khunan	呼南	3-122	格尼格斯部人，首批跟随成吉思汗的人。任命为工匠制造首领。

Хурил	Khuril	呼日勒	8-202	首批任命的千户之一。
Хурчахус	Khurchakhuc	胡日查呼斯	8-202	首批任命的千户之一。
Хурчахус буйруг хан	Khurchakhus beirug khan	呼日查胡斯 • 贝如格汗	5-152	克烈部人。王汗之父。贝茹格汗是其官职，突厥语意为首领或酋长。
Хуту	Khutu	呼图	3-124	泰赤乌部人。首任牧马官
Хуту	Khutu	呼图	4-141	莫日克惕部首领陶格陶阿的儿子，拥戴扎木哈为汗，十三翼之战参加者。
Хутуг бэхи	Khutug bekhi	呼图格 •博黑	4-141	卫拉特部人。拥戴扎木哈为汗，十三翼之战参加者
Хутугтай	Khutugtai	呼图格泰	5-157	莫日克惕部首领陶格陶阿之女。1202 年被克烈部王汗攻打该部时俘虏。
Хутугту журхи	Khutugtu jurkhi	呼图格图 •朱日黑	1-49	敖很巴日哈格的儿子。

Хутугту монхор	Khutugtu monkhor	呼图格图 •蒙和尔	1-48	哈布勒汗三子。
Хутула хан	Khutula khan	呼图拉汗	1-48	哈布勒汗的四子。后继位大蒙古国汗位。
Хуурчин	Khurchin	呼日沁	4-130	朱日黑部首领的夫人。因不满成吉思汗敬酒顺序，而殴打了厨师。引起了朱日黑氏族与成吉思汗部族的械斗，并被抓，后和解放回。
Хучар бэхи	Khuchar bekhi	呼查日 •博黑	3-122	涅坤太子的儿子。因屡次食言失信于成吉思汗，被处死。
Хүчү	Khuchu	呼楚	3-114	乌堆-莫日克惕部人。被成吉思汗征服作战中遗留在战场上，被收留，成为月伦母亲的养子之一。后成为成吉思汗手下大将。
Хучулуг хан	Khchulug khan	呼楚鲁格汗		奈曼部塔阳汗之子。被成吉思汗打败后逃亡至西辽，篡夺王位。后被推翻，逃亡中被杀死。

Хүчүгүр	Khüchügür	呼楚古日	3-120	勃苏德部人，首批跟随成吉思汗的人，德盖的弟弟。首任司车官。首批任命的千户之一。
Хэнигис	Khtnigis	贺尼吉斯	1-47	查乌金斡日特盖的六子。贺尼吉斯氏族的始祖。
Хэтэ	Khete	赫特	8-202	首批任命的千户之一。成吉思汗赐给长子术赤的部属之一。
Хэтэй	Khetei	赫泰	8-202	首批任命的千户之一。
Чаалуун	Chaaluun	察伦	5-157	莫日克惕部首领陶格陶阿的女儿。
Чанай	Chanai	查乃	9-226	照日其代的氏族，被任命为锦衣卫的首领之一。轮值宿卫队首领之一。
Чаужин ортэгэй	Chaujin örtegei	查乌金 •斡日特盖	1-47	海都之三子。
Чаур бэхи	Chaur bekhi	查乌日 •博黑	5-165	克烈部王汗的女儿。

Чаурхан	Chaurkhan	查乌拉汗	3–120	乌梁海部人。哲勒蔑的弟弟。首批跟随成吉思汗的人，首任探马。首批任命的千户之一。
Чахарай хан	Chakharai khan	查哈赉汗	5–149	随成吉思汗的将军。
Чигу	Chigu	其古	8–202	女婿，首批任命的千户之一。
Чилэгүтэй тахи	Chilgutai takhi	其勒古太 •塔黑	3–120	苏勒都斯部人。首批跟随成吉思汗的人。
Чилэгэр бөхи	Chileger bokhi	其勒格日 •博黑	2–103	莫尔克德部人。其勒都的弟弟。因其哥哥的未婚妻月伦夫人被抢走，后来被部落人抢回来后，交给他，使他因给部落带来厄运而后悔。
Чилэгутэй	Chilegutei	其勒古太	3–124	首批跟随成吉思汗的人，首任佩刀卫士。
Чилэду	Chiledu	其勒都	1–54	莫尔格德部人。月伦夫人的未婚夫。二人未成婚，在回部落途中

				被成吉思汗的父亲也速该抢为妻子。即成为成吉思汗铁木真的母亲。是世界上养育最多帝王的母亲。
Чимбай	Chimbai	其木白	2-84	索浩日・沙日的长子。
Чирха	Charkha	其日哈	1—72	洪霍坦部人。成吉思汗家世仆。因劝说泰赤乌部人而被刺伤。
Чирхай лянхуа	Chirkhai linkhua	其日海・莲花	1-47	海都的次子。
Чирхитэй	Chirkhitei	其日黑太	4-141	萨勒吉部首领，拥戴扎木哈为汗。十三翼之战参加者。
Чихитай	Chikhitai	其黑太	6-170	阿勒其代的伺马者
Чоёг цагаан	Choyog Tsagaan	乔格・查干	4-141	郭尔罗斯部首领。拥戴扎木哈为汗。十三翼之战参加者。
Чормаган	Chormagan	绰尔马干		成吉思汗的大将之一。后来成为管辖伊朗、波斯地区的统帅。

Чулуун	Chuluun	楚伦	2-84	索浩日·沙日的次子。成吉思汗的大将之一。
Чулуун	Chuluun	楚伦	5-157	莫日克惕部首领陶格陶阿的儿子。
Чулуун хайч	Chuluunkhaich	楚伦海其	4-137	扎莱日部特勒格图巴彦的次子。
Чуу мэргэн	Chuu mergen	耶律楚材	5-149	契丹人。成吉思汗九大臣之一。谋士
Чүлгэдэй	Chülgedei	楚勒格代	8-202	首批任命的千户之一。
Чэчэйхэн	Checheikhen	策策很	10-239	成吉思汗的女儿之一。嫁于图们·卫拉特部首领呼都嘎·布黑的儿子伊纳勒其。
Цагаан гоо	Tsagaan goo	查干挂	3-120	讷乌代部人，首批跟随成吉思汗的人。首批任命的千户之一。
Цагадай	Tsagadai	察合台	10-140	成吉思汗第二子。后成为蒙古帝国四大汗国之一，察合台汗国首位大汗。

Цоос цагаан	Tsoos Tsagaan	绰斯·查干	6-182	郭尔罗斯部首领，在巴勒朱尼湖驻扎是跟随成吉思汗的人。
Цотан	Tsotan	曹坦	2-94	勃儿帖的母亲，成吉思汗的岳母。
Шигихутуг	Shigikhtug	希吉呼图格	4-135	塔塔尔部人。月伦夫人的养子之一，任大断事官。
Шинсочи	Shinsochi	辛索奇	1-2	伊贺努德的儿子。成吉思汗第 14 世祖。
Шинч баян	Shinch bayan	辛奇·巴颜	1-9	立神位于宝日哈拉敦山的乌梁海部落首领。
Ширээт	Shireet	希热特	5-149	（赤贫）巴林部人。
Шихур	Shikhur	希日呼日	4-130	成吉思汗的厨师。
Шилүгэй	Shilügei	希鲁给	8-202	首批任命的千户之一。
Ширахул	Shirakhul	希拉呼勒	8-202	首批任命的千户之一。
Эбэхэй	Ebekhei	鄂博黑	4-130	朱日黑部萨查博黑的妾
Эди	Edi	额迪	10-239	克尔克孜部的首领，向术赤投降。

Элжигдэй	Eljigdai	额勒吉格代	12-278	窝阔台汗的属下，因触犯宿卫军条例，被抓捕。
Элхудур	Elkhudur	额勒呼杜日	5-152	克烈部人。王汗的弟弟，因议论王汗的过去，而被王汗抓捕。
Эмэл	Emel	额莫勒	4-141	弘吉拉部人。拥戴扎木哈为汗，十三翼之战参加者
Эрх хар	Erkh khar	额日和 •哈日	5-151	克烈部人。王汗的弟弟。
Ю хунан	Yu • khunan	玉 • 珲南	7-190	汪古部人。派往成吉思汗处，告知奈曼部将要进攻的消息。
Юрүхан	Yurükhan	尤如汗	8-202	首批任命的千户之一。
Ядир	Yadir	雅迪日	6-170	阿勒其代的侍马者。
Ялбаг	Yalbag	雅勒巴格	12-278	轮值宿卫队首领之一。

《蒙古秘史》人名、地名、专用名词译名对照表

类别：氏族部落

原　文	罗马文字	译　名	索　引	注　　释
Адархин	Adarkhin	阿达日氏族	1—46	是成吉思汗七世祖哈其・呼鲁格之六弟哈赤温的儿子，阿达日黑代形成的旁系血亲氏族部落。
Айргууд	Airguud	艾日古德部	1—53	该部族居住于呼伦湖（达赉湖）附近，属于塔塔尔人。俺巴该把女儿嫁到该部落，送女儿去该部落被抓住，送给金朝害死。
Алутай татар	Alutai tatar	阿鲁泰塔塔尔	5-153	居住于呼伦贝尔草原的塔塔尔人部落。
Алчи татар	Alchi tatar	阿勒其塔塔尔	5-153	居住于呼伦贝尔草原的塔塔尔人部落。
Арулад	Arulad	阿如拉德氏	1-47	该部族是成吉思汗五世祖伯辛浩

		族		日・道格辛的幼弟查乌金・沃日特盖的三子阿如拉德组成的旁系血亲氏族部落。跟随成吉思汗的部族之一。
Баарин	Baarin	巴林部	1—41	巴林氏族是成吉思汗十世祖宝敦查日的血亲氏族。即侧妻所生的儿子巴日代的氏族部落。跟随成吉思汗的部族之一。
Бархаг	Barkhag	巴日哈格	4—140	该部族是三世祖哈布勒汗的长子敖很因・巴日哈格的氏族。
Баяуд	Bayaud	巴牙德部	1—15	巴雅德部属于古老的部落之一，居住于肯特山附近。跟随成吉思汗的部族之一。
Барга урсууд	Barga Urcuud	巴日噶 •乌日苏德	10-239	属于图们・卫拉特部的部族之一。
Баргужин	Bargujin	巴尔虎部	1-8	巴尔虎部是蒙古的最古老的部族之一。居住于巴尔古津盆地。

Барулас	Barulas	巴如拉斯氏族	1—46	是成吉思汗七世祖之三弟哈其乌的儿子形成的旁系血亲氏族部落。跟随成吉思汗的部族之一。
Боржигин	Borjigin	包日吉格氏族	1—42	该部族是十世祖宝敦查日为始祖的氏族。也即被后世称为“黄金家族”的氏族。
Будаад	Budaad	布达德氏族	1—46	是成吉思汗七世祖之五弟哈日勒代的儿子所形成的旁系血亲氏族部落。
Буриад	Buriad	布里亚特	10-239	该部属于图们・卫拉特部族的一部分，也是最古老的蒙古部族之一。
Буйргууд	Buirguud	贝尔古德部	1—53	该部落属于塔塔尔人，居住于连接贝尔湖与呼伦湖的乌尔逊河畔。因害死俺巴该，成为成吉思汗世仇部族。
Бугунуд	Bugunud	布古努德氏	1—42	勃勒古努台成为勃勒古努氏族部

		族		落的始祖。是成吉思汗十世祖宝敦查日的旁系氏族。
Бэлгүнүд	Belgunud	勃勒古努德氏族	1—42	布古讷太成为布古努氏族部落的始祖。是成吉思汗十世祖宝敦查日的旁系氏族。
Бэсүд	Besud	勃苏德部	1—47	该部族是成吉思汗的五世祖海都的次子其日海·莲花娶嫂为妻生下的儿子勃苏代为氏族的旁系血亲部落。跟随成吉思汗的部族之一。
Горлос	Gorlos	郭尔罗斯部	3—120	跟随成吉思汗的部族之一。
Дархан	Darkhan	达尔汗部	3—120	该部族是哈丹、答勒杜日汗兄弟所在部族。
Дорвон	Dorbon	朵日奔	4-141	塔塔尔人的部落。
Дүрбэд	Dürbed	杜尔伯特氏	1—11	杜尔伯特氏族源于都瓦·索浩尔

		族		的后代。是成吉思汗的十一世祖道布的哥哥都瓦·索和尔的四个儿子所组成的旁系部落。跟随成吉思汗的部族之一。
Жадаран	Jadaran	扎达兰德氏族	1—40	该部族是十世祖宝敦查日抢来的孕妇生下来的孩子扎吉拉代组成的氏族，应该属于乌梁海人的部落。
Журхи	Jurkhi	朱日黑氏族	1—49	该部族属于泰赤乌部。是成吉思汗三世祖（曾祖父）哈布勒汗的长子敖很因·巴日哈和的儿子呼图格图·朱日黑组成的血亲氏族。
Жалайр	Jalair	扎莱日部	3—120	该部族为成吉思汗六世祖海都创建的氏族部落。
Жэурэд	Jeured	哲乌热德氏族	1—44	该氏族源于成吉思汗十世祖宝敦查日，娶了妻子陪嫁过来的女人生下的儿子，扎乌日代所形成的

				旁系血亲氏族。
Ихирэс	Ikhires	伊贺热斯部	3—120	跟随成吉思汗的部族之一。
Мангуд	Mangud	芒古德氏族	1—46	是成吉思汗七世祖哈其·呼鲁格之幼弟那钦的儿子芒古代所形成的旁系血亲氏族部落。跟随成吉思汗的部族之一。
Мэргид	Mergid	莫日吉德部	1—102	是最古老的部落之一。也叫“篾儿克惕”部。也是成吉思汗的死敌。
Мулхалху	Mulkhalkhu	莫勒哈勒呼	9-223	该部族属于札答兰部，赐予木匠呼楚古日。
Найман	Naiman	奈曼	4-141	奈曼部是位于蒙古西部的大部落。与扎木合一起反对成吉思汗，后被成吉思汗消灭。
Ноёхон	Noekhon	诺依弘氏族	1—46	该部族是源于成吉思汗七世祖哈其·呼鲁格的二弟哈钦的儿子诺

				依格岱形成的的旁系血亲部落。跟随成吉思汗的部族之一。
Нүцгэн барин	Nütsgen barin	努其根 •巴林	5-149	赤贫的巴林部，属于巴林部族。是希热特老人和他的儿子阿勒格、纳雅的氏族。
Нэгүс	Megüs	讷古斯	9-218	查干挂被札木合杀死之后，该部族离散。其儿子那仁•陶日伊勒要求聚拢该部，成吉思汗恩准了。
Ойрд	Oird	卫拉特部	4—141	蒙古最古老的部落之一。又称“林木中的百姓”。开始与扎木合联合反对成吉思汗。后来，归顺成吉思汗。
Олхуноуд	Olkhunoud	敖勒呼淖乌德部	1—54	最古老的蒙古部落之一。是也速该勇士的妻子月伦夫人的部族。跟随成吉思汗的部族之一。
Онгуд	Ongud	汪古德	6—182	该部是最早支持成吉思汗的部族之一，居住于靠近长城的部落。

Оронар	Oronar	敖仁那日氏族	1—47	该部族是成吉思汗五世祖伯辛浩日·道格辛的幼弟查乌金·沃日特盖的长子敖日那日组成的旁系血亲氏族部落。跟随成吉思汗的部族之一。
Салжид	Saljid	萨拉吉德氏族	1—42	是成吉思汗十世祖包敦查日的旁系血亲氏族，即布哈图·萨勒斤的氏族部落。
Сонид	Sonid	苏尼特氏族	1—47	该部族是成吉思汗五世祖伯辛浩日·道格辛的幼弟查乌金·沃日特盖的四子苏尼德所组成的旁系血亲氏族部落。
Сулдус	Suldus	苏勒杜斯部	1—82	跟随成吉思汗的部族之一。
Сүхэгэн	Sükhegen	苏赫根部	3—120	跟随成吉思汗的部族之一。
Тайчууд	Taichuud	泰赤乌部	1—47	该部落为成吉思汗六世祖海都的次子其日海·莲花的后代，俺巴该的旁系血亲部族。

Таргуд	Targud	塔日古德	9-213	该部是赐给翁古尔的部族之一。
Тас	Tas	塔斯	10-239	该部属于“森林中百姓”，术赤到达后，归顺成吉思汗。
Тѳѳлис	Töölis	陶力斯部	8-207	该部属于阿达日吉氏族的部落，后赐予巴林部的浩里其统辖。
Тохурауд	Tokhuraud	陶呼拉乌德部	9-213	该部是赐予翁古尔的部族之一。
Тѳдѳгэ	Tödöge	图德格部	4-146	该氏族属于泰赤乌部。索日洪 •沙日是该氏族的属民。
Туба	Tuba	图瓦部	10-239	该部属于图们 • 卫拉特部的一部分。
Түмэн түбэгэн	Tümen tübegen	图门 •图博根部	5-150	该部属于克烈部。被成吉思汗打败后，其离散的部族，被其收拢归集。
Тунгайд	Tungaid	通盖德部	5-150	该部属于克烈部。被成吉思汗打败后，其离散的部族，被其收拢

				归集。
Тутауд татар	Tutaud tatar	图塔乌德 •塔塔尔部	5-153	居住于呼伦贝尔草原的塔塔尔人部落。
Тухас	Tukhas	图哈斯部	10-239	属于“森林中百姓”，术赤到达后归顺成吉思汗。
Тэлэнгууд	Telenguud	特楞古德部	8-207	该部属于阿达日吉氏族的部落，后赐予巴林部的浩里其统辖。
Тэнлиг	Tenlig	腾力格部	10-239	属于“森林中百姓”，术赤到达后，归顺成吉思汗。
Улианхай	Uliankhai	乌梁海部	1—9	蒙古最古老的部族之一，其首领最早是新索其。居于哈拉敦・宝日罕山。
Урууд	Uruud	乌如德氏族	1—46	是成吉思汗七世祖血亲氏族部落。
Хабтурхас	Khabturkhas	哈布图日哈斯氏族	1—47	该部族是成吉思汗五世祖伯辛浩日・道格辛的幼弟查乌金・沃日

				特盖的五子哈布图日·哈斯所组成的旁系血亲氏族部落。
Ханхас	Khankhas	杭哈斯部	10-239	该部属于图们·卫拉特部的一部分。
Харлаг	Kharlag	哈剌鲁格部	10-235	该部是一个古老的国家，其汗叫阿日斯郎。不战而降，成吉思汗赐女嫁于其。
Хатагин	Katagin	哈塔斤氏族	1—42	是成吉思汗十世祖的旁系血亲氏族部落。即布哈·哈塔斤的部族。
Ходу орчан	Khodu orchan	浩杜·鄂伦春	4-141	古老的蒙古部族之一，首领是阿乌楚。
Хонгирад	Khongirad	弘吉拉部	1—61	古老的蒙古部族之一，居于额尔古纳河畔根河附近。是成吉思汗夫人勃尔帖的氏族部落。
Хонхотан	Khonkhotan	洪赫坦氏族	1—47	该部族是成吉思汗五世祖伯辛浩日·道格辛的幼弟查乌金·沃日

				特盖的次子洪赫坦组成的旁系血亲氏族部落。跟随成吉思汗的部族之一。
Хорилар овогт	Khorilar	浩里拉日氏族	1—9	浩日拉日代从二十·土默特部纷争，分离出来自成一部族，
Хорьтумэд	Khor tümed	浩里·土默特部	1—7	是蒙古族最古老的部族之一。居住在巴尔古津盆地，贝加尔湖畔。
Хэнигис	Khenigis	贺尼格斯氏族	1—47	该部族是成吉思汗五世祖伯辛浩日·道格辛的幼弟查乌金·沃日特盖六子贺尼吉斯所组成的旁系血亲氏族部落。
Хэргис	Khergis	贺日格斯部	10-239	该部又称图们·贺日格斯部，（克尔克孜）属于“森林中百姓”。术赤到达后，不战而降。
Хэсдин	Khesdin	贺斯丁部	10-239	属于“森林中百姓”，术赤到达后归顺成吉思汗。

Чаншиут	Chanshiut	参希乌特部	3—120	蒙给图·乞颜所在的部族，跟随成吉思汗的部落之一。
Чинос	Chinos	其诺思部	8-207	跟随成吉思汗的部族之一。札木合在十三翼之战中，对该部落进行屠杀。
Цагаан татар	Tsagaan tatar	查干·塔塔尔	5-153	居住于呼伦贝尔草原的塔塔尔人部落。
Шибир	Shibir	西伯尔	10-239	属于“森林中百姓”部落。术赤到达后归顺成吉思汗。

國家圖書館出版品預行編目資料

白话<<蒙古秘史>>全译本/白红光着. --初版.--臺中市：白象文化事業有限公司，2022.7
面； 公分
正體題名:白話<<蒙古秘史>>全譯本
ISBN 978-626-7151-19-8（平裝）

1.CST: 蒙古史

625.7 111007618

白话<<蒙古秘史>>全译本

作　　者　白红光
校　　对　白红光
发 行 人　张辉潭
出版发行　白象文化事业有限公司
　　　　　412台中市大里区科技路1号8楼之2（台中软件园区）
　　　　　出版专线：（04）2496-5995　传真：（04）2496-9901
　　　　　401台中市东区和平街228巷44号（经销部）
　　　　　购书专线：（04）2220-8589　传真：（04）2220-8505
项目主编　水边
出版编印　林荣威、陈逸儒、黄丽颖、水边、陈婕婷、李婕
设计创意　张礼南、何佳諠
经销推广　李莉吟、庄博亚、刘育姗
经纪企划　张辉潭、徐锦淳、廖书湘
营销宣传　黄姿虹、沈若瑜
营运管理　林金郎、曾千熏
印　　刷　基盛印刷工场
初版一刷　2022年7月
定　　价　450元